BIBLIOTHÈQUE
LATINE-FRANÇAISE

PUBLIÉE

PAR

C. L. F. PANCKOUCKE.

PARIS, IMPRIMERIE DE C. L. F. PANCKOUCKE,
Rue des Poitevins, n. 14.

OEUVRES

COMPLÈTES

DE SÉNÈQUE

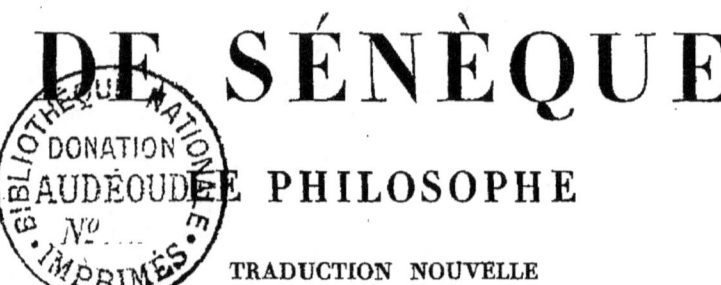

LE PHILOSOPHE

TRADUCTION NOUVELLE

PAR MM. A'ASSON DE GRANDSAGNE, BAILLARD,
CHARPENTIER, CABARET-DUPATY, DU ROZOIR, HÉRON DE VILLEFOSSE,
NAUDET, C. L. F. PANCKOUCKE, ERNEST PANCKOUCKE,
DE VATIMESNIL, ALFRED DE WAILLY,
GUSTAVE DE WAILLY, ALPH. TROGNON, ETC.

PUBLIÉES

PAR M. CHARLES DU ROZOIR

PROFESSEUR D'HISTOIRE AU COLLÈGE ROYAL DE LOUIS-LE-GRAND.

TOME CINQUIÈME.

PARIS
C. L. F. PANCKOUCKE
MEMBRE DE L'ORDRE ROYAL DE LA LÉGION D'HONNEUR
ÉDITEUR, RUE DES POITEVINS, N° 14.

M DCCC XXXIII.

LETTRES
DE SÉNÈQUE
A LUCILIUS

TRADUCTION NOUVELLE

PAR MM. BAILLARD, CHARPENTIER, DU ROZOIR, ALPH. TROGNON, ETC.

PUBLIÉES ET ANNOTÉES
PAR M. CH. DU ROZOIR.

TOME PREMIER

PAR M. CHARPENTIER

PROFESSEUR DE RHÉTORIQUE AU COLLÈGE ROYAL DE SAINT-LOUIS.

L. ANNÆI SENECÆ

AD LUCILIUM

EPISTOLÆ.

I.

De temporis usu.

Ita fac, mi Lucili! Vindica te tibi, et tempus, quod adhuc aut auferebatur, aut subripiebatur, aut excidebat, collige et serva. Persuade tibi hoc, sic esse ut scribo: quædam tempora eripiuntur nobis, quædam subducuntur, quædam effluunt. Turpissima tamen est jactura, quæ per negligentiam fit : et, si volueris attendere, maxima pars vitæ elabitur male agentibus, magna nihil agentibus, tota vita aliud agentibus. Quem mihi dabis, qui aliquod pretium tempori ponat? qui diem æstimet? qui intelligat se quotidie mori? In hoc enim fallimur, quod mortem prospicimus : magna pars ejus jam præteriit; quidquid ætatis retro est mors tenet. Fac ergo, mi Lucili, quod facere te scribis, omnes horas complectere! sic fiet, ut minus ex crastino pendeas, si hodierno

LETTRES
DE SÉNÈQUE
À LUCILIUS.

I.

Sur l'emploi du temps.

Oui, mon cher Lucilius, rendez-vous à vous-même : le temps que, jusqu'à ce jour, on vous enlevait, on vous dérobait, qui vous échappait, il faut le recueillir et le ménager. Soyez persuadé de cette vérité : nos momens nous sont enlevés, surpris; nous les laissons s'écouler. Cependant, la perte la plus honteuse est celle qui vient de notre négligence : réfléchissez, et vous verrez qu'une grande partie de la vie se passe à mal faire, la plus grande à ne rien faire, le tout à faire autre chose que ce qu'on devrait faire. Où est l'homme qui mette quelque prix au temps, qui sache estimer un jour, et comprendre qu'il meurt à chaque instant? Car, notre erreur, c'est de ne voir la mort que devant nous; elle est derrière en grande partie : tout le passé est son domaine. Agissez donc, mon cher Lucilius, comme vous l'écrivez : recueillez tous vos momens; maître du présent, vous dépendrez moins de l'avenir. On remet la

manum injeceris. Dum differtur vita, transcurrit. Omnia, mi Lucili, aliena sunt; tempus tantum nostrum est. In hujus rei unius fugacis ac lubricæ possessionem natura nos misit, ex qua expellit quicumque vult : et tanta stultitia mortalium est, ut, quæ minima et vilissima sunt, certe reparabilia, imputari sibi, quum impetravere, patiantur; nemo se judicet quidquam debere, qui tempus accepit; quum interim hoc unum est, quod ne gratus quidem potest reddere. Interrogabis fortasse, quid ego faciam, qui tibi ista præcipio? Fatebor ingenue : quod apud luxuriosum, sed diligentem, evenit, ratio mihi constat impensæ. Non possum dicere, nihil perdere : sed quid perdam, et quare, et quemadmodum, dicam : causas paupertatis meæ reddam. Sed evenit mihi, quod plerisque non suo vitio ad inopiam redactis : omnes ignoscunt, nemo succurrit. Quid ergo est? Non puto pauperem, cui, quantulumcumque superest, sat est. Tu tamen malo serves tua : et bono tempore incipies. Nam, ut visum est majoribus nostris, sera parcimonia in fundo est. Non enim tantum minimum in imo, sed pessimum remanet.

II.

De itineribus et de lectione.

Ex his quæ mihi scribis, et ex his quæ audio, bonam spem de te concipio; non discurris, nec locorum muta-

vie, et la vie s'écoule. Tout nous est étranger, Lucilius;
le temps seul est à nous : c'est l'unique bien dont la nature nous ait mis en possession; bien fugitif et incertain,
dont le caprice du premier venu peut nous déposséder.
Mais telle est la folie des hommes : les objets les plus
chétifs et les plus méprisables, dont on peut au moins
réparer la perte, sont une dette que l'on reconnnaît volontiers quand on les a obtenus; mais, le temps, on ne
croit rien devoir quand on l'a reçu; le temps, seule obligation cependant que la reconnaissance même ne puisse
acquitter. Peut-être me direz-vous : Comment faites-vous,
vous qui donnez des leçons? Je vous le dirai franchement:
comme un homme économe dans sa magnificence, je
tiens note de ma dépense. Je ne puis me flatter de ne
rien perdre, mais je puis dire ce que je perds, et comment, et pourquoi; je puis expliquer les causes de ma
pauvreté. Je suis dans le cas de ces malheureux ruinés
sans leur faute : tout le monde les excuse, personne ne
les assiste. Au surplus, n'est pas pauvre, selon moi, qui
sait se contenter du peu qui lui reste. Je préfère cependant vous voir ménager votre bien, et mettre sur-le-
champ à profit un temps précieux. En effet, ainsi que
l'ont dit nos ancêtres, l'économie vient trop tard, quand
le vase est à la fin; car, au fond, la qualité baisse en
même temps que la quantité.

II.

Des voyages et de la lecture.

Vos lettres et ce que j'apprends me font bien espérer
de vous. Les voyages et les déplacemens ne troublent

tionibus inquietaris. Ægri animi ista jactatio est. Primum argumentum compositæ mentis existimo, posse consistere, et secum morari. Illud autem vide, ne ista lectio auctorum multorum et omnis generis voluminum habeat aliquid vagum et instabile. Certis ingeniis immorari et innutriri oportet, si velis aliquid trahere, quod in animo fideliter sedeat. Nusquam est, qui ubique est. Vitam in peregrinatione exigentibus hoc evenit, ut multa hospitia habeant, nullas amicitias. Idem accidat necesse est his, qui nullius se ingenio familiariter applicant, sed omnia cursim et properantes transmittunt. Non prodest cibus, nec corpori accedit, qui statim sumptus emittitur. Nihil æque sanitatem impedit, quam remediorum crebra mutatio. Non venit vulnus ad cicatricem, in quo medicamenta tentantur : non convalescit planta, quæ sæpe transfertur : nihil tam utile est, ut in transitu prosit. Distringit librorum multitudo. Itaque, quum legere non possis quantum habueris, satis est habere quantum legas. — Sed modo, inquis, hunc librum evolvere volo, modo illum. — Fastidientis stomachi est multa degustare : quæ ubi varia sunt et diversa, inquinant, non alunt. Probatos itaque semper lege : et, si quando ad alios diverti libuerit, ad priores redi. Aliquid quotidie adversus paupertatem, aliquid adversus mortem auxilii compara, nec minus adversus cæteras pestes : et, quum multa percurreris, unum excerpe, quod illo

plus votre repos; cette agitation dénote un esprit malade. Le premier signe du calme intérieur, c'est, selon moi, la fixité et le recueillement. Mais, prenez-y garde, la lecture d'une foule d'auteurs et d'ouvrages de tout genre pourrait tenir aussi de l'inconstance et de la légèreté. Il faut vous arrêter à des auteurs choisis, vous nourrir de leur substance, si vous voulez en retirer des souvenirs durables. Être partout, c'est n'être nulle part; aussi, quand on passe sa vie à voyager, se fait-on beaucoup d'hôtes et pas un ami. Il en est de même de ceux qui ne s'attachent à aucun auteur pour l'approfondir, mais qui les feuillettent tous à la hâte, et comme en courant. Aussitôt rejetés que reçus, les alimens ne sauraient profiter, ni se changer en substance. Rien de plus contraire à la guérison, que le changement fréquent de remèdes. Une plaie ne se cicatrise pas, quand l'appareil est sans cesse renouvelé. L'arbre souvent transplanté n'acquiert point de vigueur. Rien de si utile, qui puisse servir, effleuré en passant. Lire trop de livres distrait l'esprit : aussi, n'en pouvant lire autant que vous pourriez en avoir, il n'en faut avoir que ce que vous en pouvez lire. Mais, direz-vous, je veux parcourir tantôt ce livre, tantôt cet autre. Goûter une foule de mets, est le signe d'un estomac blasé : cette variété d'alimens, loin de le nourrir, ne fait que le corrompre. Aussi, faut-il lire toujours des auteurs estimés, et, si parfois vous les quittez pour d'autres, ne manquez pas de revenir aux premiers. Rassemblez chaque jour de nouvelles ressources contre la pauvreté, contre la mort, contre les autres fléaux. Après avoir lu quelques pages, il faut en extraire une pensée qui serve d'aliment à vos méditations du jour; c'est ma méthode : je lis beaucoup, et

die concoquas. Hoc ipse quoque facio : ex pluribus, quæ legi, aliquid apprehendo. Hodiernum hoc est, quod apud Epicurum nactus sum (soleo enim et in aliena castra transire, non tanquam transfuga, sed tanquam explorator) : « Honesta, inquit, res est, læta paupertas. » Illa vero non est paupertas, si læta est. Non qui parum habet, sed qui plus cupit, pauper est. Quid enim refert, quantum illi in arca, quantum in horreis jaceat, quantum pascat aut feneret; si alieno imminet, si non adquisita, sed adquirenda computat? Quis sit divitiarum modus, quæris? Primus, habere quod necesse est ; proximus, quod sat est.

III.

De eligendis amicis.

Epistolas ad me perferendas tradidisti, ut scribis, amico tuo. Deinde admones me, ne omnia cum eo ad te pertinentia communicem, quia non soleas ne ipse quidem id facere. Ita eadem epistola illum et dixisti amicum, et negasti. Itaque sic priore illo verbo, quasi publico, usus es, et sic illum *amicum* vocasti, quomodo omnes candidatos *bonos viros* dicimus ; quomodo obvios, si nomen non succurrit, *dominos* salutamus. Hac abierit! Sed si aliquem *amicum* existimas, cui non tantumdem credis, quantum tibi, vehementer erras, et non

je mets quelque chose en réserve. Épicure, par exemple, a fait les frais de mon butin d'aujourd'hui; car c'est mon habitude de passer aussi dans le camp ennemi, non comme transfuge, mais comme éclaireur. « La pauvreté contente est, dit-il, une chose honorable. » Mais elle n'est plus pauvreté, alors quelle est contente. C'est être riche, que de s'accommoder de la pauvreté; n'est pas pauvre qui a peu, mais qui désire plus qu'il n'a. Eh! que lui font ses coffres remplis d'or, ses greniers de moissons; que lui font ses troupeaux, ses revenus, à celui qui convoite le bien d'autrui, qui calcule moins ce qu'il possède que ce qu'il peut acquérir? Quelle est donc la mesure de la richesse, me direz-vous? Le nécessaire, d'abord; ensuite, ce qui suffit.

III.

Du choix des amis.

Vous m'écrivez que le porteur de vos lettres est votre ami : vous me recommandez de ne pas m'ouvrir à lui sur tout ce qui vous concerne, ayant coutume, dites-vous, d'en user de même à son égard. C'est m'écrire à la fois qu'il est et n'est pas votre ami. Ainsi, ce mot est dans votre lettre une formule d'usage : cet homme est votre ami, comme tous les candidats sont *hommes de bien,* comme nous donnons du *seigneur* au premier venu dont le nom nous échappe. Passons sur le mot, et jugeons la chose. Croire quelqu'un son ami, et ne pas lui accorder la même confiance qu'à soi, c'est s'abuser étrangement, c'est ne pas connaître toute la portée de

satis nosti vim veræ amicitiæ. Tu vero omnia cum amico delibera, sed de ipso prius. Post amicitiam credendum est, ante amicitiam judicandum. Isti vero præpostero officia permiscent, qui contra præcepta Theophrasti, quum amaverunt, judicant, et non amant, quum judicaverunt. Diu cogita, an tibi in amicitiam aliquis recipiendus sit : quum placuerit fieri, toto illum pectore admitte : tam audacter cum illo loquere, quam tecum. Tu quidem ita vive, ut nihil tibi committas, nisi quod committere etiam inimico tuo possis : sed, quia interveniunt quædam, quæ consuetudo fecit arcana, cum amico omnes curas, omnes cogitationes tuas misce. Fidelem si putaveris, facies. Nam quidam fallere docuerunt, dum timent falli; et aliis jus peccandi suspicando fecerunt. Quid ? quare ergo ulla verba coram amico meo retraham? quid est, quare me coram illo non putem solum ? Quidam, quæ tantum amicis committenda sunt, obviis narrant, et in quaslibet aures, quidquid illos urit, exonerant: quidam rursus etiam carissimorum conscientiam reformidant, et, si possent, ne sibi quidem credituri, interius premunt omne secretum. Neutrum faciendum est : utrumque enim vitium est, et omnibus credere, et nulli; sed alterum honestius dixerim vitium, alterum tutius. Sic utrosque reprehendas, et eos qui semper inquieti sunt, et eos qui semper quiescunt. Nam illa, tumultu gaudens, non est industria, sed exagitatæ mentis

la véritable amitié. Que votre ami soit le confident de toutes vos délibérations, mais que, d'abord, il en ait été l'objet : la confiance doit suivre l'amitié, et le discernement la précéder. C'est agir à contre-sens, c'est confondre les devoirs, et enfreindre le précepte de Théophraste, que de se lier avant de connaître, pour rompre quand on se connaîtra. Réfléchissez long-temps sur le choix d'un ami : une fois arrêté, ouvrez-lui votre âme tout entière; ayez autant d'abandon avec lui qu'avec vous. Je sais qu'il faut vivre de telle sorte, que vous puissiez découvrir vos pensées à votre ennemi lui-même; mais il est des choses dont l'usage a fait des secrets. Il faut verser alors dans le sein d'un ami tous vos chagrins et toutes vos pensées : votre confiance sera la mesure de sa fidélité. Que de fois, en effet, on enseigne à tromper, en craignant de l'être! on autorise l'infidélité par d'injustes soupçons! Et pourquoi retenir un secret devant mon ami? pourquoi ne pas me croire seul en sa présence? Il en est qui débitent à tous les passans ce qu'un ami seul doit connaître, et qui fatiguent toutes les oreilles d'un secret qui leur pèse. D'autres craignent de s'ouvrir à leurs amis les plus chers, et, disposés à se cacher leur secret à eux-mêmes, s'ils le pouvaient, ils l'ensevelissent au fond de leur âme. Fuyez ces deux excès : se fier à tous, ne se fier à aucun, voilà deux défauts opposés; l'un est plus sûr, l'autre plus honorable. Ainsi, l'on doit blâmer également dans un homme le perpétuel mouvement ou le perpétuel repos. Cette activité, qui se plaît dans le tumulte, trahit une âme inquiète et agitée; et ce n'est plus jouir du repos, que regarder comme un malaise le moindre mouvement; c'est tomber en faiblesse et en langueur. Aussi, faut-il retenir ce passage que j'ai lu dans Pompo-

concursatio : et hæc non est quies, quæ motum omnem molestiam judicat, sed dissolutio et languor. Itaque hoc quod apud Pomponium legi, animo mandabitur : « Quidam adeo in latebras refugerunt, ut putent in turbido esse quidquid in luce est. » Inter se ista miscenda sunt; et quiescenti agendum, et agenti quiescendum est. Cum rerum natura delibera : illa dicet tibi, et diem fecisse et noctem.

IV.

De mortis metu.

Persevera ut cœpisti, et quantum potes propera, quo diutius frui emendato animo et composito possis. Frueris quidem etiam dum emendas, etiam dum componis : alia tamen illa voluptas est, quæ percipitur ex contemplatione mentis ab omni labe puræ et splendidæ. Tenes utique memoria, quantum senseris gaudium, quum, prætexta posita, sumpsisti virilem togam, et in Forum deductus es : majus exspecta, quum puerilem animum deposueris, et te in viros philosophia transcripserit. Adhuc enim non pueritia, sed, quod est gravius, puerilitas remanet. Et hoc quidem pejus est, quod auctoritatem habemus senum, vitia puerorum; nec puerorum tantum, sed infantium : illi levia, hi falsa formidant; nos utraque. Profice modo : intelliges, quædam ideo

nius : « Il est des yeux tellement habitués aux ténèbres, qu'ils voient trouble en plein jour. » Il faut entremêler ces deux états ; l'action doit succéder au repos, le repos à l'action. Interrogez la nature, elle vous dira : J'ai fait le jour et la nuit.

IV.

Du mépris de la mort.

Suivez la route dans laquelle vous êtes entré, et hâtez-vous, s'il est possible : vous jouirez plus longtemps de la réforme et de l'harmonie de votre âme. C'est déjà, sans doute, une jouissance, que d'y rétablir l'ordre et la réforme ; mais, qu'il est plus vif, le plaisir de la voir pure de toute tache et resplendissante ! Votre joie fut bien grande, vous n'avez pu l'oublier, le jour où, quittant la prétexte pour la toge virile, vous fûtes conduit en cérémonie dans le Forum ; que sera-ce, lorsque, dépouillant les erreurs de la jeunesse, vous serez inscrit par la philosophie au rang des hommes ? La jeunesse a fui loin de nous ; mais, ce qui est plus triste encore, son esprit nous est resté ; et, ce qu'il y a de plus déplorable, c'est que la considération dont jouit la vieillesse se joint en nous aux défauts de la jeunesse, je dirai plus, aux défauts de l'enfance. La première a des craintes frivoles ; l'autre, des craintes chimériques : nous les réunissons,

minus timenda, quia multum metus afferunt. Nullum magnum, quod extremum est. Mors ad te venit? timenda erat, si tecum esse posset : necesse est, aut non perveniat, aut transeat. — Difficile est, inquis, animum perducere ad contemptionem animæ. — Non vides, quam ex frivolis causis contemnatur? Alius ante amicæ fores laqueo pependit; alius se præcipitavit e tecto, ne dominum stomachantem diutius audiret; alius, ne reduceretur e fuga, ferrum adegit in viscera. Non putas virtutem hoc effecturam, quod effecit nimia formido? Nulli potest secura vita contingere, qui de producenda nimis cogitat, qui inter magna bona multos consules numerat. Hoc quotidie meditare, ut possis æquo animo vitam relinquere, quam multi sic complectuntur et tenent, quomodo, qui aqua torrente rapiuntur, spinas et aspera. Plerique inter mortis metum, et vitæ tormenta, miseri fluctuant; et vivere nolunt, et mori nesciunt. Fac itaque tibi jucundam vitam, omnem pro illa sollicitudinem deponendo. Nullum bonum adjuvat habentem, nisi ad cujus amissionem præparatus est animus. Nullius autem rei facilior amissio est, quam quæ desiderari amissa non potest. Ergo adversus omnia, quæ incidere possunt etiam potentissimis, adhortare te et indura. De Pompeii capite pupillus et spado tulere sententiam : de Crasso crudelis et insolens Parthus. Caius Cæsar jussit Lepidum Dextro tribuno præbere cervicem : ipse Chæreæ præstitit. Ne-

ces craintes. Encore un pas, et vous comprendrez que certains accidens sont d'autant moins à craindre, qu'ils sont plus redoutés. Un mal n'est pas grand, quand il vient le dernier de tous. La mort s'avance : elle serait à craindre, si elle pouvait s'attacher à vous; mais elle doit ou ne pas vous atteindre, ou vous dépasser. Il est difficile, dites-vous, d'amener l'âme au mépris de la mort : eh! ne voyez-vous pas quels sujets futiles peuvent la faire mépriser? tantôt c'est un amant qui se pend à la porte de sa maîtresse; tantôt un esclave qui se jette du haut d'un toit, pour ne pas endurer les emportemens de son maître; un autre qui se poignarde, de peur de reprendre les fers qu'il a quittés : et le courage ne ferait pas ce que fait l'excès de la crainte! Non, point de vie tranquille, dès qu'on cherche à la prolonger, dès qu'on met au rang des biens de pouvoir compter un grand nombre de consuls. Que vos méditations journalières vous apprennent à quitter la vie sans regret, cette vie à laquelle tant de malheureux s'attachent et se retiennent, comme le naufragé aux ronces et aux rochers. Presque tous flottent entre la crainte de la mort et les tourmens de la vie, les misérables qui ne veulent pas vivre et ne savent pas mourir. Rendez-vous donc la vie agréable, en cessant de vous en inquiéter. La possession ne peut plaire, si l'on n'est résigné à la perte; or, la perte la moins pénible est celle qui ne peut être suivie de regrets. Il faut donc vous encourager, vous fortifier contre ces maux dont la grandeur n'est pas exempte. Les jours de Pompée sont le jouet d'un eunuque et d'un enfant en tutelle; ceux de Crassus, du Parthe insolent et barbare. Caïus César livre la tête de Lepidus au glaive du tribun Dexter : la sienne va tomber sous le fer de Chéréa. Quel que soit le

minem eo fortuna provexit, ut non tantum illi minaretur, quantum permiserat. Noli huic tranquillitati confidere. Momento mare evertitur : eodem die, ubi luserunt navigia, sorbentur. Cogita, posse et latronem et hostem admovere jugulo tuo gladium : ut potestas major absit, nemo non servus habet in te vitæ necisque arbitrium. Ita dico : quisquis vitam suam contempsit, tuæ dominus est. Recognosce exemplum eorum, qui domesticis insidiis perierunt, aut aperta vi, aut dolo : intelliges non pauciores servorum ira cecidisse, quam regum. Quid ad te itaque, quam potens sit quem times, quum id, propter quod times, nemo non possit? — At, si forte in manus hostium incideris, victor te duci jubebit! — Eo nempe quo duceris? Quid te ipse decipis, et hoc nunc primum, quod olim patiebaris, intelligis? Ita dico : ex quo natus es, duceris. Hæc et hujusmodi versanda in animo sunt, si volumus illam ultimam horam placidi exspectare, cujus metus omnes alias inquietas facit.

Sed ut finem epistolæ imponam, accipe quod mihi hodierno die placuit (et hoc quoque ex alienis hortulis sumptum est) : « Magnæ divitiæ sunt, lege naturæ composita paupertas. » Lex autem illa naturæ scis quos nobis terminos statuat? Non esurire, non sitire, non algere. Ut famem sitimque depellas, non est necesse superbis assidere liminibus, nec supercilium grave et contumeliosam etiam humanitatem pati; non est necesse

faîte où la fortune nous élève, autant nous serons craints, autant nous aurons à craindre. Défiez-vous de ce calme perfide : un instant voit bouleverser la mer. Le même jour voit s'engloutir les vaisseaux à l'endroit même où ils se jouaient sur les ondes. Songez que la main d'un voleur, d'un ennemi, peut être levée sur votre tête; et, sans remonter si haut, tout esclave a sur vous droit de vie et de mort. Oui, Lucilius, qui méprise sa vie est maître de la vôtre. Rappelez-vous tous ces exemples de malheureux égorgés dans leurs maisons, à force ouverte ou par surprise, et vous compterez autant de victimes immolées à la colère des esclaves, qu'à celle des rois. Que vous importe donc le pouvoir de votre ennemi, si ce pouvoir qui le rend si redoutable tout le monde l'a en ses mains? Mais, direz-vous, si je tombe au pouvoir de l'ennemi, le vainqueur me fera conduire.... Là, sans doute, où déjà vous allez. Pourquoi vous abuser ainsi, et ne voir que d'aujourd'hui le péril qui vous a toujours menacé? Oui, vous allez à la mort, et depuis l'heure de votre naissance. Telles sont les pensées qui doivent occuper notre esprit, si nous voulons attendre paisiblement cette dernière heure, dont la crainte rend toutes les autres inquiètes.

Mais, pour terminer ma lettre, voici la maxime dont j'ai fait choix aujourd'hui; je l'ai cueillie encore dans les jardins de l'ennemi : « C'est une grande fortune, que la pauvreté réglée sur les lois de la nature. » Or, ces lois de la nature, savez-vous à quoi elles bornent nos besoins? à n'avoir ni faim, ni soif, ni froid. Pour apaiser la faim et la soif, il n'est pas besoin de se morfondre à la porte des grands, d'essuyer leur regard dédaigneux, et l'affront de leur bienveillance protectrice; il n'est pas nécessaire de braver la mort sur les flots ou dans les camps : les

maria tentare, nec sequi castra. Parabile est quod natura desiderat, et appositum : ad supervacua sudatur. Illa sunt quæ togam conterunt, quæ nos senescere sub tentorio cogunt, quæ in aliena littora impingunt. Ad manum est, quod satis est. Cui cum paupertate bene convenit, dives est.

V.

De philosophiæ ostentatione et de vera philosophia.

Quod pertinaciter studes, et omnibus omissis hoc unum agis, ut te meliorem quotidie facias, et probo et gaudeo : nec tantum hortor, ut perseveres, sed etiam rogo. Illud autem te admoneo, ne eorum more, qui non proficere, sed conspici cupiunt, facias aliqua, quæ in habitu tuo, aut genere vitæ notabilia sint. Asperum cultum, et intonsum caput, et negligentiorem barbam, et indictum argento odium, et cubile humi positum, et quidquid aliud ambitionem perversa via sequitur, evita. Satis ipsum nomen philosophiæ, etiam si modeste tractetur, invidiosum est : quid, si nos hominum consuetudini cœperimus excerpere ? Intus omnia dissimilia sint : frons nostra populo conveniat. Non splendeat toga : ne sordeat quidem. Non habeamus argentum, in quod solidi auri cælatura descenderit : sed non putemus frugalitatis indicium, auro argentoque caruisse. Id agamus,

besoins de la nature sont faciles à satisfaire; le remède est sous notre main. C'est pour le superflu que l'homme s'épuise, c'est pour le superflu qu'il use sa toge, qu'il vieillit sous la tente, ou se voit jeter sur des côtes étrangères. Le nécessaire est à notre portée. Qui s'arrange de la pauvreté, est riche.

V.

De l'ostentation philosophique et de la vraie philosophie.

Vous étudiez sans relâche, et vous vous appliquez exclusivement à vous rendre meilleur chaque jour; j'approuve cette conduite et je m'en réjouis : je vous exhorte à persévérer; je fais plus, je vous en prie. Mais, gardez-vous d'imiter certains philosophes qui visent moins à la perfection qu'à la singularité; n'affectez rien d'étrange dans votre extérieur ni dans votre conduite : point de dehors austères, de chevelure en désordre, de barbe négligée, d'aversion déclarée pour l'argent, de lit étendu sur la terre; point de ces démonstrations qui accusent indirectement le désir de se faire remarquer. Il est assez exposé à l'envie le nom de philosophe, avec quelque modestie qu'on le porte : que sera-ce, si nous cherchons à nous soustraire à l'usage? Différence complète au dedans, mais ressemblance entière au dehors. Je ne veux point de robe éclatante, pas plus que de robe malpropre; je ne veux point d'argenterie incrustée d'or massif, mais je ne place pas la frugalité dans le manque d'or et d'argent. Cherchons à mieux vivre que le vulgaire,

ut meliorem vitam sequamur, quam vulgus, non ut contrariam : alioquin, quos emendari volumus, fugamus a nobis, et avertimus. Illud quoque efficimus, ut nihil imitari velint nostri, dum timent ne imitanda sint omnia. Hoc primum philosophia promittit, sensum communem, humanitatem, et congregationem : a qua professione dissimilitudo nos separabit. Videamus, ne ista per quæ admirationem parare volumus, ridicula et odiosa sint. Nempe propositum nostrum est, secundum naturam vivere. Hoc contra naturam est, torquere corpus suum, et faciles odisse munditias, et squalorem appetere, et cibis non tantum vilibus uti, sed tetris et horridis. Quemadmodum desiderare delicatas res, luxuriæ est : ita usitatas et non magno parabiles fugere, dementiæ. Frugalitatem exigit philosophia, non pœnam : potest autem esse non incompta frugalitas. Hic mihi modus placet. Temperetur vita inter bonos mores et publicos : suspiciant omnes vitam nostram, sed et agnoscant. — Quid ergo? eadem faciemus, quæ ceteri? nihil inter nos et illos intererit? — Plurimum! Dissimiles esse nos vulgo sciat qui inspexerit propius. Qui domum intraverit, nos potius miretur, quam supellectilem nostram. Magnus ille est, qui fictilibus sic utitur, quemadmodum argento : nec ille minor est, qui sic argento utitur, quemadmodum fictilibus. Infirmi animi est, pati non posse divitias.

et non autrement; sans quoi, nous rebutons, nous éloignons de nous ceux que nous voulons réformer. Il y a plus, c'est qu'on ne veut nous imiter en rien, dans la crainte d'être obligé de nous imiter en tout. Le premier but, le but déclaré de la philosophie, est de lier les hommes par des rapports d'idées, de bienveillance et de société. C'est s'écarter de ses principes, que de se singulariser. Craignons que ces manœuvres, par lesquelles nous voulons surprendre l'admiration, ne jettent sur nous de l'odieux et du ridicule. Sans doute, notre système est de prendre la nature pour guide; mais la nature réprouve ces tortures volontaires, cette aversion pour une parure si simple, cet amour de la malpropreté, cette prédilection pour une nourriture, je ne dis pas grossière, mais sale et dégoûtante. S'il y a de la sensualité à rechercher des mets délicats, il y a de la folie à rejeter des alimens communs et de peu de valeur. C'est de la frugalité, que nous demande la philosophie, et non pas des macérations : or, la frugalité peut n'être pas sans apprêts. Je me plais à garder ce juste milieu. Que notre vie soit un mélange des bonnes mœurs et des mœurs publiques; qu'elle fasse naître toujours l'admiration, jamais la surprise. — Mais quoi! s'écrie-t-on, nous allons donc faire comme les autres? plus de différence entre eux et nous? — La différence sera grande, mais c'est à nous voir de près qu'on la reconnaîtra : en entrant dans nos maisons, on admirera plus le maître que les meubles. Il y a de la grandeur à se servir de vases de terre comme de vases d'argent; il n'y en a pas moins à se servir de vases d'argent comme de vases de terre. C'est la marque d'une âme faible, de ne pouvoir supporter les richesses.

Sed, ut hujus quoque diei lucellum tecum communicem, apud Hecatonem nostrum inveni, cupiditatum finem etiam ad timoris remedia proficere. « Desines, inquit, timere, si sperare desieris. » Dices, quomodo ista tam diversa pariter sunt? Ita est, mi Lucili : quum videantur dissidere, conjuncta sunt. Quemadmodum eadem catena et custodiam et militem copulat : sic ista, quæ tam dissimilia sunt, pariter incedunt. Spem metus sequitur. Nec miror ista sic ire; utrumque pendentis animi est, utrumque futuri exspectatione sollicitum. Maxima autem utriusque causa est, quod non ad præsentia aptamur, sed cogitationes in longinqua præmittimus. Itaque providentia, maximum bonum conditionis humanæ, in malum versa est. Feræ pericula, quæ vident, fugiunt; quum effugere, securæ sunt : nos et venturo torquemur, et præterito. Multa bona nostra nobis nocent; timoris enim tormentum memoria reducit, providentia anticipat. Nemo tantum præsentibus miser est.

VI.

De vera amicitia.

Intelligo, Lucili, non emendari me tantum, sed transfigurari. Nec hoc promitto, jam aut spero, nihil in me superesse, quod mutandum sit. Quidni multa habeam, quæ debeant colligi, quæ extenuari, quæ attolli?

Mais, pour partager encore avec vous le gain de ma journée, j'ai trouvé chez un des nôtres, chez Hécaton, que la fin des désirs est un remède contre la crainte même : « Cessez d'espérer, dit-il, et vous cesserez de craindre. » Quel rapport, direz-vous, entre deux sentimens si divers ? Oui, mon cher Lucilius, tout opposés qu'ils paraissent, ils se tiennent cependant : la même chaîne unit le soldat au prisonnier : ces passions si contraires marchent du même pas. La crainte suit l'espérance. Rien d'étonnant à cela : toutes deux naissent de l'irrésolution, du trouble où nous jette l'attente de l'avenir. Mais, en voici la première cause : au lieu de s'accommoder au présent, on égare ses pensées dans le lointain. Ainsi, la prévoyance, le plus bel apanage de l'homme, devient pour lui un fléau. La bête fuit à la vue du danger : il passe, et sa sécurité renaît. Mais nous, nous sommes victimes et de l'avenir, et du passé. Nos nombreux avantages se tournent contre nous ; la mémoire réveille en nous les angoisses de la crainte ; la prévoyance les fait venir avant le temps ; le présent ne suffit pas à nos malheurs.

VI.

De la véritable amitié.

Je le sens, Lucilius, je me réforme, et même je me transforme ; non que j'ose garantir ou présumer qu'il n'y a plus rien à changer en moi. Que de choses, au contraire, ne doit-il pas rester à rectifier, à réduire, à élever ?

Et hoc ipsum argumentum est in melius translati animi, quod vitia sua, quæ adhuc ignorabat, videt. Quibusdam ægris gratulatio fit, quum ipsi ægros se esse senserunt. Cuperem itaque tecum communicare tam subitam mutationem mei : tunc amicitiæ nostræ certiorem fiduciam habere cœpissem; illius veræ, quam non spes, non timor, non utilitatis suæ cura divellit : illius, cum qua homines moriuntur, pro qua moriuntur. Multos tibi dabo, non qui amico, sed amicitia caruerunt. Hoc non potest accidere, quum animos in societatem honesta cupiendi par voluntas trahit. Quidni non possit? Sciunt enim ipsos omnia habere communia, et quidem magis adversa. Concipere animo non potes, quantum momenti afferre mihi singulos dies videam.

Mitte, inquis, et nobis ista, quæ tam efficacia expertus es! — Ego vero omnia in te cupio transfundere, et in hoc aliquid gaudeo discere, ut doceam : nec me ulla res delectabit, licet sit eximia et salutaris, quam mihi uni sciturus sum. Si cum hac exceptione detur sapientia, ut illam inclusam teneam nec enuntiem, rejiciam. Nullius boni, sine socio, jucunda possessio est. Mittam itaque ipsos tibi libros : et, ne multum operæ impendas dum passim profutura sectaris, imponam notas, ut ad ipsa protinus, quæ probo et miror, accedas. Plus tamen tibi et viva vox et convictus, quam oratio, proderit. In rem præsentem venias oportet : primum, quia homines

C'est même une preuve du perfectionnement de l'âme, que de pouvoir reconnaître ses défauts qu'on ignorait auparavant. On félicite certains malades d'en être arrivés à sentir leur mal. Que ne puis-je donc étendre à vous cette révolution si subite! alors, notre liaison m'inspirerait plus de confiance : j'y verrais cette véritable amitié que ni la crainte, ni l'espérance, ni l'intérêt ne peuvent rompre; cette amitié qui fait que l'on meurt avec elle et pour elle. Que d'hommes ont trouvé des amis et pas d'amitié! Ce malheur n'est plus à craindre, dès qu'un égal amour de la vertu porte deux cœurs à s'unir. Et pourquoi? c'est qu'ils savent qu'entre eux tout est commun, mais surtout le malheur. Vous ne pouvez concevoir combien chaque jour ajoute à mes progrès.

Envoyez-moi donc aussi, me dites-vous, ce remède pour vous si efficace. — Oui, je brûle de le verser tout entier dans votre âme; je me réjouis d'apprendre, dans l'espoir d'enseigner; la plus belle, la plus utile découverte n'a plus d'attraits pour moi, si je ne puis la communiquer. Si l'on me donnait la sagesse à condition de la renfermer en moi-même, et de ne pas la répandre, je la refuserais à ce prix. Point de possession agréable, si elle n'est partagée. Je vous enverrai donc les livres mêmes, et, pour vous épargner l'embarras de chercher çà et là les passages qui doivent vous servir, des notes de ma main vous conduiront sur-le-champ aux endroits que j'approuve et que j'admire; mais les conversations et le commerce de votre ami vous serviront plus que les livres. Il faut voir par soi-même : les hommes s'en rapportent plus à leurs yeux qu'à leurs oreil-

amplius oculis quam auribus credunt; deinde, quia longum iter est per præcepta, breve et efficax per exempla. Zenonem Cleanthes non expressisset, si eum tantummodo audisset. Vitæ ejus interfuit, secreta perspexit, observavit illum, an ex formula sua viveret. Plato, et Aristoteles, et omnis in diversum itura sapientium turba, plus ex moribus quam ex verbis Socratis traxit. Metrodorum, et Hermarchum, et Polyænum, magnos viros non schola Epicuri, sed contubernium, fecit. Nec in hoc te arcesso tantum, ut proficias; sed ut prosis : plurimum enim alter alteri conferemus. — Interim, quoniam diurnam tibi mercedulam debeo, quid me hodie apud Hecatonem delectaverit, dicam. « Quæris, inquit, quid profecerim ? Amicus esse mihi. » Multum profecit : nunquam erit solus. Scito hunc amicum omnibus esse.

VII.

Fugienda est turba.

Quid tibi vitandum præcipue existimes, quæris. — Turbam! Nondum illi tuto committeris. Ego certe confitebor imbecillitatem meam. Nunquam mores, quos extuli, refero : aliquid ex eo, quod composui, turbatur; aliquid ex his, quæ fugavi, redit. Quod ægris evenit, quos longa imbecillitas usque eo affecit, ut nusquam

les; la voie des préceptes est longue; celle des exemples est courte et facile. Cléanthe n'eût pas fait revivre Zénon, s'il n'avait fait que l'entendre : il fut témoin de sa vie ; il pénétra dans son intérieur; il étudia sa conduite, pour la comparer à sa doctrine. Platon, Aristote, et tous ces philosophes qui devaient suivre des routes si opposées, profitèrent plus des exemples de Socrate que de ses leçons. Métrodore, Hermarque, Polyénus, ces illustres sages, durent moins aux préceptes d'Épicure, qu'à son intimité. Mais, si je vous réclame, c'est à la fois pour votre intérêt et pour le mien : nous nous serons l'un à l'autre de la plus grande utilité. — Voici toujours, puisqu'il faut vous payer ma taxe journalière, voici ce qui m'a plu aujourd'hui dans Hécaton : « Vous voulez voir mes progrès? je commence à être l'ami de moi-même. » Il a fait de grands progrès; il ne sera jamais seul. Apprenez que l'ami de soi-même est l'ami de tous les hommes.

VII.

S'éloigner de la foule.

Que dois-je le plus éviter? me dites vous. — C'est la foule. En effet, il y aurait encore du danger à vous y exposer. Pour moi, du moins, j'avoue ma faiblesse. Je n'en rapporte jamais les mœurs que j'y ai portées; toujours quelque arrangement détruit, quelque vice de retour. Certains convalescens, épuisés par de longues souffrances, ne peuvent sortir sans éprouver de malaise : tel est notre état, à nous dont l'âme relève d'une longue

sine offensa proferantur, hoc accidit nobis, quorum animi ex longo morbo reficiuntur. Inimica est multorum conversatio. Nemo non aliquod nobis vitium aut commendat, aut imprimit, aut nescientibus allinit. Utique, quo major est populus, cui miscemur, hoc periculi plus est. Nihil vero tam damnosum bonis moribus, quam in aliquo spectaculo desidere : tunc enim per voluptatem facilius vitia subrepunt. Quid me existimas dicere? Avarior redeo, ambitiosior, luxuriosior, immo vero crudelior et inhumanior, quia inter homines fui. Casu in meridianum spectaculum incidi, lusus exspectans, et sales, et aliquid laxamenti, quo hominum oculi ab humano cruore acquiescant. Contra est : quidquid ante pugnatum est, misericordia fuit. Nunc, omissis nugis, mera homicidia sunt; nihil habent quo tegantur; ad ictum totis corporibus expositi, nunquam frustra manum mittunt. Hoc plerique ordinariis paribus et postulatitiis præferunt. Quidni præferant? non galea, non scuto repellitur ferrum. Quo munimenta? quo artes? Omnia ista mortis moræ sunt. Mane leonibus et ursis homines, meridie spectatoribus suis objiciuntur. Interfectores interfecturis jubentur objici; et victorem in aliam detinent cædem. Exitus pugnantium mors est; ferro et igne res geritur. Hæc fiunt, dum vacat arena. — Sed latrocinium fecit aliquis! quid ergo? meruit ut suspendatur. Occidit hominem! qui occidit, ille meruit ut hoc pateretur. Tu quid

maladie. Le grand monde nous est contraire. On nous y fait goûter le vice, on nous l'empreint, nous en prenons le vernis à notre insu, et le péril augmente en raison de la multitude. Mais rien de si nuisible aux bonnes mœurs que l'oisiveté d'un spectacle; c'est alors que les vices se glissent plus aisément à la suite du plaisir. Comment l'entendez-vous? j'en reviens plus avare, plus ambitieux, plus débauché; ajoutez plus cruel et plus inhumain, pour m'être mêlé aux hommes. Le hasard m'a conduit au spectacle de midi; je m'attendais à des jeux, à des facéties, à quelque divertissement fait pour délasser l'homme de la vue du sang humain. Je me trompais : la pitié présidait aux combats précédens; maintenant plus de bagatelles : on veut le meurtre à nu. Rien ne couvre le gladiateur, tout son corps est exposé au danger; chaque coup fait sa blessure. Tel est le spectacle que la foule préfère aux combats ordinaires ou de faveur. Eh! que de raisons de le préférer! Point de casque, point de bouclier, point d'obstacle au fer. A quoi bon ces armures? cet art de l'escrime? à rien, qu'à retarder la mort. Le matin, l'homme est exposé aux lions et aux ours; à midi, aux spectateurs. Il vient de tuer, il va l'être; et le vainqueur est réservé pour un autre massacre. Le sort de tous les combattans est la mort; le fer et le feu en décident. Tels sont les intermèdes de l'arène. Un homme a-t-il volé, qu'on le pende! a-t-il tué, qu'on le tue! Mais vous, malheureux spectateur, qu'avez-vous fait pour subir cet horrible tableau, ces cris? «Tue, brûle, frappe. Pourquoi tant de lâcheté à fondre sur le fer? tant de circonspection à tuer? tant de mauvaise grâce à mourir?» Le bâton les pousse contre le fer; ils se jettent le sein nu au devant

meruisti miser? ut hoc spectes. — « Occide, verbera, ure! Quare tam timide incurrit in ferrum? quare parum audacter occidit? quare parum libenter moritur? » — Plagis agitur in vulnera, ut mutuos ictus nudis et obviis pectoribus excipiant. — « Intermissum est spectaculum : interim jugulentur homines, ne nihil agatur. »

Age, ne hoc quidem intelligitis, mala exempla in eos redundare qui faciunt? Agite diis immortalibus gratias, quod eum docetis esse crudelem, qui non potest discere. Subducendus populo est tener animus, et parum tenax recti : facile transitur ad plures. Socrati, et Catoni, et Lælio excutere morem suum dissimilis multitudo potuisset : adeo nemo nostrum qui quum maxime concinnamus ingenium, ferre impetum vitiorum tam magno comitatu venientium potest. Unum exemplum luxuriæ aut avaritiæ multum mali facit : convictor delicatus paulatim enervat et mollit; vicinus dives cupiditatem irritat; malignus comes quamvis candido et simplici rubiginem suam adfricuit : quid tu accidere his moribus credis, in quos publice factus est impetus ? Necesse est aut imiteris, aut oderis. Utrumque autem devitandum est; ne vel similis malis fias, quia multi sunt; neve inimicus multis, quia dissimiles sunt. Recede in te ipse quantum potes; cum his versare, qui te meliorem facturi sunt ; illos admitte, quos tu potes facere meliores! Mutuo ista fiunt; et homines, dum docent, discunt. Non

de leurs coups réciproques. « Le spectacle est interrompu !
que, dans l'entr'acte, des hommes s'égorgent : cela fait
toujours passer le temps. »

Quoi ! peuple insensé, ne comprends-tu donc pas
que les mauvais exemples retombent sur celui qui
les donne? Va, rends grâces aux dieux : il ne peut apprendre la cruauté, celui à qui tu l'enseignes ! Oui, il faut
éloigner de la foule une âme tendre, et encore mal af-
fermie dans le bien; on passe aisément à l'avis du plus
grand nombre. Socrate, Caton, Lélius, pour ébranler
vos vertus il eût suffi de l'influence d'une multitude cor-
rompue; et nous, occupés encore à embellir notre âme,
nous résisterions au choc du vice soutenu par la foule !
Un seul exemple de luxe ou d'avarice fait beaucoup de
mal; le commerce d'un voluptueux nous énerve et nous
amollit; le voisinage d'un riche irrite notre cupidité; la
compagnie d'un méchant transmet la contagion à l'âme
la plus pure et la plus sincère : quels périls ne courront
pas vos mœurs, attaquées par tout un peuple ! vous serez
réduit à l'imiter ou à le haïr. Mais fuyez ces deux excès,
d'imiter les méchans, parce que c'est le plus grand nombre; de haïr le plus grand nombre, parce qu'il ne vous
ressemble pas. Retirez-vous en vous-même autant que
vous le pourrez; attachez-vous à ceux qui peuvent vous
rendre meilleur ; recevez ceux que vous pourrez rendre
meilleurs à votre tour. Réciprocité de services : l'on apprend en enseignant. Ainsi, le vain désir de faire briller

est ergo quod te gloria publicandi ingenii producat in medium, ut recitare istis velis, aut disputare : quod facere te vellem, si haberes isti populo idoneam mercem. Nemo est, qui intelligere te possit. Aliquis fortasse unus aut alter incidet : et hic ipse formandus tibi erit, instituendusque ad intellectum tui. — « Cui ergo ista didici? » — Non est quod timeas ne operam perdideris : tibi didicisti.

Sed ne mihi soli hodie didicerim, communicabo tecum quæ occurrerunt mihi egregie dicta circa eumdem fere sensum tria : ex quibus unum hæc epistola in debitum solvet, duo in antecessum accipe. Democritus ait : « Unus mihi pro populo est, et populus pro uno. » Bene et ille, quisquis fuit (ambigitur enim de auctore), quum quæreretur ab illo, quo tanta diligentia artis spectaret ad paucissimos perventuræ : « Satis sunt, inquit, mihi pauci, satis est unus, satis est nullus. » Egregie hoc tertium Epicurus, quum uni ex consortibus studiorum suorum scriberet : « Hæc, inquit, ego non multis, sed tibi : satis enim magnum alter alteri theatrum sumus. » Ista, mi Lucili, condenda in animum sunt, ut contemnas voluptatem ex plurium assensione venientem. Multi te laudant. Et quid habes cur placeas tibi, si is es quem intelligant multi? introrsus bona tua spectent.

vos talens ne doit pas vous attirer devant les assemblées pour lire ou pour disserter. Je vous le permettrais, si ce peuple avait l'âme placée à la hauteur de la vôtre. Mais personne ne vous entendra, un ou deux auditeurs peut-être, encore vous faudra-t-il les former et les dresser à vous comprendre. — Eh! me direz-vous, pour qui donc ai-je appris tout cela? — Rassurez-vous, votre peine n'est pas perdue; vous avez appris pour vous-même.

Mais je ne veux pas avoir appris pour moi seul aujourd'hui. Je vais donc vous faire part de trois mots remarquables que j'ai rencontrés et qui roulent à peu près sur le même sujet. Le premier m'acquittera, les deux autres seront en avance. « Pour moi, dit Démocrite, un seul est tous, et tous ne font qu'un. » J'approuve encore cette réponse, quel qu'en soit l'auteur, car on ne sait à qui l'attribuer. « Pourquoi, lui disait-on, travaillez-vous avec tant de zèle à un ouvrage que peu d'hommes sauront comprendre? C'est qu'il me faut peu d'appréciateurs, un seul, pas un. » Non moins remarquable est ce troisième mot d'Épicure. Dans une lettre à l'un de ses compagnons d'études : « Ceci, dit-il, est pour vous et non pour la multitude; nous sommes l'un pour l'autre un assez grand théâtre. » Pénétrez-vous de ces paroles, mon cher Lucilius, et vous mépriserez le plaisir d'être applaudi par la multitude. La foule vous loue : est-ce une raison de vous estimer davantage que de vous voir apprécié par la foule? Votre mérite, c'est en vous que l'on doit le chercher.

VIII.

Cui rei sapiens operam impendere debeat.

« Tu me, inquis, vitare turbam jubes, secedere, et conscientia esse contentum! Ubi illa præcepta vestra, quæ imperant in actu mori? » — Quid? ego tibi videor interim sedere? In hoc me recondidi, et fores clausi, ut prodesse pluribus possim. Nullus mihi per otium dies exit; partem noctium studiis vindico; non vaco somno, sed succumbo; et oculos, vigilia fatigatos cadentesque, in opere detineo. Secessi non tantum ab hominibus, sed etiam a rebus, et primum a meis. Posterorum negotium ago : illis aliqua, quæ possint prodesse, conscribo : salutares admonitiones, velut medicamentorum utilium compositiones, litteris mando; esse illas efficaces in meis ulceribus expertus, quæ, etiamsi persanata non sunt, serpere desierunt. Rectum iter, quod sero cognovi et, lassus errando, aliis monstro. Clamo : « Vitate quæcumque vulgo placent, quæ casus attribuit! ad omne fortuitum bonum suspiciosi pavidique subsistite! Et fera, et piscis, spe aliqua oblectante decipitur. Munera ista fortunæ putatis? insidiæ sunt. Quisquis vestrum tutam agere vitam volet, quantum plurimum potest, ista viscata beneficia devitet; in quibus hoc quoque miserrimi fallimur : habere nos putamus, hæremus. In præcipitia cursus iste deducit; hujus eminentis vitæ exitus, cadere

VIII.

A quoi le sage doit-il employer ses soins.

« Vous m'ordonnez, dites-vous, d'éviter la foule, de rester à l'écart, de me contenter du témoignage de ma conscience. Mais que deviennent vos préceptes qui prescrivent de mourir en action? » — Quoi! jusque là suis-je donc oisif, à votre avis? Le but de ma retraite, de mon isolement volontaire, c'est de pouvoir être utile à plus de monde. Aucun de mes jours ne s'est écoulé dans le repos; je consacre au travail une partie de mes nuits; je ne me livre pas au sommeil, j'y succombe, et j'attache sur l'ouvrage mes yeux las de veiller et presque éteints. Je me suis éloigné des hommes; je me suis même éloigné des affaires, à commencer par les miennes. Je suis à celles de la postérité; je cherche à la servir par mes écrits; c'est pour elle que je consigne dans mes ouvrages de salutaires avertissemens : utiles recettes dont j'ai éprouvé l'efficacité sur mes plaies; car, sans être entièrement guéries, elles ont cessé de s'étendre. Le droit chemin que j'ai connu si tard, las de m'égarer, je le montre aux autres, et leur crie : « Fuyez tout ce qui séduit le vulgaire, ce que présente le hasard; que tout bien fortuit vous trouve dans la défiance et les alarmes. Les poissons et le gibier sont aussi trompés par un appât. Les présens de la fortune! dites plutôt ses embûches. Vous voulez mener une vie tranquille : évitez, le plus que vous pourrez, ces bienfaits captieux; telle est, à leur égard, notre erreur funeste : nous croyons prendre et nous sommes pris. Le cours de la prospérité en-

3.

est. Deinde ne resistere quidem licet, quum cœpit transversos agere felicitas. Aut saltem rectis, aut semel ruere! Non vertit fortuna, sed cernulat et allidit. Hanc ergo sanam et salubrem formam vitæ tenete, ut corpori tantum indulgeatis, quantum bonæ valetudini satis est. Durius tractandum est, ne animo male pareat : cibus famem sedet, potio sitim exstinguat, vestis arceat frigus, domus munimentum sit adversus infesta corpori. Hanc utrum cespes erexerit, an varius lapis gentis alienæ, nihil interest : scitote tam bene hominem culmo, quam auro tegi. Contemnite omnia, quæ supervacuus labor velut ornamentum ac decus ponit. Cogitate, nihil præter animum esse mirabile; cui magno nihil magnum est ! »

Si hæc mecum, si cum posteris loquor, non videor tibi plus prodesse, quam quum ad vadimonium advocatus descenderem, aut tabulis testamenti annulum imprimerem, aut in senatu candidato vocem et manum commodarem? Mihi crede : qui nihil agere videntur, majora agunt; humana divinaque simul tractant. Sed jam finis faciendus est, et aliquid, ut institui, pro hac epistola dependendum. Id non de meo fiet : adhuc Epicurum replicamus, cujus hanc vocem hodierno die legi: « Philosophiæ servias oportet, ut tibi contingat vera li-

traîne au précipice; votre élévation aura un terme, et ce terme est une chute. Ensuite, il est impossible de résister même à la fortune, quand elle a commencé à nous entraîner hors du droit chemin. Il faut faire tête ou s'enfuir; car la fortune ne renverse pas seulement, elle précipite, elle écrase. Voici donc le régime à suivre, le plus sage et le plus salutaire : c'est de n'avoir pour votre corps que les soins que réclame votre santé; traitez-le durement, de peur qu'il ne se révolte contre l'esprit; ne lui donnez des alimens que pour apaiser sa faim, des breuvages que pour éteindre sa soif, des vêtemens que pour le garantir du froid, une maison que pour le préserver d'atteintes nuisibles. Que cette maison soit construite de gazon ou de plusieurs espèces de matériaux importés de loin, peu importe; sachez que le chaume abrite aussi bien que l'or. Méprisez tout ce faste qu'une recherche pénible et frivole veut imposer comme un ornement et comme un honneur. Songez-y bien, rien en vous ne peut mériter l'admiration, que votre âme; rien n'est grand à ses yeux, si elle-même elle est grande. »

Tenir un pareil langage à soi-même, à la postérité, est-ce donc moins utile, à votre avis, que de répondre en justice à une assignation, que d'apposer son cachet au bas d'un testament, que d'appuyer, au sénat, un candidat de la voix et du geste? Croyez-moi, ils font de grandes choses, ces hommes si oisifs en apparence; ils s'occupent à la fois du ciel et de la terre. Mais il faut en finir, et, selon mes conventions, joindre mon tribut à cette lettre. Ce ne sera pas à mes dépens, mais encore à ceux d'Épicure; il me fournit aujourd'hui cette maxime : « Faites-vous l'esclave de la philosophie, et vous jouirez de la vraie liberté. » Il n'est pas tourmenté par l'attente,

bertas. » Non differtur in diem, qui se illi subjecit et tradidit. Statim circumagitur : hoc enim ipsum, philosophiæ servire, libertas est. Potest fieri, ut me interroges, quare ab Epicuro tam multa bene dicta referam potius, quam nostrorum? quid est tamen, quare tu istas Epicuri voces putes esse, non publicas? Quam multa poetæ dicunt, quæ philosophis aut dicta sunt, aut dicenda! Non attingam tragicos, aut togatas nostras (habent enim hæ quoque aliquid severitatis, et sunt inter comœdias et tragœdias mediæ) : quantum disertissimorum versuum inter mimos jacet! quam multa Publii, non excalceatis, sed cothurnatis dicenda sunt! Unum versum ejus, qui ad philosophiam pertinet, et ad hanc partem quæ modo fuit in manibus, referam, quo negat fortuita in nostris habenda :

> Alienum est omne, quidquid optando venit.

Hunc versum a te dici non paulo melius et adstrictius memini :

> Non est tuum, fortuna quod fecit tuum.

Illud etiamnunc melius dictum a te non præteribo :

> Dari bonum quod potuit, auferri potest.

Hoc non imputo in solutum, de tuo tibi.

celui qui se soumet, qui s'abandonne à elle; il est affranchi sur-le-champ : alors, en effet, la servitude est la liberté. Peut-être allez-vous me dire : Pourquoi rapporter tant de belles maximes d'Épicure, de préférence à celles de nos philosophes? Mais, vous répondrai-je, pourquoi dire qu'elles sont à Épicure, et non pas au public? Que de sentences, dans les poètes, dont les philosophes ont fait ou devraient faire leur profit (sans parler de nos tragédies, ni de nos drames mixtes, car ces derniers ont quelque chose de sévère dans le ton, et tiennent le milieu entre le comique et le tragique)! que de beaux vers abandonnés aux mimes! que de maximes dans Publius, plus dignes du cothurne que du brodequin! Parmi les vers de cet auteur, que la philosophie peut revendiquer, j'en citerai un qui rentre dans le sujet de cette lettre; il dit que nous ne devons pas mettre en ligne de compte les présens du hasard :

Ce qu'il donne à nos vœux, ne nous appartient pas.

Je me rappelle que vous avez rendu cette pensée avec plus d'énergie et de précision :

Rien n'est à nous que fortune ait fait nôtre.

Je ne passerai pas non plus sous silence ce mot plus heureux encore :

Tous les biens qu'on nous donne, on peut nous les ôter.

Je n'impute point cela à mon acquit; je ne vous rends que ce qui est à vous.

IX.

De sapientis amicitia.

An merito reprehendat in quadam epistola Epicurus eos, qui dicunt sapientem se ipso esse contentum, et propter hoc amico non indigere, desideras scire. Hoc objicitur Stilponi ab Epicuro, et his quibus summum bonum visum est animus impatiens. (In ambiguitatem incidendum est, si exprimere ἀπάθειαν uno verbo cito voluerimus, et *impatientiam* dicere. Poterit enim contrarium ei, quod significare volumus, intelligi. Nos eum volumus dicere, qui respuit omnis mali sensum : accipietur is, qui nullum ferre possit malum. Vide ergo, num satius sit, aut *invulnerabilem animum* dicere, aut *animum extra omnem patientiam positum*.) Hoc inter nos et illos interest : noster sapiens vincit quidem incommodum omne, sed sentit; illorum, ne sentit quidem. Illud nobis et illis commune est, sapientem se ipso esse contentum : sed tamen et amicum habere vult, et vicinum, et contubernalem, quamvis sibi ipse sufficiat. Vide quam sit se contentus; aliquando sui parte contentus est, si illi manum aut morbus, aut hostis exciderit. Si quis oculum casu excusserit, reliquiæ illi suæ satisfacient; et erit imminuto corpore et amputato tam lætus, quam integro fuit. Sed, quæ sibi desunt, non desiderat; non deesse mavult. Ita sapiens se contentus est, non ut velit esse

IX.

De l'amitié du sage.

Épicure, dans une de ses lettres, blâme cette opinion, que le sage, content de lui-même, n'a pas besoin d'amis. Vous me demandez s'il a raison. Il est vrai qu'Épicure fait ce reproche à Stilpon et aux philosophes qui placent le souverain bien dans l'impassibilité de l'âme. (Pour éviter l'équivoque, je n'ai pas voulu rendre exactement ἀπάθεια par un seul mot, par *impatientia* : on pourrait le prendre dans une acception toute différente de la nôtre. Nous voulons parler de l'homme qui repousse tout sentiment de douleur; on l'entendrait de celui qui ne peut la supporter. Ne vaudrait-il pas mieux dire, à votre avis, une âme invulnérable, une âme supérieure à toute espèce de souffrance?) Mais nous différons de ces philosophes sur ce point : notre sage triomphe de la douleur, mais il la sent; le leur y est insensible. Nous pensons avec eux que le sage se suffit à lui-même; cependant, il lui faut, selon nous, un ami, un voisin, un commensal. Le sage se suffit; jugez à quel point : quelquefois il se contente d'une partie de lui-même, si la maladie, si l'ennemi l'a privé d'une main. Le hasard lui ravit-il un œil; il se paie de ce qui lui reste de sa personne, et, dans un corps mutilé, privé de quelque organe, il porte une âme, aussi sereine que dans un corps intact : il ne regrette pas ce qui lui manque, mais il aimerait mieux qu'il ne lui manquât rien. Il se suffit, disons-nous; ce n'est pas qu'il veuille se passer d'amis, c'est qu'il le peut, et voici comme je l'entends : il soutient avec calme la

sine amico, sed ut possit; et hoc, quod dico, possit, tale est : amissum æquo animo fert. Sine amico quidem nunquam erit : in sua potestate habet, quam cito reparet. Quomodo, si perdiderit Phidias statuam, protinus alteram faciet : sic et hic, faciendarum amicitiarum artifex, substituet alium in locum amissi. Quæris, quomodo amicum cito facturus sit? dicam; si illud mihi tecum convenerit, ut statim tibi solvam quod debeo, et quantum ad hanc epistolam, paria faciamus. Hecaton ait : « Ego tibi monstrabo amatorium sine medicamento, sine herba, sine ullius veneficæ carmine. Si vis amari, ama! » Habet autem non tantum amicitiæ usus, veteris et certæ, magnam voluptatem, sed etiam initium et comparatio novæ. Quod interest inter metentem agricolam, et serentem; hoc inter eum qui paravit amicum, et qui parat. Attalus philosophus dicere solebat : « Jucundius esse amicum facere, quam habere; quomodo artifici jucundius pingere est, quam pinxisse. » Illa in opere suo occupata sollicitudo, ingens oblectamentum habet in ipsa occupatione. Non æque delectatur, qui ab opere perfecto removit manum : jam fructu artis suæ fruitur; ipsa fruebatur arte, quum pingeret. Fructuosior est adolescentia liberorum, sed infantia dulcior.

Nunc ad propositum revertamur. Sapiens, etiam si contentus est se, tamen habere amicum vult; si ob nihil aliud, ut exerceat amicitiam, ne tam magna virtus

perte d'un ami; mais aussi, jamais il ne sera sans amis :
il a le moyen de réparer sur-le-champ leur perte. Phidias perd une statue, il en fait une autre aussitôt : non
moins habile dans l'art de faire des amis, le sage donne
un successeur à celui qui lui manque. Comment y parvient-il en si peu de temps, me dites-vous? Vous le saurez à une condition : cette confidence me tiendra lieu
de paiement, et nous serons quittes pour cette lettre.
« Voici, dit Hécaton, un charme pour l'amitié, sans
philtre, sans herbe magique, sans maléfice de sorcière :
Aimez, on vous aimera. » Elles sont vives les jouissances
d'une ancienne et solide amitié; mais il n'est pas moins
doux d'en créer, d'en former une nouvelle. Semer et moissonner sont deux jouissances pour le laboureur; acquérir
et posséder un ami, sont deux jouissances pour le sage.
Le philosophe Attale avait pour maxime : « Il est plus
doux de former une liaison que d'en jouir. » Ainsi, le
peintre aime mieux travailler à son tableau, que de l'avoir fini. Cette inquiétude, ces soins, qui président à la
création, offrent eux-mêmes d'inexprimables jouissances.
Le plaisir n'est plus aussi vif, quand le tableau est
achevé et que le pinceau se repose; le peintre alors jouit
des fruits de son art; en peignant, il jouissait de l'art
même. Dans un fils, l'adolescence porte plus de fruits,
l'enfance plus de fleurs.

Mais revenons à notre sujet. Le sage se suffit à lui-même, mais il veut un ami : il le veut, ne fût-ce que
pour pratiquer l'amitié : une si belle vertu ne doit pas
rester sans culture; il le veut, non pas comme le dit

jaceat : non ob hoc, quod Epicurus dicebat in hac ipsa epistola, « ut habeat qui sibi ægro assideat, succurrat in vincula conjecto vel inopi; » sed ut habeat aliquem, cui ipse ægro assideat, quem ipsum circumventum hostili custodia liberet. Qui se spectat, et propter hoc ad amicitiam venit, male cogitat : quemadmodum cœpit, sic desinet. Paravit amicum, adversus vincula laturum opem : quum primum crepuerit catena, discedet. Hæ sunt amicitiæ, quas *temporarias* populus appellat. Qui causa utilitatis assumptus est, tamdiu placebit, quamdiu utilis fuerit. Hac re florentes amicorum turba circumsedit : circa eversos solitudo est : et inde amici fugiunt, ubi probantur. Hac re ista tot nefaria exempla sunt, aliorum metu relinquentium, aliorum metu prodentium. Necesse est initia inter se et exitus congruant. Qui amicus esse cœpit, quia expedit, placebit ei aliquod pretium contra amicitiam, si ullum in illa placet præter ipsam. In quid amicum paro? ut habeam pro quo mori possim, ut habeam quem in exsilium sequar, cujus me morti et opponam et impendam. Ista, quam tu describis, negotiatio est, non amicitia : quæ ad commodum accedit, quæ, quid consecutura sit, spectat. Non dubie aliquid habet simile amicitiæ affectus amantium : possis dicere, illam esse insanam amicitiam. Numquid ergo quisquam amat lucri causa? numquid ambitionis aut gloriæ? Ipse per se amor, omnium alia-

Épicure, dans cette même lettre, « pour avoir quelqu'un qui veille à son chevet pendant sa maladie, qui le soutienne dans les fers ou dans la pauvreté; » il veut un ami que lui-même assiste, que lui-même arrache des mains des ennemis qui l'entourent de toutes parts. Ne voir que soi, ne se lier que pour soi, est un mauvais calcul : l'amitié partira comme elle est venue. Prenez un ami pour en être secouru dans les fers : au premier bruit des chaînes, il fuira. Ce sont de ces amitiés de circonstance, comme le peuple les appelle. Une liaison formée par l'intérêt dure aussi long-temps que son motif subsiste. De là cette brillante foule d'amis qui assiège l'homme opulent; cette solitude qui entoure l'homme ruiné : les amis disparaissent au moment de l'épreuve. De là, tant d'exemples odieux d'amis abandonnant leurs amis, les trahissant même par lâcheté. Il est naturel que la fin réponde au commencement. On s'est lié d'abord par intérêt, on trouvera plus tard quelque profit à rompre, comme on en a trouvé un autre dans l'amitié elle-même pour s'engager. Quel est mon but en prenant un ami ? C'est d'avoir pour qui mourir, d'avoir qui suivre en exil, qui sauver aux dépens de mes jours. Cette amitié dont vous me parlez n'est pas amitié, mais trafic; l'intérêt en est le mobile, le profit, le but. Assurément la passion de l'amour a quelque analogie avec l'amitié; on peut même dire qu'elle est l'amitié en démence. Voit-on jamais, cependant, quelqu'un se passionner par cupidité, par ambition, par amour de la gloire ? non; l'amour est porté à tout oublier; il est tout à l'ardeur de ses désirs, à l'espérance d'être payé de retour. Et une cause plus noble produirait une affection honteuse! — « La question, dites-vous, n'est pas de savoir si l'amitié doit être désirée pour

rum rerum negligens, animos in cupiditatem formæ, non sine spe mutuæ caritatis, accendit. Quid ergo? ex honestiore causa coit turpis affectus? — « Non agitur, inquis, nunc hoc, an amicitia propter se, an propter aliud sit expetenda; nam si propter se ipsam expetenda est, potest ad illam accedere, qui se ipso contentus est. » — Quomodo ergo ad illam accedit? quomodo ad rem pulcherrimam : non lucro captus, nec varietate fortunæ perterritus. Detrahit amicitiæ majestatem suam, qui illam parat ad bonos casus. Se contentus est sapiens. Hoc, mi Lucili, plerique perperam interpretantur : sapientem undique submovent, et intra cutem suam cogunt. Distinguendum est autem, quid et quatenus vox ista promittat. Se contentus est sapiens, ad beate vivendum, non ad vivendum. Ad hoc enim multis illi rebus opus est; ad illud tantum animo sano, et erecto, et despiciente fortunam. Volo tibi Chrysippi quoque distinctionem indicare. Ait, « sapientem nulla re indigere, et tamen multis illi rebus opus esse : contra stulto nulla re opus est, nulla enim re scit uti, sed omnibus eget. » Sapienti et manibus, et oculis, et multis ad quotidianum usum necessariis opus est; eget nulla re : egere enim, necessitatis est; nihil necesse sapienti est. Ergo, quamvis se ipso contentus sit, amicis illi opus est; hos cupit habere quam plurimos : non ut beate vivat; vivet enim etiam sine amicis beate. Summum bo-

elle-même, ou pour un autre motif : car, si elle est à désirer pour elle-même, le sage, bien qu'il se suffise, peut la rechercher. « — Mais comment la recherche-t-il? comme une chose sublime, sans espoir de gain, sans crainte des caprices de la fortune. C'est ôter à l'amitié toute sa dignité, que de s'en faire une caution de bonheur. Le sage se suffit à lui-même : maxime que la plupart interprètent bien mal, mon cher Lucilius; partout on éconduit le sage; on le rejette, pour ainsi dire, en lui-même. Or, apprécions le sens et la portée de cette maxime. Le sage se suffit pour vivre heureux, mais non pour vivre. La vie a mille besoins; une âme saine, élevée, supérieure à la fortune, est la seule condition du bonheur. Je veux vous apprendre la distinction de Chrysippe. « Le sage, dit-il, ne manque de rien, et pourtant il a besoin d'une foule de choses; l'insensé, au contraire, ne sachant user de rien n'a besoin de rien, mais il manque de tout. » Le sage a besoin de mains, d'yeux, et d'une foule de choses nécessaires à la vie usuelle; mais il ne manque de rien. Manquer, suppose une contrainte; le sage n'en connaît pas. Ainsi, quoiqu'il se suffise à lui-même, il a besoin d'amis : il en veut le plus grand nombre possible, mais ce n'est pas pour être heureux; il le sera sans amis. Le souverain bien n'emprunte rien du dehors, on le cultive au dedans; il trouve en lui tous ses élémens; on l'assujétit à la fortune, dès qu'on en cherche une partie au dehors. Mais, supposons le sage seul, sans amis, précipité dans les fers, délaissé chez une nation inconnue, retenu par une longue navigation, jeté sur un rivage désert; quelle sera sa vie, son avenir? Le monde est dissous, les dieux se confondent en un seul, les lois de la nature sont un moment suspendues; que fait Jupiter? il se repose en

num extrinsecus instrumenta non quærit : domi colitur; ex se totum est. Incipit fortunæ esse subjectus, si quam partem sui foris quærit. Qualis tamen futura est vita sapientis, si sine amicis relinquatur in custodiam conjectus, vel in aliqua gente aliena destitutus, vel in navigatione longa retentus, aut in desertum littus ejectus? Qualis est Jovis, quum resoluto mundo, et diis in unum confusis, paulisper cessante natura, acquiescit sibi, cogitationibus suis traditus! Tale quiddam sapiens facit : in se reconditur; secum est. Quamdiu quidem illi licet suo arbitrio res suas ordinare, se contentus est : et ducit uxorem, se contentus : et liberos tollit, se contentus : et tamen non vivet, si fuerit sine homine victurus. Ad amicitiam fert illum nulla utilitas sua, sed naturalis irritatio. Nam, ut aliarum nobis rerum innata dulcedo est, sic amicitiæ. Quomodo solitudo in odium est, et appetitio societatis quomodo hominem homini natura conciliat; sic inest huic quoque rei stimulus, qui nos amicitiarum appetentes faciat. Nihilominus, quum sit amicorum amantissimus, quum illos sibi comparet, sæpe præferat; omne intra se bonum terminabit, et dicet quod Stilpon ille dixit, quem Epicuri epistola insequitur. Hic enim, capta patria, amissis liberis, amissa uxore, quum ex incendio publico solus, et tamen beatus exiret, interroganti Demetrio, cui cognomen ab exitio urbium Poliorcetes fuit : « Numquid perdidisset? Om-

lui-même, et s'abandonne à ses méditations. Ainsi du sage, à quelques égards : il se recueille, et vit avec lui-même. Tant qu'il peut disposer à son gré de son propre sort, il se suffit et prend une femme ; il se suffit, et donne le jour à des enfans ; il se suffit, et pourtant il ne saurait vivre, s'il lui fallait vivre seul. Ce qui le porte à l'amitié, ce n'est pas l'intérêt, c'est un besoin naturel : l'amitié est un des penchans innés de l'homme ; il fuit la solitude, et trouve des charmes dans la société. La nature est le lien de la société ; ainsi, l'amitié a elle-même un attrait qui nous la fait rechercher. Néanmoins, tout attaché qu'il est à ses amis, tout en les préférant à lui-même, le sage bornera le souverain bien à son âme ; il parlera comme Stilpon, ce Stilpon si maltraité dans la lettre d'Épicure. Sa patrie est prise d'assaut ; il perd ses enfans et sa femme ; la ville est tout en feu ; il part seul et part content. Alors Demetrius, celui que tant de villes détruites firent appeler Poliorcètes, Demetrius lui demande s'il n'a rien perdu. « Tous mes biens, dit-il, sont avec moi. » Voilà un homme ferme et courageux ! il a triomphé de la victoire même de l'ennemi. Je n'ai rien perdu, dit-il, et le vainqueur est réduit à douter de sa victoire. Tous mes biens sont avec moi : ma justice, mon courage, ma tempérance, ma prudence, et jusqu'au bon esprit de ne pas voir des biens dans tout ce qu'on peut m'enlever. On admire certains animaux qui passent au travers des flammes, sans éprouver de douleur : que dire de l'homme qui, du milieu des armes, des ruines et du feu, s'échappe sans blessure et sans perte ! Vous le voyez : il est bien plus facile de vaincre un peuple entier qu'un seul homme. Le mot de Stilpon lui est commun avec le stoïcien ; le stoïcien aussi porte ses richesses intactes à travers les villes

nia, inquit, bona mea mecum sunt! » Ecce vir, fortis ac strenuus! ipsam hostis sui victoriam vicit. *Nihil*, inquit, *perdidi* : dubitare illum coegit an vicisset. *Omnia mea mecum sunt* : justitia, virtus, prudentia, hoc ipsum, nihil bonum putare quod eripi possit. Miramur animalia quædam, quæ per medios ignes sine noxa corporum transeunt : quanto hic mirabilior vir, qui per ferrum et ruinas et ignes, illæsus et indemnis evasit! Vides, quanto facilius sit totam gentem, quam unum virum vincere? Hæc vox illi communis est cum stoico : æque et hic intacta bona per concrematas urbes fert. Se enim ipse contentus est; hoc felicitatem suam fine designat. Ne existimes nos solos generosa verba jactare : et ipse Stilponis objurgator Epicurus, similem illi vocem emisit; quam tu boni consule, etiamsi hunc diem jam expunxi. « Si cui, inquit, sua non videntur amplissima, licet totius mundi dominus sit, tamen miser est. » Vel, si hoc modo tibi melius enuntiari videtur (id enim agendum, ut non verbis serviamus, sed sensibus) : « Miser est, qui se non beatissimum judicat, licet imperet mundo. » Ut scias autem hos sensus esse communes, natura scilicet dictante, apud comicum invenies :

Non est beatus, esse se qui non putat.

Quid enim refert qualis status tuus sit, si tibi videtur malus? — Quid ergo? inquis, si beatum se dixerit ille turpiter dives, et ille multorum dominus, sed plurium

embrasées : il se suffit, et c'est là la mesure de son bonheur. Croyez-moi, nous ne sommes pas les seuls à prêcher de belles maximes : Épicure lui-même, bien qu'il blâme Stilpon, a dit un mot semblable au sien; ce mot, vous ne refuserez pas de l'entendre, quoique j'aie satisfait à la dette du jour : « Quiconque ne se trouve pas très-riche, fût-il maître de l'univers, est pourtant malheureux; » ou, si vous le trouvez mieux de cette manière (car il faut moins tenir à l'expression qu'à la pensée), « C'est être malheureux, que de ne pas se croire aussi heureux que possible, fût-on souverain du monde. » Cette maxime est d'une application générale, et dictée par la nature; témoin ce vers d'un auteur comique :

On n'est jamais heureux quand on ne croit pas l'être.

Qu'importe, en effet, le faîte où l'on est placé, si l'on s'y trouve malheureux! — Eh quoi, me direz-vous, s'il se dit heureux, cet homme riche à force d'infamies, cet homme qui compte encore plus de maîtres que d'es-

servus : beatus sua sententia fiet? — Non, quid dicat, sed quid sentiat, refert : nec, quid uno die sentiat, sed quid adsidue. Non est autem quod verearis, ne ad indignum res tanta perveniat. Nisi sapienti, sua non placent : omnis stultitia laborat fastidio sui.

X.

De solitudinis utilitate.

Sic est! non muto sententiam : fuge multitudinem, fuge paucitatem, fuge etiam unum. Non habeo cum quo te communicatum velim. Et vide quod judicium meum habeas : audeo te tibi credere. Crates, ut aiunt, hujus ipsius Stilponis auditor, cujus mentionem priore epistola feci, quum vidisset adolescentulum secreto ambulantem, interrogavit, « quid illic solus faceret? — Mecum, inquit, loquor. — Cui Crates : Cave, inquit, rogo, et diligenter attende ne cum homine malo loquaris! » Lugentem timentemque custodire solemus, ne solitudine male utatur : nemo est ex imprudentibus qui relinqui sibi debeat. Tunc mala consilia agitant; tunc aut aliis, aut ipsis futura pericula struunt; tunc cupiditates improbas ordinant; tunc, quidquid aut metu, aut pudore celabat, animus exponit; tunc audaciam acuit, libidinem irritat, iracundiam instigat. Denique, quod unum solitudo ha-

claves, il faudra le croire heureux sur sa parole! — Ne vous en rapportez pas à ce qu'il dit, mais à ce qu'il sent, et à ce qu'il sent non pas un jour, mais tous les jours de la vie. Vous n'avez rien à craindre : un bien aussi précieux ne peut tomber entre des mains indignes. Le sage seul est content de son sort; importune à elle-même, la folie fait son propre supplice.

X.

Utilité de la retraite.

Oui, Lucilius, je persiste dans mon opinion; fuyez les assemblées, fuyez les petits comités, fuyez jusqu'au tête à tête. Je ne vois personne dont je vous permette le commerce : jugez de mon estime pour vous, j'ose vous confier à vous-même. Cratès, dit-on, le disciple de ce même Stilpon dont je vous ai parlé dans ma dernière lettre; Cratès, voyant un jeune homme se promener à l'écart, lui demanda «ce qu'il faisait là tout seul. — Je me parle à moi-même, dit-il. — Prenez garde, répartit le philosophe, vous pourriez bien converser avec un méchant homme.» On surveille les gens affligés ou craintifs, de peur qu'ils n'abusent de la solitude; nul de ces esprits égarés ne doit être abandonné à lui-même. C'est alors qu'ils méditent leurs funestes desseins, qu'ils préparent des attentats à la sureté d'autrui ou à la leur ; c'est alors qu'ils concertent leurs projets criminels; que, foulant aux pieds les restes d'une contrainte imposée par la honte ou par la peur, ils se montrent à nu; alors, leur audace s'exalte, leurs passions impures s'enflamment, leur rage s'exaspère. Enfin,

bet commodum, nihil ulli committere, non timere indicem, perit stulto : ipse se prodit. Vide itaque quid de te sperem, immo quid spondeam mihi (spes enim incerti boni nomen est) : non invenio cum quo te malim esse, quam tecum. Repeto memoria, quam magno animo quædam verba projeceris, quam roboris plena. Gratulatus sum protinus mihi, et dixi : Non a summis labris ista venerunt; habent hæ voces fundamentum! iste homo non est unus e populo; ad salutem spectat! Sic loquere, sic vive : vide ne te ulla res deprimat. Votorum tuorum veterum licet Diis gratiam facias; alia de integro suspice : roga bonam mentem, bonam valetudinem animi, deinde tunc corporis. Quidni tu ista vota sæpe facias? Audacter Deum roga : nihil illum de alieno rogaturus es. — Sed ut more meo cum aliquo munusculo epistolam mittam, verum est, quod apud Athenodorum inveni : « Tunc scito esse te omnibus cupiditatibus solutum, quum eo perveneris, ut nihil Deum roges, nisi quod rogare possis palam! » Nunc enim quanta dementia est hominum! turpissima vota diis insusurrant : si quis admoverit aurem, conticescent; et quod scire hominem nolunt, Deo narrant. Vide ergo ne hoc præcipi salubriter possit : sic vive cum hominibus, tanquam Deus videat : sic loquere cum Deo, tanquam homines audiant.

le seul avantage de la solitude, celui de n'avoir ni complice, ni témoin à redouter, l'insensé le perd : il se trahit lui-même. Voyez donc ce que j'espère, ou plutôt ce que j'attends de vous, car espérance suppose incertitude : je ne trouve point pour vous de meilleure société que vous-même. Je me le rappelle encore : vous veniez de proférer quelques mots avec dignité, des mots pleins d'énergie. Je m'applaudis sur-le-champ, et je dis : Ces paroles ne partent pas du bout des lèvres : elles ont un fond ; cet homme n'est pas un homme vulgaire ; il vise au but : il l'atteint. Parlez, vivez de même ; que rien n'altère en vous cette dignité de sentimens. Vous pouvez faire rendre grâces aux dieux de l'accomplissement de vos vœux passés, pour en former de nouveaux. Demandez-leur l'harmonie de l'âme, la santé de l'esprit, ensuite celle du corps. De tels vœux, qui vous empêche de les réitérer? Demandez avec confiance ; vous ne demanderez pas le bien d'autrui. — Mais je veux joindre, selon ma coutume, un petit présent à cette lettre. Elle est vraie, cette maxime que j'ai trouvée dans Athénodore : « La marque d'une âme libre de toute passion, c'est d'être parvenue à n'adresser aux dieux aucune prière que l'on ne puisse faire à haute voix. » Aujourd'hui, en effet, quelle est la folie des hommes ! ils murmurent à l'oreille des dieux les souhaits les plus honteux ; la présence d'un témoin les fait taire ; et ce qu'ils n'osent confier à l'homme, ils l'exposent à la divinité. Aussi, ne vous rendez jamais ce précepte applicable : « Vivez avec les hommes, comme si Dieu vous voyait ; parlez à Dieu, comme si les hommes vous entendaient. »

XI.

Quid valeat sapientia ad emendanda vitia.

Locutus est mecum amicus tuus bonæ indolis; in quo quantum esset animi, quantum ingenii, quantum jam etiam profectus, sermo primus ostendit. Dedit nobis gustum, ad quem respondebit : non enim ex præparato locutus est, sed subito deprehensus. Ubi se colligebat, verecundiam, bonum in adolescente signum, vix potuit excutere : adeo illi ex alto suffusus est rubor. Hic illum, quantum suspicor, etiam quum se confirmaverit et omnibus vitiis exuerit, sapientem quoque sequetur. Nulla enim sapientia naturalia corporis, aut animi vitia ponuntur : quidquid infixum et ingenitum est, lenitur arte, non vincitur. Quibusdam etiam constantissimis in conspectu populi sudor erumpit, non aliter quam fatigatis et æstuantibus solet : quibusdam tremunt genua dicturis ; quorumdam dentes colliduntur, lingua titubat, labra concurrunt. Hæc nec disciplina, nec usus unquam excutit : sed natura vim suam exercet, et illo vitio sui etiam robustissimos admonet. Inter hæc esse et ruborem scio, qui gravissimis quoque viris subitus affunditur. Magis quidem in juvenibus apparet, quibus et plus caloris est, et tenera frons ; nihilo minus veteranos et senes tangit. Quidam nunquam magis, quam quum erubue-

XI.

Ce que peut la sagesse pour corriger les défauts.

J'ai conversé avec votre ami : il est d'un heureux naturel. Dès ce premier entretien, j'ai pu juger de l'élévation de son âme, de l'étendue de son esprit, et déjà même de ses rapides progrès. Il m'a donné une haute idée de lui; il y répondra, car il a parlé sans s'être préparé, et pris au dépourvu. Il s'est recueilli, mais il n'a pu vaincre un reste de timidité, de si heureux augure dans la jeunesse : du fond de l'âme, la rougeur lui est montée au visage. Cette rougeur, si je ne me trompe, lui restera : lors même qu'il sera plus aguerri, qu'il aura extirpé tous ses défauts, en lui elle suivra le sage. Pas de sagesse, en effet, qui puisse déraciner les défauts naturels du corps et de l'esprit : ce qu'a gravé et imprimé en nous la nature, l'art peut l'affaiblir, mais non pas l'effacer. Certains hommes, même des plus résolus, sont inondés de sueur, en présence du peuple assemblé : cette vue produit sur eux l'effet de la fatigue ou de l'extrême chaleur. A quelques-uns les genoux tremblent avant de parler en public; à d'autres, les dents s'entrechoquent, la langue s'embarrasse; les lèvres se resserrent. Voilà des obstacles qui défieront toujours la raison et l'expérience; c'est la nature qui fait sentir son pouvoir, et qui avertit les philosophes eux-mêmes de leur faiblesse. Il est aussi une rougeur soudaine qui couvre le visage des hommes les plus imposans. Elle est plus apparente, sans contredit, chez la jeunesse au sang plus échauffé, au visage plus délicat; mais elle n'en agit pas moins sur les guerriers

rint, timendi sunt; quasi omnem verecundiam effuderint. Sulla tunc erat violentissimus, quum faciem ejus sanguis invaserat. Nihil erat mollius ore Pompeii : nunquam non coram pluribus rubuit, utique in concionibus. Fabianum, quum in senatum testis esset inductus, erubuisse memini; et hic illum mire pudor decuit. Non accidit hoc ab infirmitate mentis, sed a novitate rei; quæ inexercitatos, etiamsi non concutit, movet naturali in hoc facilitate corporis pronos : nam, ut quidam boni sanguinis sunt, ita quidam incitati et mobilis, et cito in os prodeuntis. Hæc, ut dixi, nulla sapientia abigit : alioquin haberet rerum naturam sub imperio, si omnia eraderet vitia. Quæcumque attribuit conditio nascendi et corporis temperatura, quum multum se diuque animus composuerit, hærebunt. Nihil horum vetari potest, non magis quam arcessi. Artifices scenici, qui imitantur affectus, qui metum et trepidationem exprimunt, qui tristitiam repræsentant, hoc indicio imitantur verecundiam : dejiciunt vultum, verba submittunt, figunt in terram oculos et deprimunt : ruborem sibi exprimere non possunt; nec prohibetur hic, nec adducitur. Nihil adversus hæc sapientia promittit, nihil proficit : sui juris sunt; injussa veniunt, injussa discedunt. — Jam clausulam epistola poscit. Accipe equidem utilem et salutarem, quam te affigere animo volo : « Aliquis vir bonus nobis eligendus est, ac semper ante oculos habendus,

à cheveux blancs, et sur les vieillards. Certains personnages ne sont jamais si redoutables qu'après avoir rougi : ils semblent alors s'être défaits de toute retenue. La fureur de Sylla était à son comble, dès qu'une fois le sang s'était porté à son visage. Pas de figure plus impressionnable que celle de Pompée ; souvent il rougissait devant quelques personnes, à plus forte raison devant une assemblée. Et Fabianus, un jour qu'il entrait comme témoin dans le sénat, je me souviens de l'avoir vu rougir, et cette marque de modestie lui convenait singulièrement. Cette affection n'est pas l'effet d'une faiblesse d'âme ; elle est produite par la nouveauté des objets qui, sans ébranler entièrement l'inexpérience, l'émeut cependant, aidée en cela par les dispositions naturelles du corps : calme chez les uns, le sang est agité, mobile chez les autres, et prompt à se porter au visage. Sur ces accidens, je le répète, tous les préceptes de la sagesse ne peuvent rien ; autrement, la sagesse aurait la nature à ses ordres, si elle extirpait tous les défauts. Tous ceux qui tiennent aux lois de l'existence et au tempérament, subsisteront toujours, quelque violens, quelque prolongés que soient les efforts de l'âme sur elle-même ; on ne peut se les ôter pas plus que se les donner. Le comédien imite les passions ; il exprime la crainte, l'égarement ; il rend la tristesse au naturel : mais, pour la honte, il ne fait que la simuler par un visage abattu, une voix basse, des yeux fixés à terre ; il ne peut reproduire la rougeur sur son front : on ne l'en chasse ni ne l'y attire. Contre ces impressions, la sagesse n'offre aucune garantie, ne produit aucun effet : elles sont capricieuses, elles viennent sans être appelées, et s'en vont de même. — Mais ma lettre demande une conclusion ; la

ut sic tanquam illo videnle faciamus.» Hoc, mi Lucili, Epicurus præcepit : custodem nobis et pædagogum dedit; nec immerito. Magna pars peccatorum tollitur, si peccatori testis assistit. Aliquem habeat animus, quem vereatur, cujus auctoritate etiam secretum suum sanctius faciat. O felicem illum, qui non præsens tantum, sed etiam cogitatus emendat! O felicem, qui sic aliquem vereri potest, ut ad memoriam quoque ejus se componat, atque ordinet! Qui sic aliquem vereri potest, cito erit verendus. Elige itaque Catonem : si hic tibi videtur nimis rigidus, elige remissioris animi virum Lælium; elige eum, cujus tibi placuit et vita, et oratio, et ipse animum ante se ferens vultus : illum tibi semper ostende, vel custodem, vel exemplum. Opus est, inquam, aliquo, ad quem mores nostri se ipsi exigant. Nisi ad regulam, prava non corriges.

XII.

De senectutis commodis, et morte ultro appetita.

Quocumque me verti, argumenta senectutis meæ video. Veneram in suburbanum meum, et querebar de impensis ædificii dilabentis : ait villicus mihi, non esse negligentiæ suæ vitium; omnia se facere, sed villam

voici ; elle est utile et salutaire, et puisse-t-elle rester gravée dans votre esprit! « Il faut choisir un homme de bien, l'avoir sans cesse devant ses yeux, de manière à vivre comme en sa présence. » Ce précepte, mon cher Lucilius, Épicure l'a dicté : c'est lui qui nous impose un surveillant, un guide, et c'est avec raison. Que de fautes évitées, si, au moment de les commettre, on avait un témoin! Donnez à l'âme un modèle qu'elle révère, et dont l'autorité sanctifie ses plus secrètes pensées. Heureux l'homme dont l'aspect, que dis-je? dont la seule idée suffit pour ramener son semblable à la vertu! Heureux aussi l'homme qui sait en respecter un autre, au point de rentrer en lui-même, et d'y rétablir l'ordre, à son seul souvenir! Avec un tel respect, on sera bientôt respectable. Prenez Caton pour modèle; vous paraît-il trop rigide, choisissez un sage d'une vertu moins austère; choisissez Lélius, ou tel autre dont vous affectionnez la vie ou les doctrines; ayez toujours présentes son âme et son image; proposez-vous-le pour modèle. Oui, il nous faut une autorité qui serve de règle à nos mœurs : c'est là le seul moyen de rectifier nos travers.

XII.

Des avantages de la vieillesse, et de la mort volontaire.

Tout, autour de moi, m'annonce que je vieillis. J'étais allé à ma maison de plaisance et je me plaignais des dépenses qu'entraînent les réparations de cet édifice en ruine. Mon fermier me dit qu'il n'y avait pas négligence de sa

veterem esse. Hæc villa inter manus meas crevit : quid mihi futurum est, si tam putrida sunt ætatis meæ saxa? Iratus illi, proximam stomachandi occasionem arripio. Apparet, inquam, has platanos negligi : nullas habent frondes! quam nodosi sunt et retorridi rami! quam tristes et squalidi trunci! hoc non accideret, si quis has circumfoderet, si irrigaret! — Jurat per genium meum, se omnia facere, in nulla re cessare curam suam; sed illas vetulas esse. — Quod inter nos sit, ego illas posueram, ego illarum primum videram folium. — Conversus ad januam : Quis est, inquam, iste decrepitus, et merito ad ostium admotus? foras enim spectat. Unde istunc nactus es? quid te delectavit, alienum mortuum tollere? — At ille : Non cognoscis me? inquit : ego sum Felicio, cui solebas sigillaria afferre; ego sum Philositi villici filius, deliciolum tuum. — Profecto, inquam, iste delirat! Pupulus etiam delicium meum factus est? Prorsus potest fieri : dentes illi quum maxime cadunt!

Debeo hoc suburbano meo, quod mihi senectus mea, quocumque adverteram, apparuit. Complectamur illam, et amemus : plena est voluptatis, si illa scias uti. Gratissima sunt poma, quum fugiunt; pueritiæ maximus in exitu decor est; deditos vino potio extrema delectat, illa quæ mergit, quæ ebrietati summam manum imponit. Quod in se jucundissimum omnis voluptas habet, in finem sui differt. Jucundissima est ætas devexa jam, non

part; il avait fait tous ses efforts, mais enfin la maison était vieille. Cette maison, elle s'est élevée entre mes mains. Que sera-ce de moi, si des pierres que j'ai vu placer tombent déjà de vétusté? J'en voulais à mon fermier; je saisis la première occasion de m'emporter : Ces platanes, lui dis-je, me paraissent bien négligés; ils n'ont plus de feuilles. Que ces branches sont noueuses et tortues! ces troncs sont sales et difformes! cela n'arriverait pas, si on avait soin de bêcher à leur pied, de les arroser. — Le pauvre homme de jurer par mon génie qu'il fait l'impossible, qu'il ne prend point de relâche; mais, dit-il, ces arbres sont bien vieux. — Entre nous, c'était moi qui les avais plantés, qui avais vu leurs premières feuilles. — Je me tourne vers la porte : Quel est ce vieux décrépit? il est bien là à sa place : il regarde dehors. Où as-tu fait cette trouvaille? le beau plaisir que d'aller enlever les morts du voisinage! — Quoi, dit ce dernier, vous ne me reconnaissez pas! Je suis Félicion, à qui vous apportiez tant de jouets; le fils de votre fermier Philosite, votre petit favori. — Pour le coup, le bonhomme radote! le pauvre enfant! lui mon favori? Après tout, c'est possible, et pourtant les dents lui tombent!

J'ai cette obligation à ma maison de campagne : à chaque pas, elle m'a mis sous les yeux ma vieillesse. Eh bien, faisons-lui bon accueil, aimons-la : pour qui sait en jouir, la vieillesse est pleine de douceurs. Les fruits ont plus de saveur, quand ils se passent; l'enfance plus de grâce, quand elle a fait place à la jeunesse. Le buveur trouve des charmes au dernier coup de vin, à celui qui le fait succomber, qui complète son ivresse. C'est au moment de finir, que la volupté fait sentir ses plus vifs aiguillons. L'âge le plus heureux de la vie est celui où, déjà sur le

tamen præceps : et illam quoque in extrema regula stantem, judico habere suas voluptates; aut hoc ipsum succedit in locum voluptatum, nullis egere. Quam dulce est, cupiditates fatigasse ac reliquisse! — « Molestum est, inquis, mortem ante oculos habere! » — Primum ista tam seni ante oculos debet esse, quam juveni; non enim citamur ex censu; deinde nemo tam senex est, ut improbe unum diem speret. Unus autem dies, gradus vitæ est : tota ætas partibus constat, et orbes habet circumductos majores minoribus. Est aliquis, qui omnes complectatur et cingat; hic pertinet a natali ad diem extremum : est alter, qui annos adolescentiæ excludit; est qui totam pueritiam ambitu suo astringit; est deinde ipse annus, in se omnia continens tempora, quorum multiplicatione vita componitur. Mensis arctiore præcingitur circulo : angustissimum habet dies gyrum : sed et hic ab initio ad exitum venit, ab ortu ad occasum. Ideo Heraclitus, cui cognomen *Scotinon* fecit orationis obscuritas : « Unus, inquit, dies par omni est. » Hoc alius aliter accepit : dixit enim, parem esse horis; nec mentitur : nam si dies est tempus viginti et quatuor horarum, necesse est omnes inter se dies pares esse, quia nox habet quod dies perdidit. Alius ait, parem esse unum diem omnibus similitudine : nihil enim habet longissimi temporis spatium, quod non et in uno die invenias, lucem et noctem; et in alternas mundi vices plura facit

déclin, nous ne touchons pas encore à la tombe ; et même ce dernier terme de l'existence a, selon moi, ses plaisirs. Il a du moins pour jouissance celle de n'en désirer aucune. Qu'il est doux d'avoir lassé les passions, de les voir au loin derrière soi ! — « Mais, direz-vous, qu'il est triste d'avoir la mort devant les yeux ! » — La mort ! elle menace la jeunesse autant que la vieillesse ; elle ne fait pas, comme les censeurs, l'appel par rang d'âge. Ensuite est-il vieillard si décrépit qui ne puisse légitimement espérer un jour encore ? or, un jour, c'est un degré de la vie. La vie est une suite de parties ; et ces parties sont, en quelque sorte, autant de cercles concentriques. Un de ces cercles comprend et embrasse tous les autres, c'est le temps qui passe depuis notre naissance, jusqu'à l'heure de notre mort ; un autre renferme les années de l'adolescence ; un troisième tient l'enfance resserrée dans ses contours. Vient ensuite l'année : elle comprend tous les espaces qui, multipliés, composent la somme de la vie. Le mois est circonscrit dans un cercle plus étroit ; le jour, enfin, est comme un point qui tourne sur lui-même ; mais ce point a aussi sa révolution : il va de l'aurore au coucher du soleil. Voilà pourquoi Héraclite, que l'obscurité de son langage a fait surnommer *Scotinos* (le ténébreux), a dit que chaque jour ressemble à tous les autres. Chacun a donné un sens différent à ce mot : l'un fonde cette ressemblance sur le nombre des heures, et c'est avec raison. Car, si le jour est considéré comme un espace de vingt-quatre heures, tous les jours sont nécessairement pareils les uns aux autres, la nuit gagnant ce que perd le jour. Un autre entend cette parité de la ressemblance des jours en eux-mêmes : le plus long espace de temps, dit-il, ne renferme rien de plus

ista, non alia, alias contractior, alias productior. Itaque sic ordinandus est dies omnis, tanquam cogat agmen, et consummet atque expleat vitam. Pacuvius, qui Syriam usu suam fecit, quum vino et illis funereis epulis sibi parentaverat, sic in cubiculum ferebatur a coena, ut inter plausus exoletorum hoc ad symphoniam caneretur, Βεβίωται, βεβίωται! Nullo non se die extulit. Hoc, quod ille ex mala conscientia faciebat, nos ex bona faciamus; et in somnum ituri, læti hilaresque dicamus :

Vixi! et, quem dederat cursum fortuna, peregi.

Crastinum si adjecerit Deus, læti recipiamus. Ille beatissimus est, et securus sui possessor, qui crastinum sine sollicitudine exspectat. Quisquis dixit : *Vixi!* quotidie ad lucrum surgit.

Sed jam debeo epistolam includere. — Sic, inquis, sine ullo ad me peculio veniet? — Noli timere; aliquid secum feret! quare aliquid dixi? multum. Quid enim hac voce præclarius, quam illi trado ad te perferendam? « Malum est, in necessitate vivere : sed in necessitate vivere, necessitas nulla est. » Quidni nulla sit? patent undique ad libertatem viæ multæ, breves, faciles. Agamus Deo gratias, quod nemo in vita teneri potest : calcare

que celui d'une journée : c'est toujours la lumière et les ténèbres. L'alternative des saisons en accroît la durée, mais ne les change pas; tantôt elle les abrège, tantôt elle les prolonge. Il faut donc régler chaque jour, comme s'il fermait la marche de nos jours, comme s'il était le terme et le complément de notre vie. Pacuvius, qui, par une sorte de prescription, s'appropria la Syrie après avoir célébré ses obsèques par des flots de vins et un repas funéraire analogue, se faisait porter de la table au lit, aux applaudissemens de ses compagnons de débauche, aux chants d'un chœur qui répétait, Βεβίωται, βεβίωται (il a vécu, il a vécu); il fit plus d'une fois ses funérailles. Ce qu'il faisait par dépravation, faisons-le dans un bon esprit; et, prêts à nous endormir, disons avec allégresse et gaîté :

Au gré de mes destins, j'ai mon cours achevé.

Si dieu nous accorde un lendemain, recevons-le avec joie. Il est au comble du bonheur, il jouit paisiblement de lui-même, celui qui attend le lendemain sans inquiétude. Dites tous les soirs : J'ai vécu ! et chaque matin vous aurez un jour à gagner.

Mais il est temps de fermer ma lettre. — Ainsi, direz-vous, vous vous exemptez de la taxe convenue? — Ne craignez rien : cette lettre portera quelques fruits avec elle; quelques fruits, que dis-je? elle en portera un grand nombre. Quoi de plus beau que cette maxime que je lui confie pour vous la soumettre? « Il est dur de vivre sous le joug de la nécessité; mais je ne vois pas la nécessité d'y vivre assujetti. » Eh! pourquoi le subir en effet? partout des routes nous mènent à la liberté, nombreuses, courtes, faciles. Rendons grâces à la divinité : elle n'a enchaîné

ipsas necessitates licet. — Epicurus, inquis, dixit. Quid tibi cum alieno? — Quod verum est, meum est : perseverabo Epicurum tibi ingerere; ut isti, qui in verba jurant, nec quid dicatur æstimant, sed a quo, sciant, quæ optima sunt, esse communia.

XIII.

Quæ debeat esse sapientis fortitudo. De futuro ne solliciteris.

MULTUM tibi esse animi scio. Nam etiam, antequam instrueres te præceptis salutaribus et dura vincentibus, satis adversus fortunam placebas tibi; et multo magis, postquam cum illa conseruisti manum, viresque expertus es tuas, quæ nunquam certam dare fiduciam sui possunt, nisi quum multæ difficultates hinc et illinc apparuerunt, aliquando vero et propius accesserunt. Sic verus ille animus, et in alienum non venturus arbitrium, probatur; hæc ejus obrussa est. Non potest athleta magnos spiritus ad certamen afferre, qui nunquam suggillatus est. Ille, qui vidit sanguinem suum, cujus dentes crepuerunt sub pugno; ille, qui supplantatus adversarium toto tulit corpore, nec projecit animum projectus; qui, quoties cecidit, contumacior resurrexit; cum magna spe descendit ad pugnam. Ergo, ut similitudinem

personne à la vie; on peut fouler aux pieds jusqu'à la nécessité.—Voilà encore de l'Épicure, me direz-vous; pourquoi ces emprunts faits un étranger?—Toute vérité est mon domaine : je ne cesserai de vous donner de l'Épicure. Ils apprendront, ces hommes qui jurent sur la parole du maître, qui jugent d'une opinion, non par elle-même, mais par son auteur, ils apprendront que tout ce qui est bon appartient à tous.

XIII.

De la force d'âme qui doit distinguer le sage. Ne pas s'inquiéter de l'avenir.

Vous avez beaucoup de force d'âme, je le sais : car, avant d'être muni de préceptes salutaires, de ces armes toutes-puissantes contre l'adversité, vous ne manquiez pas d'assurance contre ses coups. Que sera-ce, maintenant que vous vous êtes mesuré avec elle, que vous avez essayé vos forces, qui jamais ne pourront vous inspirer une ferme confiance en vous-même, si de nombreuses difficultés n'ont surgi çà et là, et parfois même ne sont venues jusqu'à vous. C'est là l'épreuve du vrai courage, qui ne plie à aucun joug : le malheur est son creuset. Il ne peut apporter de résolution au combat, l'athlète qui jamais n'a reçu de contusions. Mais, celui qui a vu couler son sang, senti ses dents craquer sous le poing; celui qui, renversé, a supporté le poids de son adversaire, et dont le courage est resté debout, malgré sa chute; celui qui, souvent terrassé, s'est relevé toujours plus opiniâtre; celui-là descend dans l'arène avec l'assurance de la victoire. Poursuivons ma comparaison : que de fois la fortune

istam prosequar, sæpe jam fortuna supra te fuit; nec tamen tradidisti te, sed subsiluisti, et acrior constitisti : multum enim adjicit sibi virtus lacessita. Tamen, si tibi videtur, accipe a me auxilia, quibus munire te possis. Plura sunt, Lucili, quæ nos terrent, quam quæ premunt : et sæpius opinione, quam re, laboramus. Non loquor te cum stoica lingua, sed hac summissiore. Nos enim dicimus, omnia ista quæ gemitus mugitusque exprimunt, levia esse, et contemnenda. Omittamus hæc magna verba, sed, dii boni! vera. Illud tibi præcipio, ne sis miser ante tempus; quum illa, quæ velut imminentia expavisti, fortasse nunquam ventura sint, certe nondum venerint. Quædam ergo nos magis torquent, quam debent; quædam ante torquent, quam debent; quædam torquent, quum omnino non debeant. Aut augemus dolorem, aut fingimus, aut præcipimus. Primum illud, quia res in controversia est, et litem contestatam habemus, in præsentia differatur. Quod ego leve dixero, tu gravissimum esse contendes; scio alios inter flagella ridere, alios gemere sub colapho. Postea videbimus, utrum ista suis viribus valeant, an imbecillitate nostra : illud præsta mihi, ut, quoties circumsteterint qui tibi te miserum esse persuadeant, non, quid audias, sed quid sentias, cogites; et cum patientia tua deliberes, ac te ipse interroges, qui tua optime nosti : « Quid est quare isti me complorent? quid est quod trepident, quod con-

vous tenait déjà terrassé! Mais, loin de vous rendre, vous vous êtes élancé de dessous votre ennemie, et vous avez lutté avec un nouveau courage; car la vertu se fortifie par les attaques! Souffrez toutefois que votre ami vous fournisse de nouveaux moyens de défense. Il est, ô Lucilius, plus de sujets d'alarmes que de sujets de douleur; et nous souffrons plus de l'imagination que de la réalité. Je ne vous parle pas ici le langage du Portique; j'en prends un moins austère. Selon nos sages, ils sont légers, ils sont à mépriser, tous ces maux qui arrachent à l'homme des gémissemens et des cris de douleur. Mais laissons là ces belles maximes, si vraies pourtant, j'en atteste les dieux! Ce que je vous recommande, c'est de ne pas vous rendre malheureux par anticipation : ces maux que vous redoutez comme imminens, peut-être n'arriveront-ils jamais: du moins, ils ne sont pas encore arrivés. Tantôt nous nous tourmentons à l'excès, tantôt par anticipation, tantôt enfin sans motif. On exagère la douleur, on l'imagine, on s'y livre avant le temps. De ces trois points, le premier est un problème à résoudre, un procès encore débattu : laissons-le de côté pour le moment. Un mal est léger pour moi, il est grave pour vous; l'un rit sous le fouet, l'autre gémit d'un soufflet. Nous verrons plus tard si les maux tirent leur force d'eux-mêmes, ou de notre faiblesse. Pour le moment, voilà ce que j'exige de vous : toutes les fois que l'on vous entourera pour chercher à vous persuader que vous êtes malheureux, écoutez moins ces paroles que vos sensations; consultez vos souffrances, vous êtes le meilleur juge de votre état; dites-vous à vous-même : « Qui peut, en moi, exciter leur pitié? pourquoi ces alarmes, cet empressement à me fuir, comme si mon malheur était contagieux?

tagium quoque mei timeant, quasi transilire calamitas possit? Est aliquid istic mali? an res ista magis infamis est, quam mala?» Ipse te interroga : « Numquid sine causa crucior, et mœreo, et, quod non est, malum facio? »

— Quomodo, inquis, intelligam, vana sint, an vera, quibus angor? — Accipe hujus rei regulam! Aut præsentibus torquemur, aut futuris, aut utrisque. De præsentibus facile est judicium. Si corpus tuum liberum est, sanum est, nec ullus ex injuria dolor est ; videbimus quid futurum sit : hodie nihil negotii habet. — At enim futurum est! — Primum dispice, an certa argumenta sint venturi mali : plerumque enim suspicionibus laboramus; et illudit nobis illa, quæ conficere bellum solet, fama, multo autem magis singulos conficit. Ita est : mi Lucili! cito accedimus opinioni ; non coarguimus illa, quæ nos in metum adducunt, nec excutimus ; sed trepidamus, et sic vertimus terga, quemadmodum illi, quos pulvis motus fuga pecorum exuit castris, aut quos aliqua fabula sine auctore sparsa conterruit. Nescio quomodo, magis vana perturbant : vera enim modum suum habent; quidquid ex incerto venit, conjecturæ et paventis animi licentiæ traditur. Nulli itaque tam perniciosi, tam irrevocabiles, quam lymphatici metus sunt; ceteri enim sine ratione, hi sine mente sunt. Inquiramus itaque in rem diligenter. Verisimile est, aliquid futurum mali? non statim verum est. Quam multa non

Ce malheur est-il donc un mal ? ou plutôt ne vaut-il pas mieux que sa renommée ?» Puis, descendant en vous-même : « Mes tourmens, mes chagrins seraient-ils sans motifs ? mes maux ne seraient-ils qu'une chimère ?»

— Mais, direz-vous, comment distinguer si la cause de nos angoisses est réelle ou imaginaire ? — Voici la règle à suivre. Ou c'est le présent qui nous tourmente, ou c'est l'avenir ou bien tous les deux à la fois. Est-ce le présent ? vous en jugerez aisément. Voyez si votre corps est libre d'entraves, s'il jouit de la santé, si quelque injustice n'a pas froissé votre âme. Advienne ensuite ce qu'il pourra ; le présent n'a rien à démêler avec l'avenir. — Mais enfin, il viendra, cet avenir. — Un malheur vous menace ? voyez d'abord s'il est prouvé qu'il doive arriver. Bien souvent, en effet, nous sommes les victimes du soupçon, les jouets de la renommée, de cette renommée qui fait l'issue des guerres, mais qui, plus promptement encore, décide de notre sort à chacun. Il est trop vrai, mon cher Lucilius, nous nous rendons de suite à l'opinion : nous ne combattons pas les raisons qui nous portent à craindre. Loin de les repousser, notre esprit s'égare ; nous lâchons pied, comme ces soldats que chasse de leur camp un nuage de poussière élevé par des troupeaux en fuite ; que glace d'épouvante un bruit dénué de fondement. Je ne sais comment il arrive que les maux chimériques sont les plus redoutés. En effet, la réalité a sa mesure ; un malheur incertain est livré aux conjectures et aux caprices d'une imagination troublée par la peur. Aussi, de toutes les terreurs, la terreur panique est-elle la plus funeste et la plus incurable : les autres supposent l'anéantissement de la raison, celle-là l'anéantissement de l'âme. Appro-

exspectata venerunt! quam multa exspectata nunquam comparuerunt! Etiam si futurum est, quid juvat dolori suo occurrere? satis cito dolebis, quum venerit; interim tibi meliora promitte. — Quid facies lucri? — Tempus! Multa intervenient, quibus vicinum periculum, ut prope admotum, aut subsistat, aut desinat, aut in alienum caput transeat. Incendium ad fugam patuit; quosdam molliter ruina deposuit; aliquando gladius ab ipsa cervice revocatus est; aliquis carnifici suo superstes fuit. Habet etiam mala fortuna levitatem. Fortasse erit; fortasse non erit; interim non est; meliora propone. Nonnunquam nullis apparentibus signis, quæ mali aliquid pronuntient, animus sibi falsas imagines fingit, aut verbum aliquod dubiæ significationis detorquet in pejus, aut majorem sibi offensam proponit alicujus, quam est; et cogitat, non quam iratus ille sit, sed quantum liceat irato. Nulla autem causa vitæ esset, nullus miseriarum modus, si timeretur quantum potest. Hic prudentia prosit, hic robore animi evidentem quoque metum respue; si minus, vitio vitium repelle, spe metum tempera. Nihil tam certum est ex his quæ timentur, ut non certius sit, et formidata subsidere, et sperata decipere. Ergo et spem ac metum examina, et, quoties incerta erunt omnia, tibi fave; crede quod mavis : si plures habebis sententias metus, nihilominus in hanc partem potius inclina, et perturbare te desine. Ac subinde hoc in animo

fondissons donc la chose avec soin. Un malheur est vraisemblable; est-il vrai pour cela? Que d'évènemens inattendus! que d'attentes à jamais trompées! Dût-il même arriver, ce malheur, à quoi bon courir au devant de ses chagrins? Il sera toujours temps de le pleurer quand il sera venu; en attendant, comptez sur un meilleur avenir. — Mais, qu'y gagnerai-je? — Du temps. Une foule d'évènemens peuvent se jeter entre vous et le péril qui vous menace; ils peuvent l'arrêter, le dissiper, le détourner sur une autre tête. Parfois, l'incendie ouvrit un passage à la fuite; l'écroulement d'une maison déposa sain et sauf à terre celui qu'elle renfermait : on a vu le glaive reculer au moment où déjà il brillait sur la poitrine, et le condamné survivre à son bourreau. La fortune est inconstante jusque dans ses rigueurs. Un malheur peut venir; il peut ne pas venir : tant qu'il n'est pas venu, envisagez la meilleure chance. Quelquefois, sans aucun indice qui fasse redouter un malheur, l'esprit se crée des fantômes: c'est un mot équivoque qu'il interprète de la manière la plus défavorable; c'est un homme offensé dont il exagère le ressentiment, dont il mesure moins le courroux que le pouvoir qu'il a de le satisfaire. Or, plus de raison de vivre, plus de terme aux misères humaines, s'il n'y a pas de bornes à la crainte. C'est alors qu'il faut de la prudence, du courage pour repousser les craintes même les plus fondées. Du moins, opposez un défaut à un autre défaut; tempérez la crainte par l'espoir : quelque certain que soit le sujet de nos craintes, il est plus certain encore que l'objet de notre crainte peut s'évanouir, l'espérance nous tromper. Il faut donc les peser toutes deux : dans le doute, penchez en votre faveur, croyez ce que vous préférez. La crainte aurait plus de motifs pour elle, qu'il

volve, majorem partem mortalium, quum illi nec sit quidquam mali, nec pro certo futurum sit, æstuare ac discurrere. Nemo enim resistit sibi, quum cœpit impelli; nec timorem suum redigit ad verum. Nemo dicit: « Vanus auctor est, vanus est; aut finxit, aut credidit! » Damus nos referentibus; expavescimus dubia pro certis; non servamus modum rerum; statim in timorem venit scrupulus.

Pudet me, ibi sic tecum loqui, et tam levibus te remediis focillare. Alius dicat: « Fortasse non veniet! » tu dic: « Quid porro, si veniet? videbimus uter vincat: fortasse pro me veniet, et mors ista vitam honestabit. » Cicuta magnum Socratem confecit: Catoni gladium assertorem libertatis extorque, magnam partem detraxeris gloriæ. Nimium diu te cohortor, quum tibi admonitione magis, quam exhortatione opus sit. Non in diversum te a natura tua ducimus : natus es ad ista quæ dicimus. Eo magis bonum tuum auge, et exorna. Sed jam finem epistolæ faciam, si illi signum suum impressero, id est, aliquam magnificam vocem perferendam ad te mandavero. « Inter cetera mala hoc quoque habet stultitia, semper incipit vivere. » Considera quid vox ista significet, Lucili virorum optime, et intelliges, quam fœda sit hominum levitas, quotidie nova vitæ fundamenta ponentium, novas spes etiam in exitu inchoantium. Circumspice tecum singulos : occurrent tibi senes, qui se quum maxime ad

faudrait encore incliner pour l'espoir, et cesser de vous troubler. Ensuite, songez-y, c'est sans éprouver de maux, sans en voir d'assurés dans l'avenir, que la plupart des mortels se tourmentent et s'agitent. En effet, une fois lancé, on ne s'arrête plus ; on ne réduit pas ses craintes à leur juste valeur. On ne dit pas : « Ce bruit est faux, oui faux ; son auteur est un fourbe ou une dupe. » Nous croyons sans réserve aux récits d'autrui ; nous redoutons l'incertain comme le certain ; nous ne gardons plus de mesure : le doute se change à l'instant en terreur.

J'ai honte de vous tenir ce langage, et de vous offrir de si faibles remèdes pour vous fortifier. Un autre dirait : « Peut-être cela n'arrivera pas ! » dites, vous : « Et quand cela arriverait ? nous verrions... peut-être y gagnerai-je ; et cette mort honorera ma vie. » La ciguë a fait la grandeur de Socrate ; ôtez à Caton le glaive libérateur, vous lui ôterez le plus beau de sa gloire. Mais, c'est trop long-temps vous exhorter : vous avez besoin d'avis plus que d'encouragemens. La route où je vous mène ne vous est point étrangère ; ces préceptes, vous êtes né pour les pratiquer : raison de plus pour développer, pour embellir votre heureux naturel. Mais, déjà ma lettre est à sa fin ; il ne me reste plus qu'à y imprimer mon cachet, c'est-à-dire, à lui confier quelque belle maxime, pour la remettre à son adresse. « Un des maux particuliers à la folie, c'est de toujours commencer à vivre. » Pénétrez le sens de cette maxime, Lucilius, ô le meilleur des hommes ! et vous verrez combien elle est honteuse, cette légèreté qui fait chaque jour reposer la vie sur de nouveaux fondemens ; qui, près de la tombe, bâtit de nouveaux projets. Regardez autour de vous : vous verrez des vieillards qui se disposent de plus belle

ambitionem, ad peregrinationes, ad negotiandum parent. Quid est turpius, quam senex vivere incipiens? Non adjicerem auctorem huic voci, nisi esset secretior, nec inter vulgata Epicuri dicta, quæ mihi et laudare, et adoptare permisi.

XIV.

Quomodo corpori consulendum.

FATEOR insitam esse nobis corporis nostri caritatem; fateor nos hujus gerere tutelam : non nego indulgendum illi; serviendum nego. Multis enim serviet, qui corpori servit, qui pro illo nimium timet, qui ad illud omnia refert. Sic gerere nos debemus, non tanquam propter corpus vivere debeamus, sed tanquam non possimus sine corpore. Hujus nos nimius amor timoribus inquietat, sollicitudinibus onerat, contumeliis objicit. Honestum ei vile est, cui corpus nimis carum est. Agatur ejus diligentissime cura; ita tamen, ut, quum exiget ratio, quum dignitas, quum fides, mittendum in ignes sit. Nihilominus, quantum possumus, evitemus incommoda quoque, non tantum pericula; et in tutum nos reducamus, excogitantes subinde, quibus possint timenda depelli. Quorum tria, ni fallor, genera sunt : timetur inopia, timentur morbi, timentur quæ per vim poten-

à poursuivre les grandeurs, à voyager, à trafiquer. Est-il rien de plus honteux, cependant, qu'un vieillard qui commence à vivre? Je ne joindrais pas à cette sentence le nom de son auteur, si elle était connue, si elle se trouvait parmi les autres maximes d'Épicure : c'est donc Épicure que je me suis permis de citer et d'adopter.

XIV.

Jusqu'à quel point il faut soigner le corps.

Je l'avoue, l'homme a pour son corps une prédilection naturelle; je l'avoue, il en a reçu la tutelle : mais qu'il en prenne soin et n'en soit pas esclave. Que de maîtres on se donne en s'asservissant au corps, en craignant à l'excès pour lui, en rapportant tout à lui! Voici la règle de notre conduite : nous ne devons pas vivre pour le corps, mais nous ne pouvons pas vivre sans le corps. Un amour immodéré du corps, ronge de soucis, accable d'inquiétudes, expose aux affronts. La vertu n'a plus de prix pour qui le corps en a trop. Donnons-lui les soins les plus empressés; mais, qu'à la voix de la raison, de l'honneur, du devoir, on soit prêt à le jeter dans les flammes. Néanmoins, autant qu'il est en nous, évitons, je ne dis pas le danger, mais jusqu'au moindre malaise; mettons-nous en sûreté, puis songeons aux moyens de nous garantir des maux à redouter; ils sont, si je ne me trompe, au nombre de trois. On redoute la pauvreté, on redoute les maladies, on redoute l'abus de la force et les maux qu'elle entraîne. De ces trois craintes, nulle n'agit sur nous avec autant de vio-

tioris eveniunt. Ex his omnibus nihil nos magis concutit, quam quod ex aliena potentia impendet; magno enim strepitu et tumultu venit. Naturalia mala quæ retuli, inopia atque morbi, silentio subeunt, nec oculis, nec auribus quidquam terroris incutiunt : ingens alterius mali pompa est : ferrum circa se habet, et ignes, et catenas, et turbam ferarum, quam in viscera immittat humana. Cogita hoc loco carcerem, et cruces, et equuleos, et uncum, et adactum per medium hominem, qui per os emergeret, stipitem, et distracta in diversum actis curribus membra; illam tunicam, alimentis ignium et illitam et textam; quidquid aliud, præter hæc, commenta sævitia est. Non est itaque mirum, si maximus hujus rei timor est, cujus varietas et magna, et apparatus terribilis est. Nam quemadmodum plus agit tortor, quo plura instrumenta doloris exposuit (specie enim vincuntur, qui patientiæ restitissent) : ita ex his, quæ animos nostros subigunt et domant, plus proficiunt quæ habent quod ostendant. Illæ pestes non minus graves sunt, famem dico, et sitim, et præcordiorum suspirationes, et febres viscera ipsa torrentes; sed latent, nihil habent quod intentent, quod præferant : hæc, ut magna bella, aspectu paratuque vicerunt.

Demus itaque operam, abstineamus offensis. Interdum populus est, quem timere debeamus; interdum, si ea civitatis disciplina est, ut plurima per senatum transi-

lence que celle où nous jette la tyrannie; la tyrannie, en effet, s'annonce avec bruit et fracas. Les maux naturels dont je viens de parler, la misère, les maladies, minent en silence, et n'ont rien d'effrayant pour les oreilles ni pour les yeux. L'autre fléau déploie un formidable appareil : il marche escorté du fer, de la flamme, de chaînes, de bêtes féroces prêtes à s'élancer sur des entrailles humaines. Ici, représentez-vous et les cachots, et les croix, et les chevalets, et les crocs, et le pal qui transperce un homme, et lui sort par la bouche; et les chars qui, lancés en sens contraire, entraînent ses membres après eux; et les tuniques enduites, tissues de matières inflammables; en un mot, toutes les autres inventions de la barbarie. Non, avec une telle variété de supplices, avec un si terrible attirail, il n'est pas étonnant que ce fléau soit le plus redouté. Plus la question étale d'instrumens de torture, plus son pouvoir est grand : tel, en effet, supporterait le supplice, qui n'en peut supporter l'appareil. De même, de tous les maux qui subjuguent et maîtrisent l'âme, celui-là est le plus puissant, qui parle le plus aux yeux. Ce ne sont pas des maux moins graves, que la faim, que la soif, que l'asthme qui déchire la poitrine, que la fièvre qui dévore le fond des entrailles : mais ces maux sont cachés; ils n'ont point d'horreurs à montrer, point d'épouvantail. Les autres sont comme ces grandes armées dont l'aspect et le matériel imposant décident la victoire.

Veillons donc à n'offenser personne. Tantôt c'est le peuple qu'il faut craindre; tantôt, dans un gouvernement où l'autorité est presque toute aux mains d'un sénat, ce sont les membres les plus influens de ce corps; tantôt c'est

gantur, gratiosi in eo viri; interdum singuli, quibus potestas populi, et in populum, data est. Hos omnes amicos habere, operosum est : satis est, inimicos non habere. Itaque sapiens nunquam potentium iras provocabit : immo declinabit, non aliter quam in navigando procellam. Quum peteres Siciliam, trajecisti fretum. Temerarius gubernator contempsit Austri minas (ille est enim, qui Siculum pelagus exasperet, et in vortices cogat) : non sinistrum petiit litus, sed id, quo propior Charybdis maria convolvit : at ille cautior peritos locorum rogat, qui æstus sit, quæ signa dent nubes; et longe ab illa regione vorticibus infami cursum tenet. Idem facit sapiens : nocituram potentiam vitat, hoc primum cavens, ne vitare videatur. Pars enim securitatis et in hoc est, non ex professo eam petere; quia, quæ quis fugit, damnat. Circumspiciendum ergo nobis est, quomodo a vulgo tuti esse possimus. Primum nihil idem concupiscamus : rixa est inter competitores. Deinde nihil habeamus quod cum magno emolumento insidiantis eripi possit : quam minimum sit in corpore tuo spoliorum! Nemo ad humanum sanguinem propter ipsum venit, aut admodum pauci; plures computant, quam oderunt : nudum latro transmittit; etiam in obsessa via pauperi pax est. Tria deinde, ex præceptione veteri, præstanda sunt ut vitentur : odium, invidia, contemptus. Quomodo hoc fiat, sapientia sola monstrabit. Difficile

chacun de ceux qui sont chargés d'exercer le pouvoir du peuple sur le peuple même. Vous faire l'ami de tous ces hommes, serait trop difficile; il suffit de ne pas les avoir pour ennemis. Aussi, jamais le sage ne provoquera le courroux des grands; il l'évitera même comme le navigateur évite la tempête. Quand vous êtes allé en Sicile, vous avez traversé le détroit : eh bien, le pilote imprudent brave les menaces de l'Auster (c'est l'Auster qui bouleverse la mer de Sicile, et fait tourbillonner ses flots); il ne dérive pas à gauche, mais côtoie le rivage auprès duquel Charybde reçoit l'océan dans ses gouffres. Le pilote sage, au contraire, interroge ceux qui connaissent les lieux, sur la direction du courant, sur les pronostics des nuages, et vogue loin de ces bords tristement célèbres par leurs abîmes. Tel est le sage; il fuit le pouvoir qui peut lui nuire, mais il se garde avant tout de paraître le fuir. En effet, c'est encore une condition de la sécurité, que de ne pas la chercher ouvertement; éviter, c'est désapprouver. Il faut donc user de circonspection, pour n'avoir rien à craindre de la part du vulgaire. D'abord, n'ayons point les mêmes désirs que d'autres : on se bat entre concurrens. Ensuite, que celui qui attente à notre sûreté, n'ait rien à gagner avec nous; laissons-lui espérer le moins de dépouilles que nous pourrons. Nul ne verse le sang pour le sang; du moins, de tels meurtriers sont bien rares. L'avidité est plus commune que la haine : le voleur laisse passer l'homme qui n'a rien; le pauvre est en paix, même sur une route dangereuse. Il est ensuite trois choses qu'un vieux précepte nous prescrit d'éviter : la haine, l'envie, le mépris. Comment y parvenir ? La sagesse seule nous le montrera. En effet, la mesure est difficile à garder : il est à craindre qu'en fuyant l'en-

6.

enim temperamentum est; verendumque, ne in contemptum nos invidiæ timor transferat; ne, dum calcare nolumus, videamur posse calcari : multis timendi attulit causas, timeri posse. Undique nos reducamus : non minus contemni, quam suspici, nocet.

Ad philosophiam ergo confugiendum est : hæ litteræ, non dico apud bonos, sed apud mediocriter malos, infularum loco sunt. Nam forensis eloquentia, et quæcumque alia populum movet, adversarios habet : hæc, quieta et sui negotii, contemni non potest; cui ab omnibus artibus, etiam apud pessimos, honor est. Nunquam in tantum convalescet nequitia, nunquam sic contra virtutes conjurabitur, ut non philosophiæ nomen venerabile et sacrum maneat. Ceterum philosophia ipsa tranquille modesteque tractanda est. — Quid ergo ? inquis, videtur tibi Marcus Cato modeste philosophari, qui bellum civile sententia sua reprimit? qui furentium principum armis medius intervenit? qui aliis Pompeium offendentibus, aliis Cæsarem, simul lacessit duos? — Potest aliquis disputare, an illo tempore capessenda fuerit sapienti respublica. Quid tibi vis, Marce Cato? jam non agitur de libertate; olim pessumdata est! quæritur utrum Cæsar, an Pompeius possideat rempublicam. Quid tibi cum ista contentione? nullæ partes tuæ sunt. Dominus eligitur : quid tua, uter vincat? potest melior vincere; non potest non pejor esse, qui vicerit! Ultimas partes attigi

vie, on ne tombe dans le mépris; qu'en cherchant à n'écraser personne, nous ne paraissions faits pour être écrasés. On a beaucoup à redouter, quand soi-même on peut être redouté. Tenons-nous à couvert de tous côtés : le mépris nuit autant que l'envie.

Que la philosophie soit donc notre refuge; pour les gens de bien, pour ceux même qui ne sont qu'à demi méchans, la philosophie est comme un vêtement sacré. L'éloquence du barreau, en effet, ainsi que tout genre d'éloquence fondé sur les passions populaires, suscite des rivalités. Paisible et tout entière à son objet, la philosophie ne peut tomber dans le mépris : tous les arts, tous les hommes, même les plus pervers, lui rendent hommage. Jamais la méchanceté ne prendra assez de force, jamais ses complots ne seront assez puissans, pour que le nom de la philosophie cesse d'être vénérable et sacré. Au reste, la philosophie doit être cultivée en paix et avec modération. — Quoi! me direz-vous, est-ce donc, à votre avis, un homme modérément philosophe, que Caton étouffant la guerre civile par sa harangue au sénat? Caton se jetant entre les glaives et les fureurs des plus puissans citoyens? Caton attaquant à la fois et César et Pompée, alors que tout Romain prenait parti ou contre Pompée, ou contre César? — On peut vous répondre : A une pareille époque, convenait-il au sage de se mêler des affaires publiques? O Caton! quel est ton but? la liberté? il n'en est plus question; elle a succombé depuis long-temps! Il s'agit de savoir qui, de César et de Pompée, Rome aura pour maître. Qu'as-tu de commun avec leurs différens? Aucun des deux partis n'est le tien. On

Catonis; sed ne priores quidem anni fuerunt, qui sapientem in illam rapinam reipublicæ admitterent. Quid aliud quam vociferatus est Cato, et misit irritas voces, quum modo per populi levatus manus, et obrutus sputis, et portandus extra Forum traheretur, modo e senatu in carcerem duceretur? Sed postea videbimus, an sapienti opera perdenda sit : interim ad hos te stoicos voco, qui a republica exclusi, secesserunt ad colendam vitam, et humano generi jura condenda, sine ulla potentioris offensa. Non conturbabit sapiens publicos mores, nec populum in se vitæ novitate convertet. — Quid ergo? utique erit tutus, qui hoc propositum sequetur? — Promittere tibi hoc non magis possum, quam in homine temperanti bonam valetudinem : et tamen facit temperantia bonam valetudinem. Periit aliqua navis in portu : sed quid tu accidere in medio mari credis? Quanto huic periculum paratius foret, multa agenti molientique, cui ne otium quidem tutum est? Pereunt aliquando innocentes; quis negat? nocentes tamen sæpius. Ars ei constat, qui per ornamenta percussus est. Denique consilium, rerum omnium sapiens, non exitum, spectat. Initia in potestate nostra sunt : de eventu fortuna judicat, cui de me sententiam non do. At aliquid vexationis afferet, aliquid adversi! Non dominatur latro, quum occidit.

combat pour le choix d'un maître : que t'importe le vainqueur? Le moins méchant des deux pourra remporter la victoire; mais le vainqueur ne pourra point ne pas être le plus mauvais citoyen. Encore, je ne prends ici Caton qu'au dénouement : les années précédentes, la république, devenue la proie des brigands, était-elle un théâtre plus digne du sage? quel rôle y joua Caton? Il se consuma en paroles et en cris, tantôt entraîné par les mains du peuple, conspué, jeté hors de la place publique; tantôt conduit du sénat en prison. Mais nous verrons dans la suite si le sage doit perdre sa peine. En attendant, suivez ces philosophes qui, éloignés des affaires publiques s'enferment dans la retraite pour s'appliquer à vivre, et dicter des préceptes au genre humain, sans offenser en rien le pouvoir. Le sage ne choquera point les usages reçus; il n'attirera pas sur lui les yeux du peuple, par la singularité de sa vie. — Quoi, me direz-vous, c'est donc une garantie de sûreté, que ce plan de conduite? — Je ne puis pas plus vous le promettre, que la santé à un homme tempérant; et pourtant la tempérance est mère de la santé. Un navire périt au port; mais que sera-ce en pleine mer? Quels seront les périls d'une vie agitée et aventureuse, si le repos lui-même n'est pas sans danger? On a vu des innocens périr; oui, sans doute, mais bien plus de coupables. En est-il moins habile, le maître d'escrime atteint en combattant selon toutes les règles de l'art? Enfin, en toutes choses, le sage considère l'intention et non l'issue. Le commencement dépend de nous; la fin, la fortune en décide : la fortune, qui n'entre pour rien dans mes avis. Mais elle nous apporte des traverses, des malheurs! Le brigand n'est pas mon maître, il est mon assassin.

Nunc ad quotidianam stipem manum porrigis. Aurea te stipe implebo; et quia facta est auri mentio, accipe quemadmodum usus fructusque ejus tibi esse gratior possit. « Is maxime divitiis fruitur, qui minime divitiis indiget. » — Ede, inquis, auctorem. — Ut scias quam benigni simus, propositum est aliena laudare : Epicuri est, aut Metrodori, aut alicujus ex illa officina. Et quid interest, quis dixerit? omnibus dixit. Qui eget divitiis, timet pro illis : nemo autem sollicito bono fruitur; adjicere illis aliquid studet : dum de incremento cogitat, oblitus est usus; rationes accipit, Forum conterit, kalendarium versat, fit ex domino procurator.

XV.

De corporis exercitationibus.

Mos antiquis fuit, usque ad meam servatus ætatem, primis epistolæ verbis adjicere : « Si vales, bene est; ego valeo. » Recte et nos dicimus : Si philospharis, bene est. Valere enim hoc demum est; sine hoc æger est animus. Corpus quoque, etiam si magnas habet vires, non aliter quam furiosi aut phrenetici validum est. Ergo hanc præcipue valetudinem cura, deinde et illam secundam, quæ non magno tibi constabit, si volueris bene valere. Stulta est enim, mi Lucili, et minime conveniens litterato viro, occupatio exercendi lacertos, et

Déjà votre main s'ouvre pour recevoir son tribut du jour; je vais la remplir d'une portion qui vaut de l'or. Et puisque j'ai parlé d'or, écoutez un conseil qui doit vous en rendre plus agréable l'usage et la jouissance. « Celui-là jouit le mieux des richesses, qui sait le mieux s'en passer. » — L'auteur? direz-vous. — Voyez ma bonté d'âme : j'ai entrepris de louer un ennemi. Cette maxime est d'Épicure, de Métrodore, de je ne sais quel homme de cette fabrique. Et qu'importe l'auteur? c'est pour tout le monde qu'il a parlé. Qui a besoin de richesses, craint nécessairement pour elles : or, trembler pour son bien, c'est ne pas en jouir. Occupé à l'accroître, on oublie d'en user, on reçoit des comptes, on court la place; on consulte sans cesse le calendrier : on n'est plus propriétaire; on se fait le gérant.

XV.

Des exercices du corps.

C'était des anciens un usage, perpétué jusqu'à nos jours, de faire précéder les lettres de cette formule : « Si vous vous portez bien, je suis satisfait; pour moi, je me porte bien. » Et nous aussi, nous pouvons dire à juste titre : Si vous vous livrez à la philosophie, je suis satisfait. En effet, c'est là la vraie santé; sans la sagesse, l'âme est malade. Le corps lui-même, quelque grandes que soient ses forces, n'a que celles d'un furieux ou d'un frénétique. Donnez donc, avant tout, vos soins à la santé de l'âme, ensuite à celle du corps : cette dernière vous coûtera peu, si vous voulez seulement vous bien porter. Triste occupation, en effet, ô Lucilius, et bien peu digne

dilatandi cervicem, ac latera firmandi. Quum tibi feliciter sagina cesserit, et tori creverint; nec vires unquam opimi bovis, nec pondus æquabis. Adjice nunc, quod majore corporis sarcina animus eliditur, et minus agilis est. Itaque, quantum potes, circumscribe corpus tuum, et animo locum laxa! Multa sequuntur incommoda huic deditos curæ : primum exercitationes, quarum labor spiritum exhaurit, et inhabilem intentioni ac studiis acrioribus reddit; deinde copia ciborum subtilitas impeditur. Accedunt pessimæ notæ mancipia in magisterium recepta, homines inter oleum et vinum occupati; quibus ad votum dies actus est, si bene desudaverunt, si in locum ejus quod effluxit, multum potionis altius in jejunio ituræ regesserunt. Bibere et sudare, vita cardiaci est. Sunt exercitationes et faciles et breves, quæ corpus et sine mora laxent, et tempori parcant, cujus præcipua ratio habenda est. Cursus, et cum aliquo pondere manus motæ, et saltus, vel ille qui corpus in altum levat, vel ille qui in longum mittit, vel ille, ut ita dicam, saliaris, aut, ut contumeliosius dicam, fullonius. Quod libet ex his elige; usu fit facile. Quidquid facies, cito redi a corpore ad animum; illum noctibus ac diebus exerce; labore modico alitur ille. Hanc exercitationem non frigus, non æstus impediet, ne senectus quidem. Id bonum cura, quod vetustate fit melius. Neque ego te jubeo semper imminere libro, aut pugillaribus : dandum est ali-

d'un homme instruit, que d'exercer ses bras, d'élargir son encolure, de fortifier ses flancs! Alors que vous serez gras à souhait, que vos épaules se seront épaissies, jamais vous n'égalerez un beau bœuf pour le poids ni pour la vigueur. Ajoutez à cela que l'excessif embonpoint accable l'esprit, et lui ôte de sa vivacité. Il faut donc donner au corps le moins que vous pourrez, et laisser toute carrière à l'esprit. Que d'inconvéniens résultent de cette manie de gymnastique! D'abord ces exercices violens, en épuisant les esprits vitaux, les rendent incapables de contension et d'études vigoureuses. Ensuite la surabondance d'alimens émousse l'esprit. Et puis songez à ces maîtres infâmes, à ces misérables esclaves, à ces êtres partagés entre l'huile et le vin, qui sont tout satisfaits de leur journée, quand ils ont bien tué, quand, pour réparer le fluide perdu par l'exercice, ils ont inondé de vin leur gosier altéré! Boire et suer, c'est là le régime d'un malade épuisé. Il est des exercices courts et faciles, propres à assouplir le corps sur-le-champ, et, ce qu'il faut surtout considérer, à ménager le temps. Courir, agiter ses bras chargés de quelque fardeau, faire des sauts en hauteur, en étendue, et celui que l'on pourrait appeler *salien*, ou, pour lui faire moins d'honneur, *saut de foulon*, voilà des exercices entre lesquels vous pouvez choisir, et que la pratique rend faciles. Quel que soit votre choix, revenez promptement du corps à l'âme : c'est elle qu'il faut exercer nuit et jour ; elle se nourrit à peu de frais ; cet exercice, ni le froid, ni la chaleur, ni même la vieillesse, ne pourront jamais l'interrompre. Cultivez donc un fonds qui s'améliore en vieillissant. Non que je vous prescrive d'être sans cesse courbé sur un livre ou sur des tablettes : il faut donner aussi du relâche à l'es-

quod intervallum animo; ita tamen ut non resolvatur, sed remittatur. Gestatio et corpus concutit, et studio non officit : possis legere, possis dictare, possis loqui, possis audire; quorum nihil ne ambulatio quidem vetat fieri. Nec tu intentionem vocis contempseris; quam veto te per gradus et certos modos attollere, deinde deprimere. Quod si velis dein, quemadmodum ambules, discere; admitte istos, quos nova artificia docuit fames : erit qui gradus tuos temperet, et buccas et dentes observet, et in tantum procedat, in quantum ejus audaciam patientiæ credulitate produxeris. — Quid ergo ? a clamore protinus et a summa contentione vox tua incipiet ? — Usque eo naturale est, paulatim incitari, ut litigantes quoque a sermone incipiant, ad vociferationem transeant : nemo statim Quiritium fidem implorat. Ergo utcumque impetus tibi animi suaserit, modo vehementius fac in vices convicium, modo lentius, prout vox quoque te hortabitur et latus. Modesta, quum receperis illam revocarisque, descendat, non decidat : moderatoris sui temperamentum habeat, nec hoc indocto et rustico more desæviat. Non enim id agimus, ut exerceatur vox, sed ut exerceat.

Detraxi tibi non pusillum negotium : mercedula et unus gradus ad hæc beneficia accedet. Ecce insigne præceptum : « Stulti vita ingrata est, trepida tota in futurum fertur. » — Quis hæc, inquis, dicit ? — Idem qui

prit, mais le détendre sans l'amollir. Le mouvement agite le corps sans nuire à l'étude : vous pouvez lire, dicter, parler, écouter; la promenade elle-même n'empêche aucune de ces occupations. Il ne faut pas non plus négliger de soutenir votre voix : je vous défends de l'élever et de l'abaisser par degrés et par modulations régulières. Si vous voulez enfin apprendre l'art de vous promener, accueillez ces aventuriers, instruits par la faim à créer des sciences nouvelles. Ils règleront vos pas, étudieront à table le mouvement de vos mâchoires, et leur impudence gagnera tout le terrain que leur laissera prendre votre patiente crédulité. — Quoi, me direz-vous, il faut donc débuter par des cris, et monter d'abord sa voix sur le ton le plus haut? — Il est si naturel de s'animer peu à peu, que les débats judiciaires commencent sur le ton de la conversation, et ne s'élèvent que par degrés jusqu'aux cris : jamais avocat n'en appela dès l'exorde au peuple romain. Ainsi donc suivez l'impulsion de votre âme, en attaquant des coupables avec plus ou moins de véhémence, selon la portée de votre voix et la force de vos poumons; mais, en faisant rentrer votre voix dans ses intonations naturelles, songez qu'elle doit descendre et non tomber; imiter la modération de l'âme, sa régulatrice, et non se laisser emporter à une fougue aveugle et brutale. Ce n'est pas d'exercer sa voix qu'il s'agit, mais bien de s'exercer par elle.

Je viens de vous délivrer d'un pesant fardeau : à ce service je joindrai un cadeau, un petit présent d'amitié. Écoutez ce précepte remarquable : « La vie de l'insensé est sans charme; elle s'élance inquiète dans l'avenir. » — L'auteur de cette maxime? dites-vous. — C'est celui des précédentes.

supra. — Quam tu nunc vitam dici existimas stultam? Babæ et Isionis?—Non ita est: nostra dicitur, quos cæca cupiditas in nocitura, certe nunquam satiatura, præcipitat; quibus, si quid satis esse posset, fuisset; qui non cogitamus, quam jucundum sit, nihil poscere; quam magnificum sit, plenum esse, nec ex fortuna pendere. Subinde itaque, Lucili, quam multa sis consequutus, recordare : quum adspexeris quot te antecedant, cogita quot sequantur. Si vis gratus esse adversus deos et adversus vitam tuam, cogita quam multos antecesseris. Quid tibi cum ceteris? te ipse antecessisti! Finem constitue, quem transire ne possis quidem, si velis : discedent aliquando ista insidiosa bona, et sperantibus meliora, quam assequutis. Si quid in illis esset solidi, aliquando et implerent : nunc haurientium sitim concitant. Mutantur speciosi apparatus : et, quod futuri temporis incerta sors volvit, quare potius a fortuna impetrem, ut det; quam a me, ne petam? Quare autem petam, oblitus fragilitatis humanæ? congeram in quid laborem? Ecce hic dies ultimus est! ut non sit, prope ab ultimo est!

XVI.

De utilitate philosophiæ.

Liquere hoc tibi, Lucili, scio, neminem posse beate vivere, ne tolerabiliter quidem, sine sapientiæ studio;

— Et les fous dont il parle? Baba et Ision sans doute? — Non, mon ami, nous-mêmes; nous que d'aveugles désirs entraînent vers ce qui doit nous perdre sans jamais nous rassasier; nous qui serions satisfaits si on pouvait l'être; nous qui ne comprenons pas tout ce qu'il y a de plaisir à ne rien demander, de grandeur à être content de son sort et indépendant de la fortune. Songez donc quelquefois, Lucilius, songez à tous les avantages que vous possédez : vous n'avez qu'à regarder en même temps et le petit nombre qui vous précède, et la foule qui vous suit. Voulez-vous être reconnaissant envers les dieux et votre destin? représentez-vous la multitude que vous avez devancée. Eh! pourquoi vous comparer aux autres? Vous vous êtes mis au dessus de vous-même. Fixez-vous un terme que vous ne puissiez franchir, lors même que vous le voudriez. Ils s'évanouiront un jour ces biens illusoires, plus doux en espérance qu'en réalité. S'ils avaient quelque solidité, ils rempliraient l'âme à la longue : et que font-ils, qu'irriter la soif de qui s'en abreuve, et le séduire par des dehors trompeurs? Les biens enveloppés dans un avenir incertain, pourquoi obtiendrai-je plutôt de la fortune qu'elle me les accorde, que de moi, de ne les pas demander? Et pourquoi les demander? ai-je oublié la fragilité de l'homme? Amasser! et pourquoi? pour travailler! Mais voici notre dernier jour, ou, du moins, il n'est pas éloigné.

XVI.

Utilité de la philosophie.

Je le sais, Lucilius, c'est pour vous un axiôme : point de vie heureuse, pas même de vie supportable, sans

et beatam vitam perfecta sapientia effici, ceterum tolerabilem etiam inchoata. Sed hoc, quod liquet, firmandum et altius quotidiana meditatione figendum est. Plus operis est in eo, ut proposita custodias, quam ut honesta proponas. Perseverandum est, et assiduo studio robur addendum, donec bona mens sit, quod bona voluntas est! Itaque tibi apud me pluribus verbis haud affirmandum, nec tam longis : intelligo, multum te profecisse. Quæ scribis, unde veniant scio; non sunt ficta, nec colorata. Dicam tamen quid sentiam : jam de te spem habeo, nondum fiduciam. Tu quoque idem facias, volo : non est quod tibi cito et facile credas; excute te, et varie scrutare, et observa! Illud ante omnia vide, utrum in philosophia, an in ipsa vita profeceris. Non est philosophia populare artificium, nec ostentationi paratum; non in verbis, sed in rebus est. Nec in hoc adhibetur, ut cum aliqua oblectatione consumatur dies, ut dematur otio nausea : animum format et fabricat, vitam disponit, actiones regit, agenda et omittenda demonstrat, sedet ad gubernaculum, et per ancipitia fluctuantium dirigit cursum. Sine hac nemo securus est : innumerabilia accidunt singulis horis, quæ consilium exigant, quod ab hac petendum est. — Dicet aliquis : « Quid mihi prodest philosophia, si fatum est? quid prodest, si Deus rector est? quid prodest, si casus imperat? Nam et mutari certa non possunt, et nihil præparari potest adversus in-

l'étude de la sagesse; la vie heureuse est le fruit d'une sagesse consommée, et la vie supportable elle-même suppose un commencement de sagesse. Mais cette conviction où vous êtes, il faut vous y affermir, et l'enraciner de plus en plus par des méditations journalières. Il est moins pénible de prendre une louable résolution que de la soutenir. Que la persévérance, qu'un travail assidu vienne donc augmenter vos forces, jusqu'à ce que le désir de la perfection ait fait place en vous à la perfection même. Aussi n'ai-je pas besoin de longues et verbeuses protestations de votre part; je sais apprécier l'étendue de vos progrès. Vos lettres, je puis dire quel sentiment vous les dicte : je n'y vois point d'apprêt, point de fard. Cependant je vais m'ouvrir à vous : j'espère de vous, mais ne m'y fie pas encore. Faites comme moi, n'ayez pas trop de promptitude et de facilité à compter sur vous-même. Examinez-vous, sondez tous les replis de votre âme, étudiez-vous. Mais voyez avant tout si c'est dans la théorie de la sagesse, ou dans sa pratique que consistent vos progrès. Non, la philosophie n'est pas un art fait pour éblouir le vulgaire, une science d'apparat : elle est toute de choses et non de mots. Son emploi n'est pas de fournir un passe-temps agréable, d'ôter à l'oisiveté ses dégoûts : elle forme l'âme; elle la façonne; elle règle la vie, dirige les actions, montre ce qu'il faut faire et ce qu'il faut éviter; elle sert à l'homme de pilote, et conduit sa nacelle au milieu des écueils : sans elle, point de sûreté. Que d'évènemens, à chaque heure, demandent une résolution que la philosophie seule peut suggérer! — On va me dire : « A quoi bon la philosophie s'il est une destinée? à quoi bon, si Dieu gouverne? à quoi bon, si le hasard commande? Car,

certa ; si aut consilium meum Deus occupavit, decrevitque quid facerem, aut consilio meo nihil fortuna permittit. » — Quidquid est ex his, Lucili, vel si omnia hæc sunt, philosophandum est : sive nos inexorabili lege fata constringunt, sive arbiter Deus universi cuncta disposuit, sive casus res humanas sine ordine impellit et jactat, philosophia nos tueri debet. Hæc adhortabitur, ut Deo libenter pareamus, ut fortunæ contumaciter resistamus : hæc docebit, ut Deum sequaris, feras casum. Sed non est nunc in hanc disputationem transeundum, quid sit juris nostri, si providentia in imperio est, aut si fatorum series illigatos trahit, aut si repentina ac subita dominantur : illo nunc revertor, ut te moneam et exhorter, ne patiaris impetum animi tui delabi et refrigescere. Contine illum, et constitue, ut habitus fiat quod est impetus !

Jam ab initio, si bene te novi, circumspicis ecquid hæc epistola munusculi attulerit ? Excute illam, et invenies. Non est quod mireris animum meum : adhuc de alieno liberalis sum. Quare autem alienum dixi ? quidquid bene dictum est ab ullo, meum est. Sic quoque quod ab Epicuro dictum est : « Si ad naturam vives, nunquam eris pauper : si ad opinionem, nunquam eris dives. » Exiguum natura desiderat, opinio immensum. Congeratur in te, quidquid multi locupletes possederant; ultra

d'un côté, des évènemens arrêtés ne peuvent être révoqués ; de l'autre, il n'est point de précautions à prendre contre des évènemens fortuits, si la Divinité prévient mes vues, et décide par avance de mes actions ; si le hasard ne laisse rien à la prudence humaine. » — De ces opinions, quelle que soit la vraie, le fussent-elles, même toutes les trois, livrons-nous à la philosophie. Que le destin nous enchaîne par ses lois inexorables ; qu'un Dieu, arbitre de l'univers, dispose de tout ; que le hasard pousse et jette pêle-mêle les évènemens humains, la philosophie sera notre bouclier. Elle nous dira : obéissance volontaire à Dieu, résistance opiniâtre à la fortune : se soumettre à la divinité, supporter les coups du sort, telle sera sa doctrine. Mais ce n'est pas ici le lieu d'entamer une dissertation sur les droits de l'homme, qu'il soit gouverné par la providence, ou enchaîné par les destins, ou ballotté par les brusques et soudains caprices du hasard. Je reviens à mes conseils et à mes exhortations : ne laissez point tomber et réfroidir votre zèle. Il faut le régler et le soutenir, afin de changer en habitude ce qui n'était qu'élan passager.

Dès les premières lignes, vous avez, ou je vous connais bien peu, parcouru cette lettre pour voir ce qu'elle porte avec elle. Eh bien ! cherchez et vous trouverez. Mais n'admirez pas ma générosité ; c'est encore du bien d'autrui que je suis libéral. Qu'ai-je dit ? le bien d'autrui ! tout ce qu'un autre a dit de bon est à moi. Il en est ainsi de cette maxime d'Épicure : « Vous réglez-vous sur la nature ? vous ne serez jamais pauvre : sur l'opinion ? vous ne serez jamais riche. » La nature demande peu ; l'opinion ne met pas de bornes à ses exigences. Ayez, accumulés sur votre tête, tous les trésors de mille opu-

privatum pecuniæ modum fortuna te provehat, auro tegat, purpura vestiat; eo deliciarum opumque perducat, ut terram marmoribus abscondas; non tantum habere tibi liceat, sed calcare divitias; accedant statuæ et picturæ, et quidquid ars ulla luxuriæ elaboravit : majora cupere ab his disces. Naturalia desideria finita sunt : ex falsa opinione nascentia, ubi desinant, non habent; nullus enim terminus falso est. Via eunti aliquid extremum est ; error immensus est. Retrahe ergo te a vanis ! et quum voles scire, quod petis utrum naturalem habeat, an cæcam cupiditatem, considera an possit alicubi consistere. Si longe progresso semper aliquid longius restat; scito id naturale non esse.

XVII.

Sine mora amplexandam esse philosophiam : paupertatem esse bonum.

Projice omnia ista, si sapis, immo ut sapias; et ad bonam mentem magno cursu ac totis viribus tende. Si quid est quo teneris, aut expedi, aut incide. — « Moratur, inquis, me res familiaris ! sic illam disponere volo, ut sufficere nihil agenti possit; ne aut paupertas mihi oneri sit, aut ego alicui. » — Quum hoc dicis, non videris vim ac potentiam ejus, de quo cogitas,

lens personnages ; que vos richesses excèdent la mesure des fortunes particulières ; soyez couvert d'or, vêtu de pourpre, prodigue et magnifique au point de cacher la terre sous vos marbres, et non-seulement de posséder des richesses, mais de les fouler aux pieds ; joignez à cela des statues, des tableaux, et tous les tributs que chaque art paie au luxe : tous ces biens ne vous apprendront qu'à en désirer de plus grands. Les désirs de la nature sont bornés ; ceux de l'opinion ne s'arrêtent jamais, car le faux ne connaît pas de limites. Tout chemin a un terme ; les fausses routes se prolongent à l'infini. Quittez donc le pays des chimères ! et quand vous voudrez savoir si vos désirs sont naturels ou factices, voyez s'ils peuvent s'arrêter quelque part. Après une longue route, vous reste-t-il une route plus longue à faire ; croyez-moi, ce chemin n'est pas celui de la nature.

XVII.

Tout quitter pour la philosophie. Avantages de la pauvreté.

Loin de vous tous ces biens, si vous êtes sage, ou plutôt pour le devenir ; courez, volez de toutes vos forces après la perfection. Un lien vous arrête ? dénouez, tranchez à l'instant. — « Mais le soin de mon patrimoine me retient ; je voudrais en disposer de manière à ce qu'il me suffît sans travail, à n'être ni gêné par la pauvreté, ni gênant pour les autres. » — Parler de la sorte, c'est bien montrer que l'on ignore entièrement la grandeur, l'excellence du bien auquel on aspire ; c'est voir d'un coup d'œil superfi-

boni nosse : et summam quidem rei pervides, quantum philosophia prosit; partes autem nondum satis subtiliter dispicis, necdum scis, quantum ubique nos adjuvet, quemadmodum et « in maximis, ut Ciceronis utar verbo, opituletur, et in minima descendat. » Mihi crede, advoca illam in consilium! suadebit tibi, ne ad calculos sedeas. Nempe hoc quæris, et hoc ista dilatione vis consequi, ne tibi paupertas timenda sit. Quid si appetenda est? Multis ad philosophandum obstitere divitiæ; paupertas expedita est, secura est. Quum classicum cecinit, scit non se peti; quum aliqua conclamatio est, quomodo exeat, non quid efferat, quærit. Si navigandum est, non strepunt portus, nec unius comitatu inquieta sunt littora : non circumstat illum turba servorum, ad quos pascendos transmarinarum regionum est optanda fertilitas. Facile est pascere paucos ventres, et bene institutos, et nihil aliud desiderantes, quam impleri. Parvo fames constat, magno fastidium. Paupertas contenta est desideriis instantibus satisfacere.

Quid est ergo quare ut hanc recuses contubernalem, cujus mores sanus dives imitatur? Si vis vacare animo, aut pauper sis oportet, aut pauperi similis. Non potest studium salutare fieri sine frugalitatis cura : frugalitas autem, paupertas voluntaria est. Tolle itaque istas excusationes : « Quantum sat est, nondum habeo : si ad illam summam pervenero, tunc me totum philosophiæ

ciel l'utilité de la philosophie, et ne pas entrer avec assez de pénétration dans les détails de ses bienfaits; c'est ignorer encore l'appui qu'elle nous prête en tous lieux, et, pour parler avec Cicéron, « cette bonté protectrice qui nous secourt dans nos plus grands besoins, et s'abaisse jusqu'aux plus petits. » Croyez-moi, invoquez ses conseils; elle vous dissuadera de rester assis devant un comptoir. Quel est votre but? que voulez-vous avec ces délais? N'avoir plus la pauvreté à craindre? Et s'il fallait la désirer! Souvent les richesses ont été un obstacle à l'étude de la philosophie; la pauvreté est libre d'entraves et de soins. La trompette a sonné? le pauvre sait que ce n'est pas à lui qu'on en veut. L'alarme est répandue? il cherche où fuir, non ce qu'il doit emporter. Lui faut-il se mettre en mer? point de tumulte au port; point de rivage troublé par le cortège d'un seul homme : il n'est pas entouré de cette multitude d'esclaves que pourraient seules nourrir les fertiles moissons des régions d'outre-mer. Il est facile de rassasier un petit nombre d'estomacs bien appris, et dont l'unique désir est d'être remplis. La faim est peu coûteuse; c'est le goût blasé qui ruine. La pauvreté se contente de satisfaire les besoins les plus pressans.

Pourquoi donc rejeter une commensale à la conduite de laquelle le riche, s'il est sage, doit conformer la sienne? Voulez-vous consacrer vos soins à votre âme, soyez pauvre, ou faites comme si vous l'étiez. L'étude ne peut devenir salutaire sans la frugalité; or, la frugalité, n'est-ce pas une pauvreté volontaire? Plus de ces misérables excuses : « Ma fortune ne suffit pas encore à mes besoins; qu'elle arrive à ce taux, et je me livre tout entier à la philosophie. » Eh! qu'y a-t-il de plus pressé que

dabo. » Atqui nihil prius, quam hoc, parandum est, quod tu differs et post cetera paras; ab hoc incipiendum est. — « Parare, inquis, unde vivam, volo. » — Simul et parare disce! Si quid te vetat bene vivere, bene mori non vetat. Non est quod nos paupertas a philosophia revocet, ne egestas quidem. Toleranda est enim ad hoc properantibus vel fames; quam toleravere quidam in obsidionibus. Et quod aliud erat illius patientiæ præmium, quam in arbitrium non cadere victoris? quanto hoc majus est, quo promittitur perpetua libertas, nullius nec hominis nec Dei timor! Equidem vel esurienti ad ista veniendum est. Perpessi sunt exercitus inopiam omnium rerum, vixerunt herbarum radicibus, et dictu fœdis tulerunt famem. Hæc omnia passi sunt pro regno (quo magis mireris) alieno : dubitabit aliquis ferre paupertatem, ut animum furoribus liberet? Non est ergo prius acquirendum : licet ad philosophiam etiam sine viatico pervenire. Ita est? quum omnia habueris, tunc habere et sapientiam voles; hæc erit ultimum vitæ instrumentum, et, ut ita dicam, additamentum? Tu vero, sive aliquid habes, jam philosophare (unde enim scis, an jam nimis habeas?); sive nihil, hoc prius quære, quam quidquam. — « At necessaria deerunt! » — Primum deesse non poterunt, quia natura minimum petit : naturæ autem se sapiens accommodat. Sed, si necessitates ultimæ inciderint, jamdudum exsi-

ce que vous remettez, que ce que vous gardez pour la fin ? C'est par là qu'il faut commencer. — « Je veux, dites-vous, amasser de quoi vivre ! » — Apprenez donc en même temps à amasser. Si vous ne pouvez bien vivre, qui vous empêche de bien mourir ? La pauvreté, l'indigence même, ne doivent pas nous détourner de la philosophie. Quand on aspire à la sagesse, on peut endurer la famine : des assiégés la supportent bien. Et qu'attendent-ils pour prix de leurs souffrances ? de ne pas tomber au pouvoir d'un vainqueur. Ah ! combien la philosophie nous promet mieux : liberté perpétuelle, ne craindre ni l'homme, ni la Divinité ! Et ces avantages, on peut se les procurer, même en souffrant la faim. On a vu des armées, en proie à la pénurie la plus cruelle, vivre de racines sauvages, tromper la faim par des alimens qu'on n'oserait nommer, et, ce qui est plus surprenant, braver tous ces fléaux pour un cause qui leur était étrangère ; et l'on craindrait de souffrir la pauvreté, quand il s'agit de s'affranchir de la violence des passions ! Ne commençons donc point par acquérir ; la route de la sagesse, on peut la faire sans provisions. Mais telle est l'erreur commune : on veut tout posséder avant de posséder la sagesse ; on en fait l'instrument le moins nécessaire du bonheur, une espèce de superflu. Pour vous, si vous avez quelque bien, livrez-vous sur-le-champ à la philosophie (qui vous a dit, en effet, que vous n'en ayez pas déjà trop ?) ; si vous n'avez rien, recherchez la philosophie avant tout. — « Mais je manquerai du nécessaire. » — D'abord vous ne pourrez en manquer ; la nature demande bien peu ; et le sage se règle sur la nature. Si la misère le poursuit de trop près, il s'élance hors de la vie, et cesse d'être à charge à lui-même. Mais si son étroite et modique fortune suffit à

liet e vita, et molestus sibi esse desinet. Si vero exiguum fuerit et angustum quo possit vita produci : id boni consulet, nec ultra necessaria sollicitus aut anxius, ventri et scapulis suum reddet, et occupationes divitum, concursationesque ad divitias euntium, securus lætusque ridebit, ac dicet : Quid in longum ipse te differs ? exspectabisne fœnoris quæstum, aut ex merce compendium, aut tabulas beati senis, quum fieri possis statim dives? Repræsentat opes sapientia; quas, cuicumque fecit supervacuas, dedit. Hæc ad alios pertinent : tu locupletibus propior es. Sæculum muta, nimis habes : id est omni sæculo quod sat est.

Poteram hoc loco epistolam claudere, nisi te male instituissem. Reges parthos non potest quisquam salutare sine munere ; tibi valedicere non licet gratis. Quid istic? ab Epicuro mutuum sumam. « Multis, parasse divitias, non finis miseriarum fuit, sed mutatio. » Nec hoc miror : non est enim in rebus vitium, sed in ipso animo. Illud, quod paupertatem gravem fecerat, et divitias graves fecit. Quemadmodum nihil differt, utrum ægrum in ligneo lecto an in aureo colloces; quocumque illum transtuleris, morbum suum secum transferet : sic nihil refert, utrum animus æger in divitiis an in paupertate ponatur; malum illum suum sequitur.

sa subsistance, c'est autant de gagné pour lui : bornant à la recherche du nécessaire ses inquiétudes et ses soucis; il s'acquittera envers son corps; il se rira de l'embarras des riches, du mouvement que se donnent ceux qui cherchent à le devenir; il s'en rira, tranquille et content, et il dira : «Insensés! pourquoi tarder ainsi à jouir de vous-mêmes? pouvez-vous attendre l'intérêt de votre argent, le bénéfice d'une spéculation, le testament d'un vieillard opulent, quand il ne tient qu'à vous de vous enrichir sur-le-champ? La philosophie représente les richesses : elle les donne en les rendant inutiles.» Mais ce discours est pour les autres : votre fortune approche de l'opulence. Dans certains siècles, vous seriez trop riche, dans tous, vous l'êtes assez.

Je pourrais terminer ici ma lettre; mais je vous ai gâté. On ne peut saluer les rois parthes sans leur offrir un présent; on ne peut vous dire adieu sans payer. Que faire donc? emprunter à Épicure : «Souvent l'acquisition des richesses est un changement de misères, et n'en est pas le terme.» Je n'en suis pas surpris : la faute n'en est pas à la possession, mais au possesseur. Le même esprit qui lui rendait la pauvreté à charge, lui rend les richesses onéreuses. Qu'importe au malade que vous le placiez sur un lit de bois ou sur un lit d'or? Partout où on le transporte, il emmène son mal avec lui. Ainsi de l'âme : une fois malade, qu'on la place au sein des richesses, au milieu de la misère, son mal la suit partout.

XVIII.

De oblectationibus sapientis.

December est mensis : quum maxime civitas sudat; jus luxuriae publicae datum est; ingenti apparatu sonant omnia : tanquam quidquam inter Saturnalia intersit et dies rerum agendarum. Adeo nihil interest, ut videatur mihi non errasse qui dixit, olim mensem decembrem fuisse, nunc annum. Si te hic haberem, libenter tecum conferrem quid existimares esse faciendum : utrum nihil ex quotidiana consuetudine movendum; an, ne dissidere videremur cum publicis moribus, et hilarius coenandum, et exuendam togam. Nam, quod fieri nisi in tumultu et tristi tempore civitatis non solebat, voluptatis causa, ac festorum dierum, vestem mutavimus. Si te bene novi, arbitri partibus functus, nec per omnia nos similes esse pileatae turbae voluisses, nec per omnia dissimiles : nisi forte his maxime diebus animo imperandum est, ut tunc voluptatibus solus abstineat, quum in illas omnis turba procubuit. Certissimum argumentum firmitatis suae capit, si ad blanda et in luxuriam trahentia nec it, nec abducitur.

Hoc multo fortius est, ebrio ac vomitante populo siccum ac sobrium esse; illud temperatius, non ex-

XVIII.

Amusemens du sage.

Nous sommes en décembre, époque où redouble le mouvement de la ville. Pleine licence est donnée à la dissolution publique : tout retentit du fracas des préparatifs, comme s'il y avait quelque différence entre les Saturnales et les jours de travail! comme si l'on n'avait pas raison suffisante de dire : Décembre, autrefois un mois, est maintenant une année. Si je vous avais ici, j'aimerais à m'entretenir avec vous sur la conduite que vous jugez la plus convenable; nous verrions s'il faut se relâcher en rien de sa sévérité habituelle, ou, de peur de se mettre en guerre avec les mœurs publiques, égayer ses soupers et déposer la toge. En effet, ce qui ne se pratiquait autrefois que dans les temps d'alarmes et de calamités publiques, changer d'habits est aujourd'hui le signal du plaisir et des réjouissances. Si je vous connais bien, choisi pour arbitre en cette affaire, vous ne voudriez, entre le peuple et nous, ni ressemblance complète, ni différence totale : à moins que vous ne nous imposiez précisément ces jours pour dompter nos passions, et nous priver seuls de jouissances, alors que tout un peuple s'y plonge sans retenue. Ce sera la preuve la plus certaine que l'âme puisse recevoir de sa force, que de ne se laisser entraîner ni séduire par les attraits et les tentations de la volupté.

Mais, s'il y a plus de courage à braver la faim et la soif, au milieu d'un peuple en proie à une dégoû-

cerpere se, nec insignire, nec misceri omnibus; et eadem, sed non eodem modo, facere : licet enim sine luxuria agere festum diem. Ceterum adeo mihi placet tentare animi tui firmitatem, ut ex præcepto magnorum virorum tibi quoque præcipiam : interponas aliquot dies, quibus, contentus minimo ac vilissimo cibo, dura atque horrida veste, dicas tibi : Hoc est quod timebatur? In ipsa securitate animus ad difficilia se præparet, et contra injurias fortunæ inter beneficia firmetur. Miles in media pace decurrit sine ullo hoste, vallum jacit, et supervacuo labore lassatur, ut sufficere necessario possit. Quem in ipsa re trepidare nolueris, ante rem exerceas. Hoc secuti sunt qui, omnibus mensibus paupertatem imitati, prope ad inopiam accesserunt, ne unquam expavescerent quod sæpe didicissent. Non est nunc quod existimes me dicere Timoneas cœnas, et pauperum cellas, et quidquid aliud est, per quod luxuria divitiarum tædio ludit. Grabatus ille verus sit, et sagum, et panis durus ac sordidus. Hoc triduo et quatridio fer, interdum pluribus diebus : ut non lusus sit, sed experimentum. Tunc, mihi crede, Lucili, exsultabis, dipondio satur, et intelliges ad securitatem non opus esse Fortuna : hoc enim, quod necessitati sat est, debet [etiam] irata. Non est tamen quare tu multum tibi facere videaris : facies enim quod multa millia servorum, multa millia pauperum faciunt.

tante ivresse, il y a plus de sagesse à ne se point isoler ni singulariser, et, sans se mêler au peuple, à faire ce qu'il fait, mais d'une autre manière : sans se livrer à la débauche, il y a moyen de célébrer une fête. Au reste, tel est le plaisir que j'éprouve à mettre votre courage à l'épreuve, que je vais vous en recommander une que prescrivent les plus grands philosophes : Réserver dans sa vie quelques jours, où, satisfait de la nourriture la plus chétive et la plus commune, couvert d'un vêtement rude et grossier, on se dise à soi-même : Voilà donc ce qui fait tant peur! Au sein du repos, le courage doit se préparer aux attaques; et, bercé par la fortune, se prémunir contre ses rigueurs. En temps de paix, sans avoir d'ennemis à combattre, le soldat fait des évolutions, élève des remparts, se fatigue par un travail superflu, pour suffire un jour au travail nécessaire. Voulez-vous qu'un homme ne perde pas la tête dans l'action, il faut l'y aguerrir d'avance. Ainsi le pratiquaient ces hommes qui, se faisant pauvres tous les mois, se réduisaient presque à la misère, afin de ne jamais redouter un mal qu'ils avaient tant de fois appris à souffrir. Ne croyez pas que je vous conduise à ces repas modestes, à ces cabanes du pauvre, déguisemens sous lesquels la sensualité cherche à tromper l'ennui des richesses : je veux un vrai grabat, un sayon, du pain dur et grossier. Soutenez ce régime trois ou quatre jours, et même plus long-temps; faites-en une épreuve et non un jeu. Croyez-moi, Lucilius, votre joie sera bien grande lorsque, rassasié pour vos deux as, vous comprendrez qu'afin d'être tranquille sur l'avenir, on n'a pas besoin de la Fortune : le nécessaire, elle nous le doit, même dans ses rigueurs. Après cela, toutefois, ne vous imaginez pas

Illo nomine te suspice, quod facies non coactus, quod tam facile erit tibi illud pati semper, quam aliquando experiri. Exerceamur ad palum! et, ne imparatos fortuna deprehendat, fiat nobis paupertas familiaris! Securius divites erimus, si scierimus quam non sit grave pauperes esse. Certos habebat dies ille magister voluptatis Epicurus, quibus maligne famem exstingueret, visurus an aliquid deesset, ex plena et consummata voluptate, vel quantum deesset, et an dignum, quod quis magno labore pensaret : hoc certe in his *Epistolis* ait, quas scripsit, Charino magistratu, *ad Polyœnum*. Et quidem gloriatur, « non toto asse pasci; Metrodorum, qui nondum tantum profecerit, toto. » Hoc tu in victu saturitatem putas esse? et voluptas est! voluptas autem non illa levis et fugax, et subinde reficienda, sed stabilis et certa. Non enim jucunda res est aqua et polenta, aut frustum hordeacei panis; sed summa voluptas est, posse capere etiam ex his voluptatem, et ad id se deduxisse, quod eripere nulla fortunæ iniquitas possit. Liberiora sunt alimenta carceris; sepositos ad capitale supplicium non tam anguste, qui occisurus est, pascit. Quanta est animi magnitudo, ad id sua sponte descendere, quod ne ad extrema quidem decretis timendum sit! hoc est præoccupare tela Fortunæ. Incipe ergo, mi Lucili, sequi horum consuetudinem; et aliquos dies destina, quibus secedas a tuis rebus, mini-

avoir fait merveille ; vous n'aurez fait que ce que font des milliers d'esclaves, des milliers de pauvres. Votre titre de gloire sera de l'avoir fait sans y être contraint. Cet état, il vous sera aussi facile de le supporter toujours, que d'en faire un essai passager. Simulons ces combats ; et, pour ne pas être surpris par la fortune, familiarisons-nous avec le besoin. Nous serons riches avec moins d'inquiétude, si nous savons combien la pauvreté est facile à supporter. Épicure lui-même, cet apôtre de la volupté, Épicure avait des jours marqués où il apaisait sa faim tant bien que mal, curieux de savoir si son bonheur y perdrait quelque chose en plénitude, et combien, et si cette perte était égale aux fatigues de la débauche. Voilà, du moins, ce qu'il dit dans les lettres qu'il adresse à Polyen, sous la magistrature de Charinus ; il se vante même de ne pas dépenser un as pour sa nourriture ; tandis qu'à Métrodore, moins avancé que lui, l'as entier est nécessaire. — Mais ce régime ne procure pas la satiété..... il procure le plaisir ; non pas ce plaisir éphémère et fugitif qu'il faut renouveler sur-le-champ, mais un plaisir certain et durable. — Sans doute, je ne regarde pas comme des mets exquis, un peu de farine détrempée, ou un morceau de pain d'orge ; le comble du plaisir est de savoir en trouver à un tel repas, et de s'être restreint à des alimens dont les rigueurs de la Fortune ne peuvent nous priver. La nourriture du cachot est plus abondante ; le geôlier traite avec moins d'épargne les condamnés qu'il garde pour le supplice. Qu'il y a de grandeur d'âme à se réduire volontairement à un état dont ne peuvent nous menacer les destins même les plus contraires ! c'est bien là prévenir les coups du sort. Mettez-vous donc, ô Lucilius, à imiter les sages ;

moque te facias familiarem : incipe cum paupertate habere commercium!

> Aude, hospes, contemnere opes, et te quoque dignum
> Finge Deo!

Nemo alius est Deo dignus, quam qui opes contempsit. Quarum possessionem tibi non interdico; sed efficere volo, ut illas intrepide possideas : quod uno consequeris modo, si te etiam sine illis beate victurum persuaseris tibi; si illas tanquam exituras semper aspexeris.

Sed jam incipiamus epistolam complicare. — « Prius, inquis, redde quod debes. » — Delegabo te ad Epicurum; ab illo fiet numeratio. « Immodica ira gignit insaniam. » Hoc quam verum sit, necesse est scias, quum habueris et servum et inimicum. In omnes personas hic exardescit affectus; tam ex amore nascitur, quam ex odio; non minus inter seria, quam inter lusus et jocos. Nec interest, ex quam magna causa nascatur, sed in qualem perveniat animum. Sic ignis non refert quam magnus, sed quo incidat : nam etiam maximum solida non receperunt; rursus arida, et corripi facilia, scintillam quoque fovent usque in incendium. Ita est, mi Lucili, ingentis iræ exitus, furor est : et ideo ira vitanda est, non moderationis causa, sed sanitatis.

prescrivez-vous certains jours pour vous dérober à vos richesses, et vous familiariser avec le besoin. Liez connaissance avec la pauvreté :

<small>Osez mépriser l'or; c'est être égal aux dieux.</small>

Oui, celui-là seul est égal aux dieux, qui sait mépriser les richesses. Je ne vous en interdis pas la possession; mais je veux que vous en jouissiez paisiblement. Le seul moyen, c'est de croire que l'on peut vivre heureux sans elles, et de les considérer comme pouvant à chaque instant se perdre.

Mais il est temps de plier notre lettre. — Arrêtez... et votre dette? — Épicure sera mon mandataire; il vous comptera la somme : « La colère poussée à l'excès engendre la folie. » Vous serez forcé de reconnaître la vérité de cette maxime, pour peu que vous ayez un esclave et un ennemi. La colère éclate contre toute sorte de personnes; fille de l'amour aussi bien que de la haine, tantôt son objet est sérieux, tantôt elle naît de l'enjouement et de la plaisanterie. Sa violence dépend moins de la cause qui la produit, que de l'âme qui la reçoit : ainsi que la violence du feu dépend moins de la quantité, que de la qualité des matières qu'il dévore. Certains corps solides résistent à toute son action, tandis que les corps secs et inflammables, d'une étincelle peuvent former un incendie. Oui, Lucilius, la colère poussée à l'excès conduit à la folie : il faut donc l'éviter, moins encore par modération que pour sa santé.

XIX.

Quæ sint quietis commoda.

Exsulto quoties epistolas tuas accipio : implent enim me bona spe; et jam non promittunt de te, sed spondent. Ita fac! oro atque obsecro : quid enim habeo melius, quod amicum rogem, quam quod pro ipso rogaturus sum? si potes, subduc te istis occupationibus, si minus eripe. Satis multum temporis sparsimus; incipiamus in senectute vasa colligere. Numquid invidiosum est ? in freto viximus, moriamur in portu. Neque ego suaserim tibi nomen ex otio petere, quod nec jactare debes, nec abscondere. Nunquam enim usque eo te abigam, generis humani furore damnato, ut latebram tibi aliquam parari et oblivionem velim : id age, ut otium tuum non emineat, sed appareat. Deinde videbunt de isto quibus integra sunt et prima consilia, an velint vitam per obscurum transmittere. Tibi liberum non est : in medium te protulit ingenii vigor, scriptorum elegantia, claræ et nobiles amicitiæ : jam notitia te invasit : ut in extrema mergaris, ac penitus recondaris, tamen priora monstrabunt. Tenebras habere non potes : sequetur, quocumque fugeris, multum pristinæ lucis. Quietem potes vindicare, sine ullius odio, sine desiderio aut morsu animi tui. Quid enim relinques, quod invitus relictum a te possis cogitare? Clientes? quorum nemo

XIX.

Avantages du repos.

Je tressaille de joie à chaque lettre que je reçois de vous : c'est que je les considère non plus comme des promesses, mais comme des garanties. Continuez, je vous en prie, je vous en conjure... Eh! quelle plus digne prière adresser à un ami, que celle dont lui-même est l'objet? Dérobez-vous, si vous le pouvez, à vos occupations; sinon, il faut vous y arracher. Voilà bien assez de temps de perdu : mettons-nous, sur notre déclin, à en rassembler les débris. Quel mal peut-on y trouver? nous avons vécu en pleine mer; nous voulons mourir au port. Ce n'est pas que je vous conseille de faire de votre retraite un moyen de célébrité : vous ne devez ni l'afficher, ni la cacher aux yeux. Jamais, en effet, tout en condamnant la folie des hommes, je ne prétendrai vous réduire à chercher un antre et l'oubli; mais, faites que votre retraite se laisse voir sans frapper les regards. Permis ensuite à ces hommes qu'aucun engagement ne lie, qui sont libres de leur avenir, permis à eux de décider si leurs jours s'écouleront dans l'obscurité : pour vous, vous n'êtes plus libre. La vigueur de votre génie, l'élégance de vos écrits, l'éclat, le rang de vos liaisons, vous ont mis au grand jour. Tel est le renom qui vous assiège, que, plongé, englouti, pour ainsi dire, dans la retraite la plus profonde, le passé vous décèlerait. Point de ténèbres pour vous désormais; partout où vous fuirez, presque tout l'éclat de votre gloire vous suivra. Mais le repos, vous pouvez y prétendre, sans exciter d'envie

te ipsum sequitur, sed aliquid ex te! Amicos? olim amicitia petebatur, nunc præda! — Mutabunt testamenta destituti senes; migrabit ad aliud limen salutator. — Non potest parvo res magna constare. Æstima utrum te relinquere, an aliquid ex tuis malis. Utinam quidem tibi senescere contigisset intra natalium tuorum modum, nec te in altum fortuna misisset! Tulit te longe a conspectu vitæ salubris rapida felicitas, provincia et procuratio, et quidquid ab istis promittitur : majora deinde officia te excipient, et ex aliis alia. Quis exitus erit? quid exspectas donec desinas? Habere quod cupias? Nunquam erit tempus. Qualem dicimus esse seriem causarum, ex quibus nectitur fatum, talem et cupiditatum : altera ex fine alterius nascitur. In eam demissus es vitam, quæ nunquam tibi miseriarum terminum ac servitutis ipsa factura sit. Subduc cervicem jugo tritam : semel illam incidi, quam semper premi, satius est. Si te ad privata retuleris, minora erunt omnia, sed affatim implebunt : at nunc plurima et undique ingesta non satiant. Utrum autem mavis, ex inopia saturitatem, an in copia famem? Et avida felicitas est, et alienæ aviditati exposita. Quamdiu tibi satis nihil fuerit, ipse aliis non eris. — «Quomodo, inquis, exibo?»— Utcumque! Cogita, quam multa temere pro pecunia, quam multa laboriose pro honore tentaveris : aliquid et pro otio audendum est, aut, in ista sollicitudine procurationum

chez les autres, de regrets ni de remords dans votre âme. Eh! que laisserez-vous dont l'abandon doive vous paraître pénible? Des cliens? ils sont moins attachés à vous, qu'à ce qu'ils attendent. Des amis? on recherchait l'amitié autrefois; maintenant c'est une spéculation. — Mais les vieillards délaissés changeront leurs testamens; les complaisans iront frapper à d'autres portes. — Il faut plus qu'un petit mal, pour un grand bien. Lequel préférez-vous, de renoncer à vous-même ou à quelques avantages? Ah! que ne vous a-t-il été donné de vieillir dans la situation modeste où le sort vous avait fait naître, et de ne pas être porté par la fortune au faîte de la grandeur! Elle vous a éloigné du vrai bonheur, cette rapide prospérité qui vous a élevé aux commandemens, aux administrations, aux honneurs qui en sont la suite; de plus grands emplois vous attendent encore, et vont se succéder sans relâche. Quelle sera l'issue de tout ceci? qu'attendez-vous pour quitter cette carrière? Que vous n'ayez plus rien à désirer? ce temps n'arrivera jamais. Semblables à cette série de causes dont l'enchaînement produit la destinée, nos désirs se succèdent incessamment : un désir assouvi fait place à un autre désir. La vie où vous êtes jeté, jamais ne vous présentera d'elle-même le terme de votre servitude et de vos misères. Dérobez votre tête au joug qui l'écrase; mieux vaut qu'elle tombe une fois, que de plier sans cesse. Descendu dans la vie privée, vous aurez moins, mais vous aurez assez. Aujourd'hui, les jouissances qui se précipitent en foule et de toutes parts dans votre âme, ne peuvent en combler le vide : or, lequel préférez-vous d'être pauvre, mais content; riche, mais affamé? La prospérité rend avide, et expose à l'avidité d'autrui. Tant que vous n'aurez pas assez pour vous,

et deinde urbanorum officiorum, senescendum in tumultu ac semper novis fluctibus, quos effugere nulla modestia, nulla vitæ quiete contingit. Quid enim ad rem pertinet, an tu quiescere velis? fortuna tua non vult. Quid si illi etiam nunc permiseris crescere? quantum ad successum accesserit, accedet ad metum.

Volo tibi hoc loco referre dictum Mæcenatis, vera in ipso equuleo elocuti: «Ipsa enim altitudo attonat summa.» Si quæris, in quo libro dixerit? in eo qui *Prometheus* inscribitur. Hoc voluit dicere : « attonita habet summa. » Est ergo tanti ulla potentia, ut sit tibi tam ebrius sermo? Ingeniosus vir ille fuit, magnum exemplum romanæ eloquentiæ daturus, nisi illum enervasset felicitas, immo castrasset. Hic te exitus manet, nisi jam contrahes vela, nisi (quod ille sero voluit) terram leges.

Poteram tecum hac Mæcenatis sententia parem facere rationem; sed movebis mihi controversiam, si te novi, nec voles, quod debeo, [nisi] in aspero et probo accipere. Ut se res habet, ab Epicuro versura facienda est. Ante, inquit, circumspiciendum est, cum quibus edas

vous n'aurez pas assez pour les autres. — « Mais comment sortir de cet état ? » — Comme vous pourrez. Songez à tous les périls que vous avez bravés pour de l'argent, aux fatigues que vous avez soutenues pour des honneurs : il faut bien aussi oser quelque chose pour le repos; ou bien, condamné aux embarras de quelque gouvernement, et ensuite des magistratures urbaines, se résoudre à vieillir parmi le fracas des affaires et des orages sans cesse renaissans, que ni la modération, ni l'amour du repos ne peuvent faire éviter. Eh! qu'importe que vous vouliez vous reposer? Votre fortune ne le veut pas. Et même que sera-ce, si vous lui permettez de s'accroître? vos alarmes augmenteront en raison de ses progrès.

Je veux, à ce sujet, vous rapporter un mot de Mécène, une vérité que lui arracha la torture des grandeurs : « La hauteur même nous foudroie. » Si vous voulez savoir d'où je tire ce mot, c'est de son livre intitulé *Prométhée*. Il veut dire, « nous expose à la foudre. » Est-il donc puissance au monde, assez grande pour autoriser une telle exagération de langage? Mécène avait du génie; il était fait pour donner des chefs-d'œuvre à l'éloquence romaine, si la prospérité ne lui eût ôté sa force, et jusqu'à sa virilité. Tel est le sort qui vous attend, si vous ne pliez déjà les voiles, si vous ne regagnez le bord vers lequel il voulut, mais trop tard, se diriger.

Je pourrais m'acquitter avec cette pensée de Mécène; mais, tel que je vous connais, vous me chercheriez querelle, et vous ne voudriez recevoir que des pièces bien frappées et de bon aloi. Comme à son ordinaire, Épicure me servira de banquier : « Avant, dit-il, avant de regarder à ce que vous devez boire et manger, regardez à ceux avec qui

et bibas, quam quid edas et bibas. Nam, sine amico visceratio, leonis ac lupi vita est. » Hoc non continget tibi, nisi secesseris : alioquin habebis convivas, quos ex turba salutantium nomenclator digesserit. Errat autem qui amicum in atrio quærit, in convivio probat. Nullum habet majus malum occupatus homo, et bonis suis obsessus, quam quod amicos sibi putat, quibus ipse non est; quod beneficia sua efficacia judicat ad conciliandos amicos, quum quidam, quo plus debent, magis oderint. Leve æs alienum debitorem facit, grave inimicum. — « Quid ergo, beneficia non parant amicitias? » — Parant, si accepturos licuit eligere; si collocata, non sparsa sunt. Itaque, dum incipis esse mentis tuæ, interim hoc consilio sapientium utere, ut magis ad rem existimes pertinere, quis, quam quid acceperit.

XX.

De hominum inconstantia.

Si vales, et te dignum putas qui aliquando fias tuus, gaudeo : mea enim gloria erit, si te istinc, ubi sine spe exeundi fluctuaris, extraxero. Illud autem te, mi Lucili, rogo atque hortor, ut philosophiam in præcordia ima demittas, et experimentum profectus tui capias non oratione, nec scripto, sed animi firmitate, et cupiditatum

vous devez boire et manger. » Car, dévorer des viandes, sans partager avec un ami, c'est vivre comme les lions et les loups. Vous n'éviterez ce malheur, qu'en cherchant la retraite; ailleurs, vous aurez des convives désignés par un nomenclateur dans la foule qui vous fait la cour. Mais c'est s'abuser, que de chercher ses amis sous un vestibule, de les éprouver dans un festin. Le plus grand malheur de l'homme en place et que la fortune assiège, c'est de se croire aimé des gens qu'il n'aime pas; c'est de regarder ses bienfaits comme un moyen sûr de se faire des amis; tandis que souvent l'on hait, à proportion que l'on reçoit. Une dette légère fait un débiteur; une grosse dette fait un ennemi. — « Quoi! les bienfaits n'engendrent pas l'amitié! » — Ils peuvent le faire, si le discernement les dirige; si on les place, au lieu de les semer au hasard. Aussi, maintenant que vous commencez à vous appartenir à vous-même, suivez quelquefois ce précepte du sage : considérez moins le bienfait, que celui qui le reçoit.

XX.

De l'inconstance des hommes.

Si vous jouissez de la santé, si vous vous jugez digne de vous appartenir enfin, je m'en applaudis. Ce sera pour moi un titre de gloire, de vous avoir tiré de ce gouffre où vous flottiez sans espoir de salut. Mais, ce que je vous demande, ce que je vous prescris, ô Lucilius, c'est d'ouvrir à la philosophie le fond de votre cœur; c'est de prendre pour règle de vos progrès, non

diminutione. Verba rebus proba : aliud propositum est declamantibus et assensionem coronæ captantibus; aliud his qui juvenum et otiosorum aures disputatione varia ac volubili detinent. Facere docet philosophia, non dicere; et hoc exigit, ut ad legem suam quisque vivat, ne orationi vita dissentiat, ut ipsa inter se vita unius, sine actionum dissensione, coloris sit. Maximum hoc est et officium sapientiæ, et indicium, ut verbis opera concordent, ut ipse ubique par sibi idemque sit. Quis hoc præstabit? Pauci : aliqui tamen. Est difficile hoc : nec hoc dico, sapientem uno semper iturum gradu, sed una via. Observa itaque, numquid vestis tua domusque dissentiant; numquid in te liberalis sis, in tuos sordidus; numquid cœnes frugaliter, ædifices luxuriose. Unam semel, ad quam vivas, regulam prende, et ad hanc omnem vitam tuam exæqua. Quidam se domi contrahunt, dilatant foris et extendunt. Vitium est hæc diversitas, et signum vacillantis animi, ac nondum habentis tenorem suum. Etiam nunc dicam, unde sit ista inconstantia, et dissimilitudo rerum consiliorumque. Nemo proponit sibi quid velit; nec, si proposuit, perseverat in eo, sed transilit; nec tantum mutat, sed redit, et in ea, quæ deseruit ac damnavit, revolvitur.

pas vos écrits et vos discours, mais la fermeté de votre âme, et la diminution de vos désirs. Que les effets viennent à l'appui des promesses. Ce n'est pas là le but de ces déclamateurs qui ne visent qu'à être applaudis de leur auditoire, à occuper, par la variété ou la volubilité de leurs discours, la jeunesse et les oisifs. La philosophie apprend à faire, et non pas à parler; elle exige que chacun vive sous sa loi, que les actions soient en harmonie avec les paroles, que la vie soit uniforme et sans disparate. Le premier devoir du sage, et son caractère distinctif, c'est de faire répondre les actions au langage, c'est de se maintenir partout et toujours d'accord avec lui-même. Qui pourra y parvenir? Un bien petit nombre, sans doute, mais enfin quelques-uns. La chose est difficile, et je ne dis pas que le sage ira toujours du même pas; mais il suivra le même chemin. Examinez donc s'il n'y a pas contradiction entre votre demeure et vos vêtemens; si, libéral pour vous-même, vous n'êtes pas avare pour ce qui vous entoure; si, frugal dans vos repas, vous n'êtes pas somptueux dans vos constructions. Une fois pour toutes, adoptez une règle de conduite, et soumettez-y toute votre vie. Quelquefois on se contraint au dedans; on se met à l'aise, on ne garde plus de mesure au dehors: contraste vicieux qui décèle une âme chancelante, et qui ne sait pas encore soutenir son zèle. Quelle est la source de cette inconstance, de ces contradictions perpétuelles entre les conseils de l'homme et ses actions? La voici: ses volontés n'ont pas de but; ou, si elles en ont un, il ne persévère pas à le poursuivre, et s'en détourne. Nonseulement il change de but, mais encore il revient sur ses pas, et retombe dans les erreurs qu'il avait fuies et condamnées.

Itaque ut relinquam definitiones sapientiæ veteres, et totum complectar humanæ vitæ modum, hac possum contentus esse : Quid est sapientia? Semper idem velle atque idem nolle : licet illam exceptiunculam non adjicias, ut rectum sit quod velis; non potest enim cuiquam idem semper placere, nisi rectum. Nesciunt ergo homines quid velint, nisi illo momento, quo volunt : in totum, nulli velle aut nolle decretum est. Variatur quotidie judicium, et in contrarium vertitur, ac plerisque agitur vita per lusum. Preme ergo quod cœpisti, et fortasse perduceris aut ad summum, aut eo, quod summum nondum esse solus intelligas. — « Quid fiet, inquis, huic turbæ familiarum? » — Turba ista quum a te pasci desierit, ipsa se pascet; aut quod tu beneficio tuo non potes scire, paupertatis scies. Illa veros certosque amicos retinebit : discedet quisquis non te, sed aliud sequebatur. Non est autem vel ob hoc unum amanda paupertas, quod, a quibus ameris, ostendet? O quando ille veniet dies, quo nemo in honorem tuum mentiatur? Huc ergo cogitationes tuæ tendant, hoc cura, hoc opta, omnia alia vota Deo remissurus, ut contentus sis temet ipso et ex te nascentibus bonis. Quæ potest esse felicitas propior? Redige te ad parva, ex quibus cadere non possis! idque ut libentius facias, ad hoc pertinebit tributum epistolæ hujus, quod statim conferam. Invideas licet : etiam nunc libenter pro me dependet Epicurus.

C'est pourquoi, laissant de côté les vieilles définitions de la sagesse, pour embrasser tout le système de la vie humaine, je m'arrête à celle-ci : Qu'est-ce que la sagesse ? La persévérance dans les désirs et les aversions. Il n'est pas besoin d'y mettre cette restriction, que l'on ne doit désirer que le bien : le bien seul peut constamment fixer nos désirs. Les hommes ne savent ce qu'ils veulent qu'au moment où ils veulent : au total, nul n'est décidé d'avance à vouloir ou ne pas vouloir. D'un jour à l'autre, nos opinions varient et se contredisent; et la plupart regardent la vie comme un jeu de hasard. Attachez-vous donc à ce que vous avez saisi; peut-être parviendrez-vous au faîte, ou du moins à un terme que, seul de tous, vous saurez ne l'être pas. — « Mais que deviendra cette foule qui m'environne ? » — Si vous cessez de la nourrir, elle se nourrira elle-même; et, ce que vous ne pouviez savoir par vous-même, la pauvreté vous l'apprendra; elle retiendra près de vous vos fidèles amis; ils s'éloigneront, tous ceux qui étaient moins attachés à vous, qu'à ce qu'ils en espéraient. Eh ! la pauvreté ne mérite-t-elle pas votre affection, ne serait-ce que pour vous avoir appris à connaître vos amis ? Oh ! quand viendra le jour où l'on ne mentira plus en votre honneur ! Que toutes vos pensées, tous vos soins, tous vos désirs, tendent à vivre content de vous-même, et des biens qui naissent de vous; remettez à la divinité l'accomplissement de tous vos autres vœux. Peut-il être une félicité plus à notre portée ? Descendez à un point d'où vous ne puissiez craindre de tomber. Vous trouverez un sujet d'encouragement dans le tribut même de cette lettre, tribut que je vais payer à l'instant. Vous allez m'en vouloir, mais n'importe ; je prends encore Épicure pour mon trésorier :

« Magnificentior, mihi crede, sermo tuus in grabato videbitur et in panno : non enim dicentur tantum illa, sed probabuntur. » Ego certe aliter audio quæ dicit Demetrius noster, quum illum vidi nudum (quanto minus quam in stramentis !) incubantem : non præceptor veri, sed testis est.

— « Quid ergo? non licet divitias in sinu positas contemnere? » — Quidni liceat? et ille ingentis animi est, qui illas, circumfusas sibi, multum diuque miratus quod ad se venerint, ridet, suasque audit magis esse quam sentit. Multum est, non corrumpi divitiarum contubernio : magnus ille, qui in divitiis pauper est : sed securior, qui caret divitiis. — Nescio, inquis, quomodo paupertatem iste laturus sit, si in illam inciderit. — Nec scio ego, Epicuri an æmulus iste pauper contempturus sit divitias, si in illas inciderit. Itaque in utroque mens æstimanda est, inspiciendumque, an ille paupertati indulgeat, an hic divitiis non indulgeat. Alioquin leve argumentum est bonæ voluntatis, grabatus, aut pannus; nisi apparuit aliquem illa non necessitate pati, sed malle. Ceterum magnæ indolis est, ad ista non properare tanquam ad meliora, sed præparare tanquam ad facilia. Et sunt, Lucili, facilia : quum vero multo ante meditatus accesseris, jucunda quoque. Inest enim illis, sine qua nihil est jucundum, securitas. Necessarium ergo judico, id quod tibi scripsi magnos viros sæpe fecisse, aliquos dies interponere, qui-

« Croyez-moi, dit-il, vos discours seront plus imposans, si vous les prononcez sur un grabat, et sous les haillons : c'est alors que vous pourrez joindre l'exemple au précepte. » Quant à moi, les paroles de notre Demetrius me font une bien autre impression, depuis que j'ai vu ce philosophe nu et couché sur un lit qui eût fait honte à de la litière; ce n'est plus à mes yeux l'interprète, c'est le témoin de la vérité.

« Quoi! dites-vous, n'est-il donc pas permis d'avoir des richesses, alors qu'on les méprise? » — Oui, sans doute; et même c'est un esprit supérieur que celui qui, tout surpris de s'en voir entouré, rit de l'empressement qu'elles ont mis à venir, et sait qu'elles lui appartiennent moins parce qu'il en jouit, que parce qu'on le lui a dit. C'est beaucoup, de n'être pas gâté par la contagion de l'opulence; il y a de la grandeur à rester pauvre au milieu des richesses : mais le plus sûr encore, c'est de n'en pas avoir. — « Ce riche, dites-vous, s'il tombe dans la pauvreté, saura-t-il la soutenir? » — Et moi je dis avec Épicure : Ce pauvre, s'il tombe dans les richesses, saura-t-il les mépriser? Dans ces deux états, c'est l'âme qu'il faut examiner; il faut voir si elle se complaît dans la pauvreté, si elle ne se complaît pas trop dans les richesses. Autrement, ce sont de bien faibles preuves de dévouement, qu'un grabat et des haillons, s'il n'est pas évident qu'on s'y est réduit par choix et non par nécessité. Au reste, il est d'une grande âme, de ne pas se jeter dans cet état, comme dans l'état le plus fortuné, mais de s'y préparer comme à un état facile à supporter. Il est facile à supporter, Lucilius; il est même agréable, lorsqu'on y entre préparé par de sages méditations, car on y trouve la sécurité qui fait seule le charme de toutes les jouissances.

bus nos imaginaria paupertate exerceamus ad veram : quod eo magis faciendum est, quod deliciis permaduimus, et omnia dura ac difficilia judicamus. Potius excitandus e somno, et vellicandus est animus, admonendusque naturam nobis minimum constituisse. Nemo nascitur dives : quisquis exit in lucem, jussus est lacte et panno esse contentus. Ab his initiis nos regna non capiunt.

XXI.

De vera philosophi gloria.

Cum istis tibi esse negotium judicas, de quibus scripseras? Maximum negotium tecum habes; tu tibi molestus es; quid velis nescis; melius probas honesta, quam sequeris : vides, ubi sit posita felicitas, sed ad illam pervenire non audes. Quid sit autem quod te impediat, quia parum ipse dispicis, dicam. Magna esse hæc existimas, quæ relicturus es; et, quum proposuisti tibi illam securitatem, ad quam transiturus es, retinet te hujus vitæ, a qua recessurus es, fulgor, tanquam in sordida et obscura casurum. Erras, Lucili : ex hac vita ad illam ascenditur. Quod interest inter splendorem et lucem, quum hæc certam originem habeat ac suam, ille niteat

Aussi, je la regarde comme nécessaire, cette pratique dont je vous ai parlé; pratique suivie par plusieurs grands hommes, et qui consiste à s'exercer à la pauvreté réelle par une pauvreté simulée; pratique d'autant plus indispensable, qu'énervés par la mollesse, nous trouvons tout dur et pénible. Il est bon de réveiller l'âme et de la stimuler, de lui rappeler le peu que la nature assigne à l'homme. Nul n'est riche à sa naissance : quiconque vient au monde a reçu l'ordre de se contenter de lait et d'un lange. On commence par là ; on finit par se trouver à l'étroit dans un empire.

XXI.

De la véritable gloire de la philosophie.

J'ai à lutter, me direz-vous, contre cette foule d'obstacles que vous m'avez signalés. Ajoutez : Et surtout contre moi-même. Vous êtes pour vous un obstacle bien grand; vous ne savez ce que vous voulez; vous vous entendez mieux à louer la vertu qu'à la pratiquer; vous voyez où réside le bonheur, et vous n'osez pas l'atteindre. Or, ce qui vous arrête, je vais vous le dire; car vous me paraissez bien peu vous en douter. C'est qu'ils sont grands à vos yeux, les biens que vous allez quitter; c'est que, tout en aspirant à la sécurité qui va être votre partage, vous êtes encore sous le charme de cette vie d'éclat qu'il faut abandonner, et au sortir de laquelle vous ne vous imaginez rencontrer que ténèbres et que mépris. Erreur, Lucilius : de cette vie à la vie du sage, il n'y a qu'à mon-

alieno : hoc inter hanc vitam et illam. Hæc fulgore extrinsecus veniente percussa est, crassam illi statim umbram faciet quisquis obstiterit : illa suo lumine illustris est. Studia te tua clarum et nobilem efficient. Exemplum Epicuri referam. Quum Idomeneo scriberet, et illum a vita speciosa ad fidelem stabilemque gloriam revocaret, rigidæ tunc potentiæ ministrum, et magna tractantem : « Si gloria, inquit, tangeris, notiorem epistolæ meæ te facient, quam omnia ista quæ colis, et propter quæ coleris. » Numquid ergo mentitus est? quis Idomenea nosset, nisi Epicurus illum suis litteris incidisset? Omnes illos megistanas et satrapas, et regem ipsum, ex quo Idomenei titulus petebatur, oblivio alta suppressit. Nomen Attici perire Ciceronis epistolæ non sinunt : nihil illi profuisset gener Agrippa, et Tiberius progener, et Drusus Cæsar pronepos : inter tam magna nomina taceretur, nisi Cicero illum applicuisset. Profunda supra nos altitudo temporis veniet; pauca ingenia caput exserent, et, idem quandoque silentium obitura, oblivioni resistent, ac se diu vindicabunt. Quod Epicurus amico suo potuit promittere, hoc tibi promitto, Lucili. Habebo apud posteros gratiam, possum mecum duratura nomina educere. Virgilius noster duobus memoriam æternam promisit, et præstat :

ter. Autant la lumière diffère de la clarté, puisqu'elle a sa source en elle-même, et que la clarté est produite par un éclat étranger; autant ces deux vies diffèrent entre elles. L'une, brillant reflet d'une lumière extérieure, s'éclipse sur-le-champ, dès qu'on vient à l'intercepter; l'autre tire d'elle-même sa splendeur. L'étude de la philosophie vous donnera la gloire et la célébrité. J'en atteste Épicure : il écrivait à Idoménée; il cherchait à le ramener d'une vie de représentation à la solide, à la véritable gloire, Idoménée, ministre d'un pouvoir inflexible, et arbitre des plus grands intérêts : « Si la gloire est votre mobile, mes lettres vous en donneront plus que ces grandeurs que vous encensez et qu'on encense en vous. » Et n'a-t-il pas dit vrai? Qui connaîtrait Idoménée, si son nom ne s'était rencontré dans les lettres d'Épicure? Tous ces grands, ces satrapes, ce potentat lui-même dont l'éclat rejaillissait sur le ministre, tous ont disparu dans le gouffre de l'oubli. Les épîtres de Cicéron ne laisseront point périr le nom d'Atticus. En vain Atticus eût eu pour gendre Agrippa; en vain Tibère eût épousé sa petite-fille; en vain Drusus César eût été son arrière-petit-fils : parmi ces noms illustres, le sien resterait ignoré, s'il n'eût été consacré par Cicéron. Les flots amoncelés du temps passeront sur nos têtes, mais quelques génies s'élèveront encore au dessus de l'abîme, et, destinés à partager le même néant, lutteront contre l'oubli, et ne céderont qu'après de longs efforts. La promesse que put faire Épicure à Idoménée, je vous la fais, cher Lucilius. J'aurai quelque crédit auprès de la postérité; je puis étendre à d'autres noms la durée qui attend le mien. Notre Virgile a promis une gloire immortelle à deux héros, et il la leur a donnée :

Fortunati ambo! si quid mea carmina possunt,
Nulla dies unquam memori vos eximet ævo,
Dum domus Æneæ Capitoli immobile saxum
Accolet, imperiumque pater romanus habebit.

Quoscumque in medium fortuna protulit, quicumque membra ac partes alienæ potentiæ fuerant, horum gratia viguit, domus frequentata est, dum ipsi steterunt : post ipsos cito memoria defecit. Ingeniorum crescit dignatio : nec ipsis tantum honor habetur, sed, quidquid illorum memoriæ adhæsit, excipitur.

Ne gratis Idomeneus in epistolam meam venerit, ipse eam de suo redimet. Ad hunc Epicurus illam nobilem sententiam scripsit, qua hortatur, ut Pythoclea locupletem non publica, nec ancipiti via faciat. « Si vis, inquit, Pythoclea divitem facere, non pecuniæ adjiciendum, sed cupiditati detrahendum est. » Et apertior ista sententia est, quam ut interpretanda sit; et disertior, quam ut adjuvanda. Hoc unum te admoneo, ne istud tantum existimes de divitiis dictum ; quocumque transtuleris, idem poterit : si vis Pythoclea honestum facere, non honoribus adjiciendum est, sed cupiditatibus detrahendum : si vis Pythoclea esse in perpetua voluptate, non voluptatibus adjiciendum est, sed cupiditatibus detrahendum : si vis Pythoclea senem facere, et implere vitam, non annis adjiciendum est, sed cupiditatibus detrahendum.

Couple heureux! si mes vers vivent dans la mémoire,
Tant qu'à son roc divin enchaînant la victoire,
L'immortel Capitole asservira les rois,
Tant que le sang d'Énée y prescrira des lois,
A vos noms réunis on donnera des larmes.

Tous ces hommes que la fortune a placés sur la scène, qu'elle a faits les organes et les agens du pouvoir d'autrui; tous, pendant leur faveur, ont joui d'une grande considération; tous ont vu leurs portes assiégées de flatteurs : une fois tombés, l'oubli en a fait prompte justice. L'admiration qu'inspire le génie s'accroît avec le temps : mais la postérité ne borne pas ses hommages à lui seul; elle accueille avec transport les noms qu'il a attachés au sien.

Puisque Idoménée s'est présenté sous ma plume, il paiera cet honneur; il acquittera le tribut de ma lettre. C'est à lui qu'Épicure adresse cette célèbre maxime, pour le détourner d'enrichir Pythoclès par la route vulgaire et semée d'écueils : « Voulez-vous enrichir Pythoclès, n'ajoutez point à ses richesses, ôtez à ses désirs. » Maxime trop claire pour être commentée, trop positive pour qu'on y puisse suppléer. Seulement, je vous en avertis, ne croyez pas qu'elle concerne les seules richesses; vous pouvez l'appliquer à tout, sans qu'elle perde de sa justesse. Voulez-vous rendre Pythoclès honorable, n'ajoutez pas à ses honneurs, ôtez à ses désirs. Voulez-vous rendre Pythoclès perpétuellement heureux, n'ajoutez pas à ses jouissances, ôtez à ses désirs. Voulez-vous donner à Pythoclès la vieillesse et une vie pleine, n'ajoutez pas à ses années, mais ôtez, ôtez à ses désirs. De telles maximes, pourquoi les attribuer à Épicure ? Elles sont à tout le monde. On devrait, selon moi,

Has voces non est quod Epicuri esse judices; publicæ sunt. Quod fieri in senatu solet, faciendum ego in philosophia quoque existimo : quum censuit aliquis quod ex parte mihi placeat, jubeo illum dividere sententiam, et sequor [pro eo quod probo]. Eo libentius Epicuri egregia dicta commemoro, ut istis, qui ad illa confugient spe mala inducti, qui velamentum ipsos vitiorum suorum habituros existimant, probem, quocumque ierint, honeste esse vivendum. Quum adierint istos hortulos, et inscriptum hortulis : « Hospes, hic bene manebis, hic summum bonum voluptas est! » paratus erit istius domicilii custos, hospitalis, humanus, et te polenta excipiet, et aquam quoque large ministrabit, et dicet : « ecquid bene acceptus es? Non irritant, inquit, hi hortuli famem, sed exstinguunt; nec majorem ipsis potionibus sitim faciunt, sed naturali et gratuito remedio sedant. » In hac voluptate consenui. De his tecum desideriis loquor, quæ consolationem non recipiunt, quibus dandum est aliquid, ut desinant. Nam de illis extraordinariis, quæ licet differre, licet castigare et opprimere, hoc unum commonefaciam : Ista voluptas naturalis est, non necessaria; huic nihil debes; si quid impendis, voluntarium est. Venter præcepta non audit; poscit, adpellat : non est tamen molestus creditor; parvo dimittitur, si modo das illi quod debes, non quod potes.

adopter pour la philosophie l'usage que l'on suit au sénat. Un sénateur ouvre-t-il un avis dont une partie me convienne, je l'invite à la détacher du reste, et j'y adhère. Mais un autre motif me porte encore à citer les belles maximes d'Épicure : il en est qui les adoptent, dans l'espoir criminel d'en faire un manteau à leurs vices. Je veux leur apprendre que, partout où ils iront, ils seront forcés de vivre honnêtement. Prêts à entrer dans les jardins d'Épicure, ils voient sur la porte cette inscription : « Passant, voici l'heureux séjour où la volupté est le souverain bien. » Le gardien de ces lieux leur prépare un accueil affable, hospitalier; il leur sert de la farine détrempée, de l'eau en abondance. « N'êtes-vous pas bien traités? Dans ces jardins, on n'irrite pas la faim, on l'apaise; on n'allume pas la soif par les boissons elles-mêmes, on l'éteint de la manière la plus naturelle et la moins coûteuse. » Voilà les voluptés au sein desquelles j'ai vieilli. Encore, je ne parle que de ces désirs auxquels on ne peut donner le change, et que l'on ne fait taire qu'avec des concessions. Quant aux désirs contraires à la nature, que l'on peut distraire, corriger, étouffer même, je n'ai qu'une chose à vous dire : Tel désir n'est pas naturel, n'est pas nécessaire; vous ne lui devez rien. Si vous lui faites quelque sacrifice, c'est que vous le voulez bien. Le ventre, au contraire, est sourd à la raison; il exige, il crie : et cependant ce n'est pas un créancier onéreux; on s'en débarrasse à peu de frais; il suffit de lui donner ce qu'on lui doit, et non pas tout ce qu'on peut lui donner.

XXII.

De dandis monitis. De fugiendis negotiis.

Jam intelligis educendum esse te ex istis occupationibus speciosis et malis; sed, quomodo id consequi possis, quæris. — Quædam non nisi a præsente monstrantur. Non potest medicus per epistolas cibi aut balnei tempus eligere; vena tangenda est. Vetus proverbium est, « gladiatorem in arena capere consilium : » aliquid adversarii vultus, aliquid manus mota, aliquid ipsa inclinatio corporis, intuentem monet. Quid fieri soleat, quid oporteat, in universum et mandari potest et scribi; tale consilium non tantum absentibus, etiam posteris datur : illud alterum, quando fieri debeat, aut quemadmodum, ex longinquo nemo suadebit; cum rebus ipsis deliberandum est. Non tantum præsentis, sed vigilantis est, occasionem observare properantem. Itaque hanc circumspice; hanc, si videris, prende, et toto impetu, totis viribus id age, ut te istis officiis exuas. Et quidem quam sententiam feram attende : confer, aut ex ista vita tibi, aut e vita exeundum. Sed idem illud existimo, leni eundum via, ut, quod male implicuisti, solvas potius quam abrumpas; dummodo, si alia solvendi ratio non erit, vel abrumpas. Nemo tam timidus est, ut malit semper pendere, quam semel cadere. Interim, quod primum est, impedire te noli; contentus esto negotiis,

XXII.

Des conseils. Abandonner les affaires.

Vous sentez enfin, j'imagine, la nécessité de vous arracher à ces brillantes, mais dangereuses occupations; mais vous me demandez les moyens d'y parvenir. — Certains avis ne se donnent que de vive voix. Le médecin ne prescrit pas par lettres l'heure du repas ou du bain; il tâte le pouls du malade. « C'est sur l'arène, dit un vieux proverbe, que le gladiateur se décide. » Un regard de l'adversaire, un mouvement de sa main, la pose même de son corps, sont des traits de lumière pour un œil attentif. Sur les usages et les devoirs, on peut énoncer des préceptes généraux et de vive voix et par écrit : c'est ainsi qu'on en adresse aux absens et même à la postérité; mais, sur le moment, ou sur la manière d'agir, on ne peut rien statuer de loin; il faut prendre conseil de la circonstance. Il faut plus qu'être présent, il faut encore être attentif, pour épier l'occasion fugitive. Ayez donc les yeux fixés sur elle : la voyez-vous, vite saisissez-la. Avec toute l'énergie, toute la vigueur dont vous êtes capable, secouez les fers qui vous retiennent. Et même je vais prononcer votre arrêt; écoutez bien : je vous condamne à quitter ou votre genre de vie ou la vie; mais je vous engage en même temps à prendre la voie la plus douce. Les liens dont vous vous êtes embarrassé, il vaut mieux les délier que de les rompre; mais il faut les rompre, s'il n'y a pas moyen de les délier. Nul homme n'est assez lâche pour ne pas aimer mieux tomber une fois, que de rester toujours suspendu. En attendant, l'essentiel

in quæ descendisti, vel, quod videri mavis, incidisti. Non est quod ulteriora nitaris ; aut perdes excusationem, et apparebit te non incidisse. Ista enim quæ dici solent, falsa sunt : « Non potui aliter ! quid, si nollem ? necesse erat ! » Nulli necesse est felicitatem cursu sequi : est aliquid, etiam si non repugnare, subsistere, nec instare fortunæ ferenti.

Numquid offenderis, si in consilium non venio tantum, sed advoco equidem prudentiores quam ipse sum; ad quos soleo deferre, si quid delibero ? Epicuri epistolam ad hanc rem pertinentem lege, Idomeneo quæ scribitur; quem rogat, ut, « quantum potest, fugiat et properet, antequam aliqua vis major interveniat, et auferat libertatem recedendi. » Idem tamen subjicit, « nihil esse tentandum, nisi quum apte potuerit tempestiveque tentari : sed, quum illud tempus captatum diu venerit, exsiliendum » ait. Dormitare de fuga cogitantem vetat, et sperat salutarem etiam ex difficillimis exitum, si nec properemus ante tempus, nec cessemus in tempore. Puto, nunc et stoicam sententiam quæris. Non est quod quisquam temeritatis illos apud te infamet ; cautiores, quam fortiores, sunt. Exspectas forsitan, ut tibi hæc dicantur : « Turpe est cedere oneri : luctare cum officio quod semel recepisti ! Non est vir fortis et strenuus, qui laborem fugit; nisi crescit illi animus ipsa rerum diffi-

est de ne pas vous embarrasser de nouveaux soins; tenez-vous-en à ceux auxquels vous êtes descendu, ou dans lesquels vous êtes tombé, comme vous préférez le faire croire. Un pas encore, et vous n'avez plus d'excuse, et votre chute ne sera plus telle à tous les yeux. Rien de plus mensonger que ces excuses banales : « Je n'ai pu faire autrement; je l'aurais voulu, que j'y étais forcé. » Eh! qui est forcé de courir après la fortune? Tous le sont, sinon de l'arrêter, du moins de lui résister un moment, et de ne pas seconder son impulsion.

Puis-je, sans vous offenser, joindre à mes propres lumières celles de quelques conseillers plus sages, auxquels j'ai recours dans mes délibérations? J'ai lu une lettre d'Épicure à Idoménée, relative à notre sujet. Il lui recommande « de fuir à la hâte et de toutes ses forces, avant qu'une puissance supérieure intervienne, et lui ôte la liberté de faire retraite. » Néanmoins, il ajoute : « Ne tentez rien qu'au moment favorable : épiez-le, ce moment; et une fois venu, emparez-vous de lui. » Il défend de dormir, quand il faut songer à la fuite; et, du pas le plus difficile, il promet une sortie heureuse à qui sait ne pas devancer l'occasion, mais aussi ne pas la manquer. Maintenant, sans doute, vous désirez connaître l'avis des stoïciens. Allez, on ne peut les accuser de témérité; ils sont plus prudens encore que courageux. Vous vous attendez peut-être de leur part à ce langage : « C'est une honte de plier sous le faix. Une fois aux prises avec un devoir pénible, il faut lutter avec courage. Il n'y a ni intrépidité ni grandeur à fuir la fatigue. Le courage s'accroît par la difficulté même. » Ils vous diraient encore sans doute : « Si votre persévérance devait trouver une récompense digne d'elle;

cultate. » Dicentur tibi ista : « Si operæ pretium habebit perseverantia; si nihil indignum bono viro faciendum patiendumve erit : » alioquin sordido se et contumelioso labore non conteret, nec in negotiis negotii causa erit. Ne illud quidem quod existimas facturum eum, faciet, ut, ambitiosis rebus implicitus, earum semper æstus ferat. Sed quum viderit brevia, in quibus volutatur, incerta, ancipitia; referet pedem, nec vertet terga, sed sensim recedet in tutum. Facile est autem, mi Lucili, occupationes evadere, si occupationum pretia contempseris. Illa sunt, quæ nos morantur et detinent. — « Quid ergo? tam magnas spes relinquam? ab ipsa messe discedam? nudum erit latus? incomitata lectica? atrium vacuum? » — Ab his ergo inviti homines recedunt; et mercedem miseriarum amant, ipsas exsecrantur. Sic de ambitione, quomodo de amica, queruntur : id est, si verum affectum eorum inspicias, non oderunt, sed litigant. Excute istos, qui, quæ cupiere, deplorant, et de earum rerum loquuntur fuga, quibus carere non possunt : videbis voluntariam esse illis in eo moram, quod ægre ferre ipsos et misere loquuntur. Ita est, Lucili : paucos servitus, plures servitutem tenent. Sed? si deponere illam in animo est, et libertas bona fide placuit, in hoc autem unum advocationem petis, ut sine perpetua sollicitudine id tibi facere contingat : quidni tota te cohors stoicorum probatura sit? Omnes Zenones et

si elle ne vous exposait pas à faire ou à souffrir des choses indignes d'un homme de bien. » Mais non : le sage ne s'use point par des travaux sordides et avilissans ; il veut aux affaires d'autres motifs que les affaires elles-mêmes. Il n'aura pas même le triste courage que vous lui supposez : exposé aux orages de l'ambition, il se lassera de les supporter. A la vue des bancs de sable, des écueils, des abîmes qui l'entourent, il reculera, et, sans lâcher pied, se mettra peu à peu en lieu de sûreté. Il est facile, mon cher Lucilius, de se dérober aux occupations, quand on en méprise le salaire ; c'est ce salaire qui nous arrête et nous retient. — « Quoi ! renoncer à de vieilles espérances ! partir au moment de la récolte, et partir seul ! voir sa litière sans escorte, ses portiques déserts ! » — Voilà les biens dont l'homme se sépare à regret : il déteste ses misères, mais il en aime le fruit. Il se plaint de l'ambition, comme un amant se plaint de sa maîtresse. N'en soyez pas la dupe : c'est de l'humeur et non de la haine qu'il nourrit contre elle. Examinez-les de près, ces hommes qui se plaignent de ce qu'ils ont tant désiré : vous les verrez demeurer volontairement sous un joug qu'ils disent si pénible et si misérable. Oui, Lucilius, s'il en est que l'esclavage tient, il en est plus encore qui tiennent à l'esclavage. Mais vous êtes bien résolu à déposer votre chaîne ; mais la liberté vous est réellement chère ; le seul but de vos délibérations est de l'acquérir exempte d'inquiétudes perpétuelles. Alors, toute la cohorte des stoïciens vous applaudira ; les Zénons, les Chrysippes vous suggèreront des résolutions modérées, louables, et conformes à la raison. Mais si le but de vos délais est de passer en revue votre bagage, d'amasser des trésors pour votre retraite,

Chrysippi moderata et honesta [et vera] suadebunt. Sed, si propter hoc tergiversaris, ut circumspicias, quantum feras tecum, et quam magna pecunia instruas otium; nunquam exitum invenies. Nemo cum sarcinis enatat. Emerge ad meliorem vitam, propitiis diis! sed non sic, quomodo istis propitii sunt, quibus bono ac benigno vultu mala magnifica tribuerunt, ad hoc unum excusati, quod ista, quæ urunt, quæ excruciant, optantibus data sunt.

Jam imprimebam epistolæ signum : resolvenda est, ut cum solemni ad te munusculo veniat, et aliquam magnificam vocem ferat secum : et occurrit mihi, ecce, nescio utrum verior, an eloquentior — cujus? inquis — Epicuri (adhuc enim alienas sarcinas adorno) : « Nemo non ita exit e vita, tanquam modo intraverit. » Quemcumque vis occupa, adolescentem, senem, medium; invenies æque timidum mortis, æque inscium vitæ. Nemo quidquam habet facti : in futurum enim nostra distulimus. Nihil me magis in ista voce delectat, quam quod exprobratur senibus infantia : « Nemo, inquit, aliter, quam quomodo natus est, exit e vita. » Falsum est! pejores morimur, quam nascimur. Nostrum istud, non naturæ, vitium est. Illa de nobis conqueri debet, et dicere : Quid hoc est? sine cupiditatibus vos genui, sine timoribus, sine superstitione, sine perfidia, ceterisque pestibus : quales intrastis, exite! Percepit sapientiam,

jamais vous n'en trouverez la fin. On ne nage pas loin avec un fardeau. Gagnez le port d'une vie meilleure; les dieux vous favorisent, et vous favorisent non pas comme ces malheureux auxquels ils accordent, d'un air de bienveillance et de bonté, de brillantes calamités; excusables en cela, que c'est aux instances des mortels, qu'ils accordent ces poisons qui les brûlent et les torturent.

Je cachetais ma lettre; il faut la rouvrir, pour qu'avec le petit présent d'usage elle vous arrive et vous transmette quelque belle sentence. En voici précisément une qui me revient, et dont je ne sais si je dois admirer le plus la vérité ou la grandeur. — L'auteur.... — est Épicure; je me pare encore des dépouilles étrangères : « Tel homme sort de la vie, comme s'il ne faisait que d'y entrer. » Prenez le premier venu, jeune, vieux, entre les deux âges; vous le trouverez également effrayé de la mort, également ignorant de la vie. L'on n'a rien de fait, car on ne bâtit que sur l'avenir. Rien ne me plaît, dans cette maxime, comme ce reproche d'enfance fait à des vieillards. « Personne, dit-elle, ne sort de la vie autre qu'il est né. » Maxime fausse, du reste : on meurt pire que l'on n'est né; la faute en est à nous, et non pas à la nature. Elle est en droit de se plaindre de nous, et de nous dire : « Qu'est-ce ceci ? Je vous ai faits exempts de passions, de craintes, de superstition, de perfidie, et de tous les autres maux; allez-vous-en tels que vous êtes venus. » Il possède la sagesse, celui qui meurt avec

si quis tam securus moritur, quam nascitur. Nunc vero trepidamus, quum periculum accessit; non animus, nobis, non color constat; lacrymæ nihil profuturæ cadunt. Quid est turpius, quam in ipso limine securitatis esse sollicitum? Causa autem hæc est : quod inanes omnium bonorum sumus, vitæ desiderio laboramus. Non enim apud nos pars ejus ulla subsedit; transmissa est, et effluxit. Nemo quam bene vivat, sed quam diu, curat; quum omnibus possit contingere, ut bene vivant; ut diu, nulli.

XXIII.

In philosophia veras esse voluptates.

Putas me tibi scripturum, quam humane nobiscum hiems egerit, quæ et remissa fuit, et brevis; quam malignum ver sit, quam præposterum frigus; et alias ineptias verba quærentium. Ego vero aliquid, quod et mihi, et tibi prodesse possit, scribam. Quid autem id erit, nisi ut te exhorter ad bonam mentem? Hujus fundamentum quod sit, quæris? Ne gaudeas vanis! Fundamentum hoc esse dixi : culmen est. Ad summum pervenit, qui scit quo gaudeat, qui felicitatem suam in aliena potestate non posuit. Sollicitus est et incertus sui, quem spes aliqua proritat, licet ad manum sit, licet non ex difficili petatur, licet nunquam illum sperata deceperint.

la tranquillité qu'il avait en naissant. Mais la tête nous tourne en présence du péril ; nos esprits nous abandonnent, notre front pâlit, et de nos yeux tombent d'inutiles pleurs. Quelle honte, d'être inquiets sur le seuil même de la sécurité ! quelle honte ! car ils ne laissent en nous que du vide, ces biens dont le regret nous tourmente à la mort. Rien ne s'en est arrêté dans notre âme; tout a passé au travers, tout s'est écoulé goutte à goutte. On ne cherche pas à bien vivre, on cherche à vivre long-temps; et pourtant, bien vivre est à la portée de tout le monde, vivre long-temps n'appartient à personne.

XXIII.

La philosophie source des véritables jouissances.

Que vais-je vous écrire ? que l'hiver nous a traités avec indulgence, ayant été court et modéré ? que le printemps est bien incertain, et nous amène des froids tardifs ? et mille futilités semblables que l'on dit pour le plaisir de parler ? Non, Lucilius, mes lettres auront pour tous deux un but d'utilité. Or, ce but, quel peut-il être, sinon de vous exhorter à la sagesse ? Et la base de la sagesse, quelle est-elle ? me dites-vous. De ne pas avoir de joies frivoles. Qu'ai-je dit, la base ? c'en est bien le faîte. Oui, l'on est au faîte de la perfection, quand on connaît les véritables sujets de joie, quand on ne fait pas autrui l'arbitre de son bonheur. Quelles inquiétudes, au contraire, quel doute cruel, quand on est stimulé par l'espoir, l'objet de nos vœux fût-il sous notre main et facile

Hoc ante omnia fac, mi Lucili : disce gaudere! Existimas nunc me detrahere tibi multas voluptates, qui fortuita submoveo; qui spes, dulcissima oblectamenta, devitandas existimo? Immo contra! nolo tibi unquam deesse laetitiam. Volo illam tibi domi nasci; nascetur, si modo intra te ipsum sit. Ceterae hilaritates non implent pectus; frontem remittunt, leves sunt : nisi forte tu judicas eum gaudere, qui ridet. Animus debet esse alacer et fidens, et super omnia erectus. Mihi crede, res severa est verum gaudium! An tu existimas quemquam soluto vultu, et, ut isti delicati loquuntur, hilari oculo, mortem contemnere? paupertati domum aperire? voluptates tenere sub fraeno? meditari dolorum patientiam? Haec qui apud se versat, in magno gaudio est, sed parum blando. In hujus gaudii possessione esse te volo : nunquam deficiet, quum semel, unde petatur, inveneris. Levium metallorum fructus in summo est : illa opulentissima sunt, quorum in alto latet vena, assidue plenius responsura fodienti. Haec, quibus delectatur vulgus, tenuem habent ac perfusoriam voluptatem; et, quodcumque invectitium gaudium est, fundamento caret; hoc, de quo loquor, ad quod te conor perducere, solidum est, et quod plus pateat introrsus. Fac, oro te, Lucili carissime, quod unum potest te praestare felicem : disjice et conculca ista quae extrinsecus splendent, quae tibi promittuntur ab alio; ad verum bonum specta, et

à obtenir, n'eût-on jamais été déçu dans ses espérances! Avant tout, Lucilius, apprenez à vous réjouir. Et ne pensez pas que ce soit vous enlever une foule de jouissances, que de vous ôter les jouissances fortuites, et l'espoir, la plus douce de toutes! Loin de là, Lucilius, je n'entends pas que vous en manquiez jamais; je veux que votre joie soit intérieure; et elle le sera, si elle part du cœur. Les autres joies ne vont pas à l'âme, joies futiles, à moins que l'homme heureux, à votre compte, ne soit l'homme qui rit. L'âme doit être pleine d'allégresse et de confiance, et supérieure aux évènemens. Croyez-moi, c'est une chose sérieuse, que la véritable joie. Est-ce avec un front épanoui, dites-moi, est-ce avec des yeux rians, pour parler comme ces efféminés, que l'on méprise la mort? que l'on ouvre sa porte à la pauvreté? que l'on retient ses passions sous le joug? que l'on s'étudie à vaincre la douleur? Elle est grande la joie, fruit de ces pénibles sacrifices; mais elle n'a pas le rire sur les lèvres. C'est elle dont je veux vous assurer la possession; jamais elle ne vous manquera, une fois que vous en aurez trouvé la source. Les mines les plus pauvres se trouvent à la surface du sol; celles, au contraire, qui étendent leurs filons à une grande profondeur, celles-là sont les plus abondantes, et offrent une plus ample récompense à la persévérance du mineur. Ainsi, ce qui charme le vulgaire ne lui procure que des jouissances vaines et superficielles; et toute joie qui vient du dehors manque de fondement. C'est une joie solide, que celle dont je vous parle, et à laquelle je m'efforce de vous amener; une joie qui a plus de profondeur que de superficie. Prenez, je vous en conjure, ô mon cher Lucilius, prenez le seul chemin qui puisse vous mener à la félicité; reje-

de tuo gaude. — Quid est autem hoc, *de tuo?* — Te ipso, et tui optima parte. Corpusculum quoque, etiam si nihil fieri sine illo potest, magis necessariam rem crede, quam magnam : vanas suggerit voluptates, breves, pœnitendas, ac, nisi magna moderatione temperentur, in contrarium abituras. Ita dico : in præcipiti est voluptas, ad dolorem vergit, nisi modum teneat; modum autem tenere in eo difficile est, quod bonum esse credideris. Veri boni aviditas, tuta est. Quid sit istud, interrogas, aut unde subeat? Dicam. Ex bona conscientia, ex honestis consiliis, ex rectis actionibus, ex contemptu fortuitorum, ex placido vitæ et continuo tenore unam prementis viam. Nam illi, qui ex aliis propositis in alia transiliunt, aut ne transiliunt quidem, sed casu quodam transmittuntur, quomodo habere quidquam certum mansurumve possunt, suspensi et vagi? Pauci sunt, qui consilio se suaque disponant : ceteri eorum more, quæ fluminibus innatant, non eunt, sed feruntur. Ex quibus alia lenior unda detinuit, ac mollius vexit; alia vehementior rapuit; alia proximæ ripæ, cursu languescente, deposuit; alia torrens impetus in mare ejecit. Ideo constituendum est, quid velimus, et in eo perseverandum.

Hic est locus solvendi æris alieni. Possum enim vocem tibi Epicuri tui reddere, et hanc epistolam liberare :

tez, foulez aux pieds ces biens qui brillent d'un éclat étranger; n'envisagez que le véritable bonheur, et soyez heureux de votre propre fonds. — Qu'est-ce, de votre propre fonds? — Soyez heureux de vous-même, de la plus belle partie de votre être. En effet, ce misérable corps, quoique l'instrument obligé de toutes nos actions, est un objet plus nécessaire qu'important. Frivoles, éphémères, suivis du repentir, les plaisirs qu'il procure deviennent l'opposé du plaisir, si la sagesse n'y met des bornes. Oui, Lucilius, le plaisir touche à la douleur; il y tombe, s'il ne sait s'arrêter. Or, s'arrêter est bien difficile, quand on croit être dans le bon chemin. Pour le vrai bonheur, on peut en être avide sans danger. Quelle est sa nature? me dites-vous; quels en sont les élémens? Les voici : une bonne conscience, des intentions pures, la droiture dans les actions, le mépris pour les biens fortuits, une longue et tranquille persévérance dans une vie toujours uniforme. Ces hommes, en effet, qui s'élancent de projets en projets, ou plutôt qui s'y laissent pousser par le hasard, comment peuvent-ils se faire un sort fixe et durable, toujours égarés qu'ils sont, et toujours en suspens? Qu'il en est peu, qui disposent eux-mêmes de leur personne et de leurs actions! Semblable à ces objets qui flottent sur les eaux, le reste s'avance moins qu'il n'est porté; les uns s'arrêtent ou voguent lentement sur l'onde paisible, les autres sont emportés par la rapidité du courant; tel est déposé sur la rive par le flot qui expire, tel autre est impétueusement lancé jusqu'à la mer. Il faut donc, avant tout, fixer le but de nos désirs, et ne pas nous en détourner.

C'est ici le lieu de payer ma dette. Je puis vous rendre le mot de votre Épicure, et acquitter cette lettre.

« Molestum est, semper vitam inchoare; » aut (si hoc modo magis sensus potest exprimi) : « Male vivunt, qui semper vivere incipiunt. » — Quare ? inquis : desiderat enim explanationem ista vox. — Quia semper illis imperfecta vita est. Non potest autem stare paratus ad mortem, qui modo incipit vivere. Id agendum est, ut satis vixerimus : nemo hoc putat, qui orditur quum maxime vitam. Non est quod existimes, paucos esse hos : propemodum omnes sunt. Quidam vivere tunc incipiunt, quum desinendum est. Si hoc judicas mirum, adjiciam quod magis admireris : quidam ante vivere desierunt, quam inciperent.

XXIV.

De futuri metu : de morte.

Sollicitum te esse scribis de judicii eventu, quod tibi furor inimici denunciat; et existimas me suasurum ut meliora tibi ipse proponas, et acquiescas spei blandæ. Quid enim necesse est mala arcessere, et, satis cito patienda quum venerint, præsumere, ac præsens tempus futuri metu perdere? Est sine dubio stultum, quia quandoque sis futurus miser, esse jam miserum : sed ego alia te ad securitatem via ducam. Si vis omnem sollicitudinem exuere, quidquid vereris ne eveniat, eventurum uti-

« Il est fâcheux de toujours commencer à vivre; » ou, si l'idée vous paraît mieux exprimée de cette manière : « C'est une triste vie, que celle qui commence toujours. » — Comment cela? dites-vous : car le mot demande explication. — C'est qu'une pareille vie est toujours imparfaite : peut-on être prêt à la mort, quand on entre dans la vie? Faisons en sorte d'avoir toujours assez vécu : on n'est pas de cet avis quand on ne fait que de se mettre à vivre, et ne pensez pas que le nombre de ces insensés soit si petit; presque tout le monde est dans le même cas. Il en est qui ne commencent la vie qu'au moment de la finir. Cela vous surprend; mais voici qui va vous surprendre encore davantage : tel cesse de vivre, avant d'avoir commencé.

XXIV.

Des craintes de l'avenir et de la mort.

Un ennemi furieux vous intente un procès dont l'issue vous inquiète; et vous attendez de moi quelque exhortation à compter sur l'avenir, à ouvrir votre âme aux charmes de l'espérance. Vous voulez que je dise : A quoi bon courir au devant du malheur et anticiper sur ses misères? Elles viendront assez tôt, quand il faudra les souffrir; et à quoi bon, par la crainte de l'avenir, empoisonner le présent? Certes, il y a de la folie, parce que l'on doit être malheureux un jour, à l'être dès aujourd'hui; mais c'est par une autre route que je veux vous conduire à la sécurité. Voulez-vous dépouiller toute

que propone : et, quodcumque est illud malum, tecum ipse metire, ac timorem tuum taxa : intelliges profecto, aut non magnum, aut non longum esse, quod metuis. Nec diu exempla, quibus confirmeris, colligenda sunt; omnis illa ætas tulit. In quamcumque partem rerum, vel civilium, vel externarum, memoriam miseris, occurrent tibi ingenia aut profectus, aut impetus magni. Num quid accidere tibi, si damnaris, potest durius, quam ut mittaris in exsilium? ut ducaris in carcerem? num quid ultra quidquam timendum est ulli, quam ut uratur? quam ut pereat? Singula ista constitue, et contemptores eorum cita; qui non quærendi, sed eligendi sunt. Damnationem suam Rutilius sic tulit, tanquam nihil illi molestum aliud esset, quam quod male judicaretur. Exsilium Metellus fortiter tulit, Rutilius etiam libenter : alter, ut rediret, reipublicæ præstitit; alter reditum suum Sullæ negavit, cui nihil tunc negabatur. In carcere Socrates disputavit, et exire (quum essent qui promitterent fugam) noluit, remansitque, ut duarum rerum gravissimarum hominibus metum demeret, mortis et carceris. Mucius ignibus manum imposuit. Acerbum est uri; quanto acerbius, si id te faciente patiaris? Vides hominem non eruditum, nec ullis præceptis contra mortem aut dolorem subornatum, militari tantum robore instructum, pœnas a se irriti conatus exigentem! spectator distillantis in hostili foculo dextræ stetit, nec ante re-

inquiétude, regardez vos alarmes comme prêtes à se réaliser. Mesurez dans toute son étendue le malheur qui vous menace, et réglez vos craintes sur le résultat; vous les trouverez ou de peu d'importance ou de peu de durée, les objets de votre frayeur. Et vous n'aurez pas loin à chercher, pour réunir une foule d'exemples propres à vous enhardir; tout siècle en a produit. Sur quelque époque de notre histoire que vous jetiez les yeux, au dedans comme au dehors, vous trouverez des grands hommes créés par la philosophie ou par l'enthousiasme. Est-il rien de plus pénible que d'être condamné à la prison, à l'exil? est-il rien de plus terrible que le supplice du feu, que la peine de mort? Eh bien! prenez à part chacun de ces maux, opposez-lui tous ceux qui l'ont bravé; la peine sera de les choisir, et non de les chercher. La condamnation de Rutilius ne lui causa d'autre chagrin que celui de voir un jugement injuste. Metellus supporta l'exil avec fermeté, Rutilius avec joie : le premier accorda son retour à la république; Rutilius refusa le sien à Sylla, auquel, à cette époque, on ne refusait pas. Socrate disserta dans sa prison ; sa fuite était assurée : il refusa de sortir, et resta pour enlever aux hommes la crainte des deux maux les plus redoutés, la prison et la mort. Mucius posa sa main sur un brasier ardent. Il est cruel d'être brûlé; mais qu'il l'est plus encore de se brûler soi-même! Voilà donc un homme étranger à toute instruction, qui n'a pas appris par théorie à vaincre la mort et la douleur; le voilà qui, sans autre inspiration qu'un courage guerrier, venge sur lui-même l'inutilité de ses efforts. Sa main découle goutte à goutte sur le brasier ennemi; il la regarde froidement : ses chairs fondues laissent ses os à découvert; il ne la retire pas; c'est l'en-

movit nudis ossibus fluentem manum, quam illi ab hoste subducta est. Facere aliquid in illis castris felicius potuit, nihil fortius. Vide quanto acrior sit ad occupanda pericula virtus, quam crudelitas ad irroganda. Facilius Porsenna Mucio ignovit, quod voluerat occidere, quam sibi Mucius, quod non occiderit.

— Decantatæ, inquis, in omnibus scholis fabulæ istæ sunt! Tum mihi, quum ad contemnendam mortem ventum fuerit, Catonem narrabis? — Quidni ego narrem ultima illa nocte Platonis librum legentem, posito ad caput gladio? Duo hæc in rebus extremis instrumenta prospexerat, alterum, ut vellet mori, alterum, ut posset. Compositis ergo rebus, utcumque componi fractæ atque ultimæ poterant, id agendum existimavit, ne cui Catonem aut occidere liceret, aut servare contingeret; et, stricto gladio, quem usque in illum diem ab omni cæde purum servaverat : « Nihil, inquit, egisti, Fortuna, omnibus conatibus meis obstando! non pro mea adhuc, sed pro patriæ libertate pugnavi! nec agebam tanta pertinacia, ut liber, sed ut inter liberos viverem : nunc, quoniam deploratæ sunt res humani generis, Cato deducatur in tutum. » Impressit deinde mortiferum corpori vulnus. Quo obligato a medicis, quum minus sanguinis haberet, minus virium, animi idem; jam non tantum Cæsari, sed sibi iratus, nudas in vulnus manus egit, et generosum illum contemptoremque omnis potentiæ spiritum non emisit, sed ejecit.

nemi qui lui enlève le brasier. O Mucius! ce camp pouvait te voir plus heureux, mais non plus intrépide. Et jugez combien le courage est plus ardent à voler au devant des supplices que la cruauté à les ordonner. Porsenna pardonne plus volontiers à Mucius de l'avoir voulu tuer, que Mucius ne se pardonne de n'avoir pu tuer Porsenna.

—Lieux communs, direz-vous, dont on amuse les écoles! Bientôt, quand nous en serons au mépris de la mort, vous nous citerez Caton.— Et pourquoi pas? qui m'empêche de le peindre, à cette nuit dernière, un Platon dans les mains, un poignard sous son chevet? deux ressources qu'il s'était ménagées dans ce moment critique, ici la volonté, là le moyen de mourir. Après avoir réglé, autant qu'elles pouvaient l'être, les affaires d'un parti expirant et ruiné, il fallait ôter au vainqueur ou le pouvoir de faire périr Caton, ou la gloire de lui pardonner; il tire ce fer qu'il avait, jusqu'à ce jour, gardé pur de sang humain : « Non, non, Fortune, dit-il, tu n'a rien gagné à repousser tous mes efforts. Si j'ai combattu jusqu'ici, c'était pour la liberté de mon pays, et non pour la mienne. Ce que j'ai voulu si opiniâtrément, ce n'était pas de vivre libre, mais parmi des hommes libres. Maintenant que le salut du monde est désespéré, assurons celui de Caton. » Il dit, et se porte le coup mortel. Les médecins bandent sa blessure; il a perdu de son sang, perdu de ses forces, mais rien de son courage. Furieux, non plus contre César, mais contre lui-même, il plonge ses mains désarmées dans sa plaie, et sa grande âme, cette fière ennemie du pouvoir tyrannique, il la fait sortir, ou plutôt il la chasse.

Non in hoc exempla nunc congero, ut ingenium exerceam; sed ut te adversus id, quod maxime terribile videtur, exhorter. Facilius autem exhortabor, si ostendero, non fortes tantum viros hoc momentum efflandæ animæ contempsisse; sed quosdam, ad alia ignavos, in hac re æquasse animum fortissimorum : sicut illum Cn. Pompeii socerum Scipionem, qui, contrario in Africam vento relatus, quum teneri navem suam vidisset ab hostibus, ferro se transverberavit, et quærentibus ubi imperator esset : « Imperator, inquit, se bene habet. » Vox hæc illum parem majoribus fecit, et fatalem Scipionibus in Africa gloriam non est interrumpi passa. Multum fuit, Carthaginem vincere; sed amplius, mortem. « Imperator, inquit, se bene habet! » An aliter debebat imperator, et quidem Catonis, mori ? Non revoco te ad historias, nec ex omnibus sæculis contemptores mortis, qui sunt plurimi, colligo : respice ad hæc nostra tempora, de quorum languore ac deliciis querimur : omnis ordinis homines succurrent, omnis fortunæ, omnis ætatis, qui mala sua morte præciderunt. Mihi crede, Lucili, adeo mors timenda non est, ut beneficio ejus nihil timendum sit. Securus itaque inimici minas audi : et, quamvis conscientia tibi tua fiduciam faciat, tamen, quia multa extra causam valent, et, quod æquissimum est, spera, et ad id te, quod est iniquissimum, compara. Illud autem ante omnia memento, demere rebus tumultum, ac

Si j'accumule ces exemples, ce n'est pas pour exercer mon esprit, mais pour vous encourager contre les maux en apparence les plus redoutables. Ma tâche est facile : il suffit de vous montrer que les grands courages ne sont pas les seuls à mépriser ce moment du dernier soupir, et que parfois des hommes, lâches pour tout le reste, ont trouvé, pour mourir, l'héroïsme des plus intrépides. Tel fut Scipion, le beau-père de Pompée. Rejeté sur l'Afrique par les vents contraires, et prêt à tomber au pouvoir de l'ennemi, il se perce de son épée, et, comme on demandait où était le général : «Le général, dit-il, est en sûreté.» Parole qui l'égala à ses ancêtres, et ne laissa point interrompre la gloire prédestinée aux Scipions en Afrique. Il était beau de triompher de Carthage : il le fut plus encore de triompher de la mort. «Le général est en sûreté!» Un général, le général de Caton devait-il mourir autrement? Et, sans remonter à nos annales, sans rassembler dans chaque âge les exemples si nombreux de ceux qui ont méprisé la mort, jetez les yeux sur notre siècle, sur ce siècle accusé par nous de mollesse et de dissolution. Combien de personnes de tout rang, de toute fortune, de tout âge, ont, par le trépas, mis un terme à leurs maux! Croyez-moi, Lucilius, la mort n'est point à craindre : loin de là, c'est un bienfait qui nous affranchit de toute crainte. Ne vous alarmez donc pas des menaces d'un ennemi : vous pouvez, je le sais, être fort de votre conscience; mais comme une foule de considérations étrangères influent sur les jugemens, comptez sur l'équité et soyez prêt à l'injustice. N'oubliez pas surtout d'ôter aux choses leur appareil, d'en pénétrer le fond; vous verrez qu'elles n'ont rien de terrible que la terreur qu'elles inspirent.

videre quid in quaque re sit : scies nihil esse in istis terribile, nisi ipsum timorem. Quod vides accidere pueris, hoc nobis quoque, majusculis pueris, evenit : illi, quos amant, quibus assueverunt, cum quibus ludunt, si personatos vident, expavescunt. Non hominibus tantum, sed et rebus persona demenda est, et reddenda facies sua. Quid mihi gladios et ignes ostendis, et turbam carnificum circa te frementem? tolle istam pompam, sub qua lates, et stultos territas! Mors es; quam nuper servus meus, quam ancilla contempsit. Quid tu rursus mihi flagella et equuleos magno apparatu explicas? quid singulis articulis singula machinamenta, quibus extorqueantur, aptata, et mille alia instrumenta excarnificandi particulatim hominis? Pone ista, quæ nos obstupefaciunt; jube conticescere gemitus et exclamationes, et vocum inter lacerationem elisarum acerbitatem. Nempe dolor est; quem podagricus ille contemnit, quem stomachicus ille in ipsis deliciis perfert, quem in puerperio puella perpetitur. Levis est, si ferre possum; brevis est, si ferre non possum.

Hæc in animo voluta, quæ sæpe audisti, sæpe dixisti; sed, an vere audieris, an vere dixeris, effectu proba! hoc enim turpissimum est, quod nobis objici solet, verba nos philosophiæ, non opera tractare. Quid tu? nunc primum tibi mortem imminere scisti, nunc exsilium, nunc dolorem? In hæc natus es! Quidquid fieri potest,

Ce qui arrive aux petits enfans, nous arrive à nous, grands enfans que nous sommes : comme eux, nous avons peur de nos amis, de nos connaissances, de nos camarades, quand nous les voyons masqués. Mais ce n'est pas aux hommes seulement, c'est encore aux choses qu'il faut ôter le masque, et rendre leur forme naturelle. Pourquoi ces glaives, ces feux, cette horde de bourreaux qui frémit autour de toi? Écarte cet attirail qui te cache, et te rend l'effroi de l'insensé. Tu es la mort; mon esclave, ma servante te bravaient hier. Quoi! encore tes fouets! tes chevalets! encore ces appareils à torturer chaque membre, ces instrumens à disséquer un homme en détail! Laisse là ces épouvantails; fais taire ces gémissemens, ces cris aigus, ces accens entrecoupés qu'arrachent les tourmens. Tout cela n'est que la douleur; ce goutteux la méprise; ce voluptueux épuisé la supporte au sein des plaisirs; cette jeune femme lui résiste dans les souffrances de l'enfantement. Elle est légère, si je puis la supporter; courte, si je ne le puis.

Méditez ces paroles; vous les avez souvent entendues, souvent répétées; prouvez par les effets que vous ne les avez entendues ni répétées en vain. Rien de si honteux, et c'est le reproche qu'on nous fait, que d'être philosophe par le langage, et non par les actions. Mais quoi! savez-vous d'aujourd'hui que vous êtes menacé de la mort, de l'exil, de la douleur? Vous êtes né pour les souffrir.

quasi futurum cogitemus : quod facere te moneo, scio certe fecisse. Nunc admoneo, ut animum tuum non mergas in istam sollicitudinem : hebetabitur enim, et minus habebit vigoris, quum exsurgendum erit. Abduc illum a privata causa ad publicam : dic mortale tibi et fragile corpusculum esse; cui non ex injuria tantum aut ex potentioris viribus denuntiabitur dolor, ipsæ in tormenta voluptates vertuntur. Epulæ cruditatem afferunt; ebrietates nervorum torporem tremoremque; libidines pedum, manuum, articulorum omnium depravationes. Pauper fiam? inter plures ero. Exsul fiam? ibi me natum putabo, quo mittar. Alligabor? quid enim? nunc solutus sum? ad hoc me natura grave corporis mei pondus adstrinxit. Moriar? hoc dicis, desinam ægrotare posse, desinam alligari posse, desinam mori posse. Non sum tam ineptus, ut Epicuream cantilenam hoc loco persequar, et dicam : vanos esse inferorum metus; nec Ixionem rota volvi; nec saxum humeris Sisyphi trudi in adversum; nec ullius viscera et renasci posse quotidie, et carpi. Nemo tam puer est, ut Cerberum timeat, et tenebras, et larvalem habitum nudis ossibus cohærentium. Mors nos aut consumit, aut emittit. Emissis meliora restant, onere detracto; consumptis nihil restat, bona pariter malaque submota sunt. Permitte mihi hoc loco referre versum tuum, si prius admonuero, ut te judices non aliis scripsisse ista, sed etiam tibi. Turpe est aliud

Croyons que tout ce qui est possible, ne manquera pas d'arriver. Ces règles que je vous trace, je sais que vous les avez suivies; ce que je vous recommande maintenant, c'est de ne pas abandonner votre âme à ces inquiétudes : elles en émousseraient la vigueur, elles lui ôteraient la force nécessaire pour se relever. Sacrifiez votre intérêt personnel à l'intérêt général; dites : j'ai un corps fragile et mortel; il n'a pas seulement à souffrir de l'injustice et de la tyrannie : pour lui, le plaisir même se change en douleur. La bonne chère est suivie d'indigestion; l'ivresse, de la torpeur et du tremblement des nerfs; la débauche, de douleurs cruelles dans les pieds, les mains, dans toutes les articulations. Je serai pauvre? je serai du plus grand nombre. Exilé? le lieu de mon exil sera pour moi la patrie. Enchaîné? à votre avis, suis-je donc libre à présent? La nature y a mis bon ordre en me courbant sous le joug du corps. Je mourrai? partant je ne serai plus sujet ni aux maladies, ni à la prison, ni à la mort. Je ne suis pas assez simple pour redire à cette occasion l'éternel refrain d'Épicure, que la crainte des enfers est une crainte chimérique; qu'il n'y a pas d'Ixion qui tourne sur sa roue, de Sisyphe dont les épaules fassent remonter un rocher, de misérable dont les entrailles puissent renaître éternellement sous le bec qui les ronge. Qui est assez enfant aujourd'hui pour craindre et Cerbère, et les sombres rivages, et cet assemblage d'ossemens décharnés dont on pare les larves? La mort anéantit l'homme ou le délivre. Délivrés, le meilleur de nous-mêmes nous reste; notre fardeau nous a quittés. Anéantis, rien ne nous reste; biens et maux, tout a disparu. Permettez-moi de citer ici un de vos vers; mais songez, je vous en préviens, que vous l'avez fait pour vous-même aussi bien

loqui, aliud sentire; quanto turpius, aliud scribere, aliud sentire? Memini te illum locum aliquando tractasse, non repente nos in mortem incidere, sed minutatim procedere. Quotidie morimur, quotidie enim demitur aliqua pars vitæ : et tunc quoque, quum crescimus, vita decrescit. Infantiam amisimus, deinde pueritiam, deinde adolescentiam; usque ad hesternum, quidquid transiit temporis, periit; hunc ipsum, quem agimus, diem cum morte dividimus. Quemadmodum clepsydram non extremum stillicidium exhaurit, sed quidquid ante defluxit : sic ultima hora, qua esse desinimus, non sola mortem facit, sed sola consummat. Tunc ad illam pervenimus, sed diu venimus. Hæc quum descripsisses, quo soles ore, semper quidem magnus, nunquam tamen acrior quam ubi veritati commodas verba, dixisti :

Mors non una venit; sed, quæ rapit, ultima mors est.

Malo te legas, quam epistolam meam; apparebit enim tibi hanc, quam timemus, mortem extremam esse, non solam.

Video quo spectes : quæris quid huic epistolæ infulserim, quod dictum alicujus animosum, quod præceptum utile? Ex hac ipsa materia quæ in manibus fuit, mittetur aliquid. Objurgat Epicurus non minus eos, qui mortem concupiscunt, quam eos, qui timent, et ait: « Ridiculum est currere ad mortem tædio vitæ; quum genere vitæ, ut currendum ad mortem esset, effeceris. »

que pour les autres. S'il est honteux de parler autrement qu'on ne pense, il est plus honteux encore d'écrire contre sa conscience. Vous développiez cette pensée si vraie : nous ne tombons pas tout d'un coup dans la mort, mais nous y avançons pas à pas. Nous mourons chaque jour; chaque jour nous enlève une partie de notre existence, et, plus nos années s'accroissent, plus notre vie décroît. L'enfance nous échappe, puis l'adolescence, puis la jeunesse : tout le temps passé jusqu'à ce jour est perdu pour nous, et même, ce jour présent, nous le partageons avec la mort. Ce n'est pas la dernière goutte écoulée qui vide une clepsydre, ce sont toutes celles qui l'ont précédée : ainsi notre heure dernière ne fait pas à elle seule la mort, mais seule elle la consomme. Alors nous arrivons au terme, mais nous y marchions depuis longtemps. Après avoir développé cette pensée avec votre éloquence habituelle, toujours élevée, mais jamais plus entraînante que lorsqu'elle s'allie avec la vérité, vous avez ajouté :

Il est plus d'un trépas, mais le dernier emporte.

Lisez vos écrits plutôt que ma lettre; ils vous prouveront que cette mort si redoutée est la dernière, et non pas la seule.

Mais je vous vois chercher des yeux si ma lettre contient quelque pensée généreuse, quelque précepte salutaire. Voici des maximes qui se rapportent au sujet que nous venons de traiter. Épicure ne blâme pas moins ceux qui désirent la mort que ceux qui la craignent : « Quelle folie, dit-il, de courir à la mort par dégoût de la vie, quand c'est votre genre de vie qui vous force de courir à la mort! » Et ailleurs : « Quoi de plus ridicule que

Item alio loco dicit : « Quid tam ridiculum, quam appetere mortem, quum vitam inquietam tibi feceris metu mortis? » His adjicias et illud ejusdem notæ licet : « Tantam hominum imprudentiam esse, immo dementiam, ut quidam timore mortis cogantur ad mortem. » Quidquid horum tractaveris, confirmabis animum, vel ad mortis, vel ad vitæ patientiam. Ad utrumque enim movendi ac firmandi sumus, et ne nimis amemus vitam, et ne nimis oderimus. Etiam quum ratio suadet finire, non temere, nec cum procursu capiendus est impetus. Vir fortis ac sapiens non fugere debet e vita, sed exire. Et ante omnia ille quoque vitetur affectus, qui multos occupavit, libido moriendi. Est enim, mi Lucili, ut ad alia, sic etiam ad moriendum inconsulta animi inclinatio, quæ sæpe generosos atque acerrimæ indolis viros corripit, sæpe ignavos jacentesque : illi contemnunt vitam, hi gravantur. Quosdam subit eadem faciendi videndique satietas, et vitæ non odium, sed fastidium, in quod prolabimur ipsa impellente philosophia, dum dicimus : « Quousque eadem ? Nempe expergiscar, dormiam, satiabor, esuriam, algebo, æstuabo; nullius rei finis est, sed in orbem nexa sunt omnia; fugiunt ac sequuntur. Diem nox premit, dies noctem; æstas in autumnum desinit, autumno hiems instat, quæ vere compescitur : omnia sic transeunt, ut revertantur; nihil novi facio, nihil novi video. » Fit aliquando et hujus rei nausea : multi sunt qui non acerbum judicent vivere, sed supervacuum.

d'invoquer la mort, quand c'est la crainte de la mort qui empoisonne votre vie ! » Vous pouvez y joindre ce mot empreint du même esprit : « Telle est l'imprudence des hommes, que dis-je ? telle est leur folie, que parfois la crainte de mourir les pousse vers la mort. » Chacune de ces pensées, quelle que soit celle que vous méditiez, enhardira votre âme à souffrir ou la mort ou la vie. Trop aimer ou trop haïr la vie, voilà deux états qui réclament des avis et des encouragemens. Lors même que la raison nous prescrit d'y mettre fin, il ne faut pas se jeter dans la mort en furieux et avec précipitation. L'homme courageux, le sage ne fuit pas de la vie, mais il en sort. Avant tout, préservons-nous d'une passion trop commune, la passion de mourir. Oui, Lucilius, la mort, comme les autres objets, peut inspirer un penchant déréglé, penchant qui domine souvent les âmes grandes et généreuses, souvent aussi les âmes faibles et pusillanimes : les unes méprisent la vie, les autres en sont accablées. Il en est que l'ennui prend de faire et de voir toujours les mêmes choses ; ils n'ont pas l'horreur, mais le dégoût de la vie, dégoût où mène la philosophie, quand elle dit : « Eh quoi ! toujours la même chose ! toujours veiller ou dormir ! être rassasié ou avoir faim ! avoir froid ou avoir chaud ! Rien ne finit : toujours le même cercle d'objets, tout fuit et se succède. Le jour succède à la nuit, la nuit au jour. L'été fait place à l'automne, l'automne fuit devant l'hiver, l'hiver lui-même est dépossédé par le printemps ; tout passe pour revenir. Rien de nouveau à faire, rien de nouveau à voir. » De cette uniformité naît quelquefois le dégoût ; et combien de gens regardent la vie comme une chose, sinon douloureuse, du moins fort inutile !

XXV.

De solitudinis periculis. De paupertatis commodis.

Quod ad duos amicos nostros pertinet, diversa via eundum est; alterius enim vitia emendanda, alterius frangenda sunt. Utar libertate tota : non amo illum, nisi offendero. — Quid ergo? inquis, quadragenarium pupillum cogitas sub tutela tua continere? Respice ætatem ejus jam duram et intractabilem : non potest reformari; tenera finguntur. — An profecturus sim nescio; malo successum mihi, quam fidem, deesse. Nec desperaveris, etiam diutinos ægros posse sanari, si contra intemperantiam steteris, si multa invitos et facere coegeris et pati. Ne de altero quidem satis fiduciæ habeo; excepto eo, quod adhuc peccare erubescit. Nutriendus est hic pudor; qui quamdiu in animo ejus duraverit, aliquis erit bonæ spei locus. Cum hoc veterano parcius agendum puto, ne in desperationem sui veniat : nec ullum tempus aggrediendi fuit melius, quam hoc, dum interquiescit, dum emendato similis est. Aliis hæc intermissio ejus imposuit : mihi verba non dat; exspecto cum magno fenore vitia reditura, quæ nunc scio cessare, non deesse. Impendam huic rei dies, et, utrum possit aliquid agi, an non possit, experiar. Tu nobis te, ut facis, fortem præsta, et sarcinas

XXV.

Dangers de la solitude. Avantages de la pauvreté.

Pour ce qui est de nos deux amis, il faut prendre à l'égard de chacun une route différente : dans l'un, il faut corriger le caractère; dans l'autre, il faut le rompre. Avec celui-ci, liberté entière : je ne suis pas son ami, si je ne le heurte pas. — Quoi! tenir en tutelle un pupille de quarante ans! mais à cet âge l'âme n'est ni souple ni maniable; on ne peut la façonner de nouveau, on ne façonne que ce qui est tendre. — Je ne sais si je dois réussir; toujours aimé-je mieux manquer de succès que de zèle. Ne désespérez pas de guérir le mal le plus opiniâtre, en combattant l'intempérance du malade, en le forçant de suivre ou de souffrir un régime qui lui déplaît. Je n'ai pas non plus grande confiance en l'autre : seulement, jusqu'ici il rougit de mal faire. Il faut l'entretenir, cette pudeur; tant qu'elle lui restera, elle sera d'un heureux augure pour son salut. Avec ce vétéran, les ménagemens sont nécessaires; il ne faut pas qu'il désespère de lui : et, pour l'attaquer, pas de moment plus favorable que celui où son naturel repose, où il paraît corrigé. Ces intervalles de réforme en imposent aux autres, mais ils ne me trompent pas; je m'attends à voir ses vices revenir avec aggravation; ils dorment, mais ne sont pas détruits. Je consacrerai quelque temps à sa guérison : l'expérience me dira si son mal est incurable ou non. Pour vous, gardez toujours cette courageuse attitude; réduisez tout ce luxe; de ce que nous possédons, rien ne nous est nécessaire. Rentrons sous les lois de la

contrahe. Nihil ex his, quæ habemus, necessarium est. Ad legem naturæ revertamur : divitiæ paratæ sunt. Aut gratuitum est, quo egemus, aut vile. Panem et aquam natura desiderat; nemo ad hæc pauper est; « intra quæ quisquis desiderium suum clusit, cum ipso Jove de felicitate contendat, » ut ait Epicurus : cujus aliquam vocem huic epistolæ involvam. « Sic fac, inquit, omnia, tanquam spectet Epicurus! » Prodest sine dubio, custodem sibi imposuisse, et habere quem respicias, quem interesse cogitationibus tuis judices. Hoc quidem longe magnificentius est, sic vivere tanquam sub alicujus boni viri, ac semper præsentis, oculis : sed ego etiam hoc contentus sum, ut sic facias quæcumque facies, tanquam spectet aliquis. Omnia nobis mala solitudo persuadet. Quum jam profeceris tantum, ut sit tibi etiam tui reverentia, licebit dimittas pædagogum : interim aliquorum te auctoritate custodi. Aut Cato ille sit, aut Scipio, aut Lælius, aut cujus interventu perditi quoque homines vitia supprimerent ; dum te efficis eum, cum quo peccare non audeas. Quum hoc effeceris, et aliqua coeperit apud te tui esse dignatio, incipiam tibi permittere ; quod idem suadet Epicurus : « Tunc præcipue in te ipse secede, quum esse cogeris in turba. »

Dissimilem te fieri multis oportet. Dum tibi tutum sit ad te recedere, circumspice singulos : nemo est, cui non satius sit, cum quolibet esse, quam secum. « Tunc præ-

nature : nous voilà riches. Le remède à nos besoins est gratuit ou à vil prix. Du pain et de l'eau, tel est le vœu de la nature : on est toujours assez riche pour y satisfaire. « Borner là ses désirs, c'est le disputer en bonheur à Jupiter lui-même, » comme le dit Épicure, dont je confie un mot à cette lettre. « En tout, dit-il, agissez comme si vous étiez sous les yeux d'Épicure. » Il est inutile, sans contredit, de s'imposer un gardien, un modèle à suivre, un témoin de ses plus secrètes pensées. Peut-être même est-il plus beau de vivre comme continuellement en présence d'un homme de bien, mais c'est assez déjà de vivre sous les yeux d'un spectateur quel qu'il soit. La solitude est conseillère de tout mal. Quand vous serez assez avancé pour savoir vous respecter vous-même, vous pourrez congédier votre précepteur; jusque là, couvrez-vous de l'autorité d'autrui. Prenez ou Caton, ou Scipion, ou Lélius, ou quelqu'un de ces hommes vertueux, dont l'aspect fait rentrer le méchant dans le devoir; mais songez à vous rendre tel, que vous n'osiez pécher en votre présence. Quand vous en serez là, et que vous commencerez à vous honorer vous-même, je vous abandonnerai à votre conduite, suivant le conseil du même Épicure : « Le moment de rentrer en soi-même, c'est quand l'on est forcé de se mêler à la foule. »

Vous devez vous distinguer du plus grand nombre. Du moment que vous pouvez sans risque vous retirer en vous-même, regardez les autres : pas un qui ne soit mieux avec autrui qu'avec lui-même. Oui, c'est au milieu de la foule

cipue in te ipse secede, quum esse cogeris in turba;»
si bonus vir es, si quietus, si temperans : alioquin in turbam tibi a te recedendum est : istic malo viro propius es.

XXVI.

Senectutis laudes.

Modo dicebam tibi, in conspectu esse me senectutis : jam vereor, ne senectutem post me reliquerim. Aliud jam his annis, certe huic corpori, vocabulum convenit; quoniam quidem senectus lassæ ætatis, non fractæ, nomen est. Inter decrepitos me numera et extrema tangentes. Gratias tamen mihi apud te ago : non sentio in animo ætatis injuriam, quum sentiam in corpore : tantum vitia et vitiorum ministeria senuerunt. Viget animus, et gaudet non multum sibi esse cum corpore; magnam partem oneris sui posuit; exsultat, et mihi facit controversiam de senectute; hunc ait esse florem suum. Credamus illi : bono suo utatur!

Ire in cogitationem juvat, et dispicere quid ex hac tranquillitate et modestia morum sapientiæ debeam, quid ætati : et diligenter excutere, quæ non possim facere; quæ nolim : possimne aliquid, quod nolim. Nam si quid non possum, non posse me gaudeo. Quæ enim querela est, quod incommodum, si, quod debet desinere, defecit? — Incommodum summum est, inquis,

que vous devez rentrer en vous-même, si vous êtes vertueux, modéré, sans passion : sinon, cherchez dans la foule un asile contre vous-même; seul, vous êtes trop près du méchant.

XXVI.

Éloge de la vieillesse.

Je vous disais dernièrement encore que la vieillesse était devant moi; je crains bien de l'avoir dépassée, maintenant. Ce n'est plus au nombre de mes années, à un corps usé comme le mien, que convient le nom de vieillesse; il désigne l'affaiblissement de l'être, et non sa dissolution. Rangez-moi, je vous prie, parmi les décrépits et les agonisans. Et pourtant, je m'en félicite auprès de vous, les injures du temps ne se font pas sentir en moi à l'âme comme au corps; je n'ai de vieilli que les vices et leurs organes. Mais mon âme est pleine de vigueur, et ravie de n'avoir presque plus rien de commun avec le corps; elle se sent en partie délivrée de son fardeau, elle triomphe, elle me donne un démenti sur ma vieillesse : c'est pour elle la fleur de l'âge. Il faut bien l'en croire : laissons-la jouir de son bonheur.

Je me plais à examiner, à démêler dans ce calme d'une âme si bien réglée, les effets de l'âge et ceux de la sagesse; à faire exactement la part de l'impuissance et celle de la modération; à voir s'il y a des choses que je puisse et ne veuille pas faire : car, pour celles que mon âge m'interdit, je suis bien loin d'en regretter la privation. Eh! qu'ai-je à me plaindre? le grand malheur, que ce qui doit finir s'éteigne par degrés! — Mais

minui et deperire; et, ut proprie dicam, liquescere. Non enim subito impulsi ac prostrati sumus; carpimur: singuli dies aliquid subtrahunt viribus. — Et quis exitus est melior, quam in finem suum, natura solvente, dilabi? non quia aliquid mali est citus et e vita repentinus excessus; sed quia lenis hæc via est, subduci. Ego certe velut appropinquet experimentum, et ille laturus sententiam de omnibus annis meis dies venerit, ita me observo et alloquor : « Nihil est enim, inquam, adhuc, quod aut rebus, aut verbis exhibuimus. Levia sunt ista et fallacia pignora animi, multisque involuta lenociniis : quid profecerim, morti crediturus sum. Non timide itaque componor ad illum diem, quo, remotis strophis ac fucis, de me judicaturus sum, utrum loquar fortia, an sentiam; numquid simulatio fuerit et mimus, quidquid contra fortunam jactavi verborum contumacium. Remove existimationem hominum! dubia semper est, et in partem utramque dividitur. Remove studia tota vita tractata! mors de te pronuntiatura est. Ita dico : disputationes, et litterata colloquia, et ex præceptis sapientium verba collecta, et eruditus sermo, non ostendunt verum robur animi : est enim oratio etiam timidissimis audax. Quid egeris, tunc apparebit, quum animam ages. Accipio conditionem, non reformido judicium. » Hæc mecum loquor : sed tecum quoque me loquutum puta. Juvenior es? quid refert?

c'est un grand malheur, direz-vous, de se sentir décliner, dépérir, dissoudre pour mieux dire; car nous ne sommes pas terrassés, anéantis d'un seul coup : minés insensiblement, nous voyons nos forces décroître chaque jour.—Eh! Lucilius, quelle mort plus heureuse, que d'être conduit pas à pas vers le terme par une dissolution naturelle! Non que je regarde comme un mal un coup de foudre, une mort soudaine; mais elle est douce, cette voie qui nous mène lentement hors de la vie. Pour moi, qui touche au moment de l'épreuve, au jour qui va décider de tous mes jours, je veille sur moi-même, et me tiens ce langage : « Non, jusqu'à ce jour, mes actions, mes paroles n'ont rien prouvé; interprètes vagues et trompeurs de l'âme, ils la déguisent sous des dehors flatteurs : la mort seule me révèlera mes progrès. Je vais donc me préparer sans crainte à ce jour où, laissant de côté le fard et l'artifice, je prononcerai sur moi-même; je dirai si mon courage était dans le cœur ou sur les lèvres; si ces défis généreux portés à la fortune, n'étaient dans ma bouche que le rôle d'un comédien. Ne compte plus sur l'estime des hommes, toujours en suspens et toujours partagée; laisse là ces études de toute ta vie : la mort, la mort seule, voilà ton juge. Oui, ces disputes savantes, ces entretiens philosophiques, ces maximes puisées dans les livres des sages, ces doctes conférences ne prouvent pas le véritable courage : que de gens parlent en héros! Tes œuvres, on ne les verra qu'à ton dernier soupir... Eh bien! j'accepte cette loi; je ne crains pas le tribunal de la mort. » Voilà ce que je me dis, à moi; mais regardez-les, ces paroles, comme adressées à vous-même. Vous êtes plus jeune! eh qu'importe? la mort

non dinumerantur anni. Incertum est, quo te loco mors exspectet : itaque tu illam omni loco exspecta.

Desinere jam volebam, et manus spectabat ad clausulam : sed conficienda sunt sacra, et huic epistolæ viaticum dandum est. Puta me non dicere, unde sumpturus sim mutuum : scis cujus arca utar. Exspecta pusillum et de domo fiet numeratio : interim commodavit Epicurus, qui ait : « Meditare mortem, vel si commodius sit transire ad nos, vel nos ad eam. » Hic patet sensus : egregia res est, mortem condiscere. Supervacuum forsitan putas id discere, quo semel utendum est? hoc est ipsum, quare meditari debeamus : semper discendum est, quod, an sciamus, experiri non possumus. Meditare mortem! Qui hoc dicit, meditari libertatem jubet. Qui mori didicit, servire dedidicit; supra omnem potentiam est, certe extra omnem. Quid ad illum carcer, et custodia, et claustra? liberum ostium habet! Una est catena, quæ nos alligatos tenet, amor vitæ : qui, ut non est abjiciendus, ita minuendus est : ut, si quando res exiget, nihil nos detineat, nec impediat, quo minus parati simus, quod quandoque faciendum est, statim facere.

ne compte pas les années. Vous ne savez en quel lieu elle vous attend : attendez-la donc en tout lieu.

J'allais finir ici ma lettre, et je me préparais à la cacheter; mais notre pacte est sacré : il ne faut pas la mettre en route sans provision. Je ne vous dirais pas à qui j'emprunte, que vous sauriez à quel trésor je puise. Encore quelque temps, et vous serez payé de mes propres fonds : en attendant, voici ce que me prête Épicure : « Lequel vaut mieux, dit-il, que la mort vienne vers nous, ou nous vers elle? » Voilà qui est clair : il est bon d'apprendre à mourir. Peut-être trouverez-vous inutile d'apprendre ce qui ne doit servir qu'une fois; c'est précisément pourquoi il faut s'y préparer : il faut toujours étudier, quand on n'est jamais sûr de savoir. Pensez à la mort, c'est-à-dire, pensez à la liberté. Apprendre la mort, c'est désapprendre la servitude, c'est se montrer au dessus ou du moins à l'abri de toute tyrannie. Eh! que me font à moi les cachots, les satellites, les verroux! j'ai toujours une porte ouverte. Une seule chaîne nous retient; c'est l'amour de la vie. Sans la briser entièrement, il faut l'affaiblir de telle sorte, qu'au besoin elle ne soit plus un obstacle, une barrière qui nous empêche de faire à l'instant ce qu'il nous faut faire tôt ou tard.

XXVII.

Nullam nisi in virtute veram voluptatem.

Tu me, inquis, mones! Jam enim te ipse monuisti, jam correxisti! ideo aliorum emendationi vacas? — Non sum tam improbus, ut curationes æger obeam : sed, tanquam in eodem valetudinario jaceam, de communi malo tecum colloquor, et remedia communico. Sic itaque me audi tanquam mecum loquar : in secretum te meum admitto, et, te adhibito, mecum exigo. Clamo mihi ipse : Numera annos tuos; et pudebit eadem velle, quæ volueras puer, eadem parare. Hoc denique tibi citra diem mortis præsta : moriantur ante te vitia! Dimitte istas voluptates, turbidas, magno luendas! non venturæ tantum, sed præteritæ nocent. Quemamodum, scelera etiam si non sint deprehensa quum fierent, sollicitudo non cum ipsis abiit : ita improbarum voluptatum, etiam post ipsas, pœnitentia est. Non sunt solidæ, non sunt fideles : etiam si non nocent, fugiunt. Aliquod potius bonum mansurum circumspice : nullum autem est, nisi quod animus ex se sibi invenit. Sola virtus præstat gaudium perpetuum, securum : si quid obstat, nubium modo intervenit, quæ infra feruntur, nec unquam diem vincunt. Quando ad hoc gaudium pervenire continget? Non quidem cessatur adhuc : sed festinatur.

XXVII.

La vertu seule procure un bonheur véritable.

Vous me donnez des avis, dites-vous. Sans doute vous vous êtes averti, vous vous êtes corrigé vous-même, et c'est pour cela que vous vous occupez de corriger les autres. — Non, Lucilius : malade moi-même, je n'ai pas la folle prétention de guérir autrui ; mais couché, pour ainsi dire, dans la même infirmerie, je m'entretiens avec vous de nos souffrances mutuelles ; je vous communique mes recettes. Écoutez mes paroles comme adressées à moi-même. Je vous introduis au fond de mon âme, et là, en votre présence, je me fais des reproches, je me dis : « Compte tes années, et tu rougiras d'avoir encore les caprices, les projets de ton enfance. Préviens le jour de ta mort ; fais mourir tes vices avant toi ; arrache-toi à ces plaisirs orageux qui coûtent si cher, aussi funestes après qu'avant la jouissance. Le trouble survit au crime ignoré ; les voluptés criminelles entraînent le repentir. Elles n'ont rien de solide, de durable ; elles sont éphémères, quand elles ne sont pas nuisibles. Aspire plutôt à un bonheur constant : or, il n'en est pas pour l'âme, si elle ne le tire d'elle-même. La vertu seule procure un bonheur perpétuel et inaltérable. Les obstacles qu'elle peut rencontrer ne sont que de légers nuages qui passent au dessous d'elle, sans en éclipser la splendeur. Quand seras-tu appelé à jouir de cette félicité ? Loin de discontinuer à la chercher, tu te hâtes pour y atteindre. Que d'ouvrage il te reste à faire ! que de veilles et de travaux pour atteindre ce but ! et nul autre ne peut s'y soumettre à ta place ; point

Multum restat operis, in quod ipse necesse est vigiliam, ipse laborem tuum impendas, si effici cupis. Delegationem res ista non recipit. Aliud litterarum genus adjutorium admittit. Calvisius Sabinus memoria nostra fuit dives : et patrimonium habebat libertini, et ingenium. Nunquam vidi hominem beatum indecentius. Huic memoria tam mala erat, ut illi nomen modo Ulyssis excideret, modo Achillis, modo Priami, quos tam bene noverat, quam pædagogos nostros novimus. Nemo vetulus nomenclator, qui nomina non reddit, sed imponit, tam perperam tribus, quam ille Trojanos et Achivos, persalutabat. Nihilominus eruditus volebat videri. Hanc itaque compendiariam excogitavit : magna summa emit servos, unum qui Homerum teneret, alterum qui Hesiodum ; novem præterea lyricis singulos assignavit. Magno emisse illum non est quod mireris : non invenerat ; faciendos locavit. Postquam hæc familia illi comparata est, cœpit convivas suos inquietare. Habebat ad pedes hos, a quibus subinde quum peteret versus quos referret, sæpe in medio verbo excidebat. Suasit illi Satellius Quadratus, stultorum divitum arrosor, et (quod sequitur) arrisor, et, quod duobus his adjunctum est, derisor, ut grammaticos haberet analectas. Quum dixisset Sabinus, centenis millibus sibi constare singulos servos : Minoris, inquit, totidem scrinia emisses ! Ille tamen in ea opinione erat, ut putaret se scire quod

de substituts ici, comme en certains genres de littérature. Nous avons connu le riche Calvisius Sabinus : il avait les biens d'un affranchi ; il en avait de plus le caractère. Jamais je n'ai vu d'homme en qui la fortune eût plus mauvaise grâce. Sa mémoire était infidèle au point qu'il oubliait tantôt le nom d'Ulysse, tantôt celui d'Achille, tantôt celui de Priam, noms qu'ils connaissait aussi bien, du reste, que nous connaissons ceux de nos pédagogues. Jamais vieux nomenclateur, forgeant les noms au lieu de les dire, n'estropia les noms des citoyens romains, comme notre Sabinus ceux des Troyens et des Grecs : et pourtant il voulait à toute force être savant. Voici donc l'expédient qu'il imagina. Il achète à grands frais des esclaves pour retenir, l'un Homère, l'autre Hésiode : les poètes lyriques formaient autant de départemens assignés à neuf esclaves. Qu'il les ait payés fort cher, rien d'étonnant à cela : il ne les trouva pas tout faits, il fallut les commander. Avec cette recrue, il se met à harceler ses convives. Voulait-il citer un vers, il trouvait à ses pieds à qui le demander ; mais souvent il restait court au milieu de sa citation. Satellius Quadratus, un de ces parasites qui, vivant aux dépens de la sottise des riches, les flattent par conséquent, et (ce qui en est une suite non moins nécessaire) les tournent en ridicule ; Satellius lui conseilla de monter également un répertoire de grammairiens. Chaque esclave me revient à cent mille sesterces, disait Sabinus. Vous auriez eu les manuscrits à moins, répliqua le parasite. Néanmoins, notre riche croyait tout de bon savoir ce qu'on savait chez lui. Le même Satellius lui conseillait de s'exercer à la lutte, lui maigre, pâle, infirme. Eh ! comment le puis-je ? répondit Sabinus ; c'est à peine si je vis. Oh ! ne dites pas

quisquam in domo sua sciret. Idem Satellius illum hortari cœpit, ut luctaretur; hominem ægrum, pallidum, gracilem. Quum Sabinus respondisset : Et quomodo possum? vix vivo! Noli, obsecro te, inquit, istud dicere! non vides, quam multos servos valentissimos habeas? — Bona mens nec commodatur, nec emitur; et puto, si venalis esset, non haberet emptorem : at mala quotidie emitur.

Sed accipe jam quod debeo, et vale. « Divitiæ sunt, ad legem naturæ composita paupertas. » Hoc sæpe dicit Epicurus, aliter atque aliter : sed nunquam nimis dicitur, quod nunquam satis discitur. Quibusdam remedia monstranda, quibusdam inculcanda sunt.

XXVIII.

Inutiles esse ad sanandam mentem peregrinationes.

Hoc tibi soli putas accidisse, et admiraris quasi rem novam, quod peregrinatione tam longa, et tot locorum varietatibus, non discussisti tristitiam gravitatemque mentis. Animum debes mutare, non cœlum! Licet vastum trajeceris mare, licet, ut ait Virgilius noster,

........Terræque urbesque recedant :

sequentur te, quocumque perveneris, vitia. Hoc idem querenti cuidam Socrates ait : « Quid miraris, nihil tibi

cela, je vous prie, dit Satellius : voyez cette foule d'esclaves vigoureux qui vous appartiennent. — Non, la sagesse ne s'emprunte ni ne s'achète; elle serait à vendre, qu'elle ne trouverait pas, je crois, d'acheteurs. La folie, au contraire, en trouve tous les jours.

Mais il faut que je vous paie et vous dise adieu. « La richesse n'est que la pauvreté réglée sur la nature. » Voilà ce que répète Épicure, et de mille et mille manières; mais on ne peut assez répéter ce qu'on ne peut assez apprendre. A quelques malades, il suffit d'indiquer les remèdes; à d'autres, il faut les faire prendre de force.

XXVIII.

Inutilité des voyages pour guérir l'esprit.

Cela n'est arrivé qu'à vous seul, et c'est une chose vraiment étrange, à vous entendre, qu'un voyage si long, que la vue de tant de lieux divers, n'aient pu dissiper votre tristesse, et calmer vos ennuis. C'est d'âme qu'il faut changer, et non de climat. En vain auriez-vous traversé la mer; en vain, comme dit Virgile,

. . . . .Bientôt à notre vue
Ainsi que les cités la terre est disparue :

partout où vous irez, vos vices vous suivront. Socrate dit à un homme qui se plaignait comme vous : « Vous vous

peregrinationes prodesse, quum te circumferas ? » Premit te eadem causa, quæ expulit. Quid terrarum juvare novitas potest? quid cognitio urbium, aut locorum? in irritum cedit ista jactatio. Quæris, quare te fuga ista non adjuvet? Tecum fugis. Onus animi deponendum est : non ante tibi ullus placebit locus. Talem nunc esse habitum tuum cogita, qualem Virgilius noster vatis inducit jam concitatæ et instigatæ, multumque habentis in se spiritus non sui :

> Bacchatur vates, magnum si pectore possit
> Excussisse Deum.

Vadis huc illuc, ut excutias insidens pondus, quod ipsa jactatione incommodius fit : sicut in navi onera immota minus urgent; inæqualiter convoluta citius eam partem, in quam incubuere, demergunt. Quidquid facis, contra te facis, et motu ipso noces tibi; ægrum enim concutis. At, quum istud exemeris malum, omnis mutatio loci jucunda fiet. In ultimas expellaris terras licebit : in quolibet barbariæ angulo colloceris, hospitalis tibi illa qualiscumque sedes erit. Magis, quis veneris, quam quo, interest : et ideo nulli loco addicere debemus animum. Cum hac persuasione vivendum est : Non sum uni angulo natus : patria mea totus hic mundus est. Quod si liqueret tibi, non admirareris nil adjuvari te regionum varietatibus, in quas subinde priorum tædio migras : prima enim quæque placuisset, si omnem tuam crederes. Nunc non peregrinaris, sed er-

étonnez de ne tirer aucun fruit de vos voyages! c'est vous que vous transportez. » La cause qui vous a mis en route, s'attache à tous vos pas. Que peut la vue de nouveaux pays, le spectacle des villes et des sites? voilà bien du mouvement en pure perte. — Mais pourquoi la fuite ne me guérit-elle pas? — C'est que vous fuyez avec vous. Otez à l'âme son fardeau; jusque là, aucun pays n'aura pour vous de charmes. Votre état, songez-y bien, votre état est celui de la prêtresse de Virgile, quand, inspirée, hors d'elle-même, et pleine d'un souffle étranger,

> La prêtresse, en fureur, s'agite haletante,
> S'efforçant de chasser le Dieu qui la tourmente.

Vous courez çà et là, pour rejeter le poids qui vous accable; mais l'agitation même le rend plus incommode. Ainsi, dans un vaisseau, les fardeaux immobiles exercent moins de poids : roulés inégalement, ils submergent plus vite la partie qui les supporte. Tous vos efforts tournent contre vous; le mouvement que vous prenez vous nuit encore : vous secouez un malade. Mais, une fois délivré de ce mal, tout changement de lieu deviendra pour vous agréable. Jeté aux extrémités de la terre, dans quelque désert sauvage, tout vous sera séjour hospitalier. L'esprit du voyageur fait plus en cela que les lieux où il se trouve : aussi ne faut-il s'attacher particulièrement à aucun endroit. Il faut vivre convaincu de cette vérité : Non, je ne suis pas né pour tel coin de la terre; ma patrie, c'est le monde entier. Avec cette conviction, vous ne serez plus étonné de l'inutilité des voyages; c'est l'ennui qui vous chasse d'un pays à l'autre : le premier vous eût plu, si vous les regardiez tous comme le vôtre. Vous ne voyagez pas, vous errez

ras, et ageris, ac locum ex loco mutas : quum illud, quod quæris, Bene vivere, omni loco positum sit. Num quid tam turbidum fieri potest, quam forum? ibi quoque licet quiete vivere, si necesse sit. Sed, si liceat disponere se, conspectum quoque et viciniam fori procul fugiam : nam ut loca gravia etiam firmissimam valetudinem tentant; ita bonæ quoque menti, necdum adhuc perfectæ et convalescenti, sunt aliqua parum salubria. Dissentio ab his, qui in fluctus medios eunt, et, tumultuosam probantes vitam, quotidie cum difficultatibus rerum magno animo colluctantur. Sapiens feret ista, non eliget; et malet in pace esse, quam in pugna. Non multum prodest vitia sua projecisse, si cum alienis rixandum est. — Triginta, inquis, tyranni Socratem circumsteterunt; nec potuerunt animum ejus infringere. — Quid interest, quot domini sint? servitus una est : hanc qui contempsit, in quantalibet turba dominantium liber est.

Tempus est desinere, sed si prius portorium solvero. « Initium est salutis notitia peccati. » Egregie mihi hoc dixisse videtur Epicurus; nam qui peccare se nescit, corrigi non vult : deprehendas te oportet, antequam emendes. Quidam vitiis gloriantur. Tu existimas, aliquid de remedio cogitare, qui mala sua virtutum loco numerant? Ideo, quantum potes, te ipse coargue! inquire in te; accusatoris primum partibus fungere, deinde ju-

çà et là, de contrée en contrée, tandis que le but de vos recherches, le bonheur, se trouve partout. Est-il rien au monde de plus orageux que le forum? eh bien! même au forum, on peut vivre en paix, si l'on est contraint d'y rester. Mais, si je suis libre dans mes actions, j'en fuirai la vue et le voisinage; car, s'il est des lieux malsains pour les corps même les plus robustes, il en est également de nuisibles aux âmes honnêtes, mais faibles encore, et chancelantes dans la vertu. Je n'approuve pas ces hommes qui se jettent au milieu des orages, et qui, épris d'une vie tumultueuse, courent au devant des obstacles, pour les combattre avec intrépidité. Le sage résiste au péril, mais il ne l'affronte pas; il préfère la paix à la guerre. Eh! que lui sert d'avoir jeté ses vices loin de lui, s'il a encore ceux d'autrui à combattre? — Trente tyrans, direz-vous, ont environné Socrate, et n'ont pu dompter sa grande âme. — Qu'importe le nombre des maîtres? La servitude est une; on est libre dès qu'on la brave, quel que soit le nombre des tyrans.

Il est temps de finir ma lettre; mais il faut auparavant en acquitter le port. « Le commencement du salut, c'est la connaissance de sa faute. » C'est avec raison, selon moi, qu'Épicure le dit. Quand on ignore si l'on fait mal, on ne cherche pas à se corriger. Il faut découvrir le mal, avant de songer au remède. Il en est qui se glorifient de leurs vices. Est-on disposé à se guérir, dites-moi, quand on érige ses maux en vertus? Tâchez donc, autant que vous le pourrez, de vous prendre sur le fait; instruisez contre vous-même; soyez d'abord votre ac-

dicis, novissime deprecatoris : aliquando te offende!

XXIX.

De inopportunis monitis.

DE Marcellino nostro quæris, et vis scire quid agat. Raro ad nos venit, nulla alia ex causa, quam quod audire verum timet. A quo periculo jam abest : nulli enim nisi audituro dicendum est. Ideo de Diogene, nec minus de aliis cynicis, qui libertate promiscua usi sunt et obvios monuerunt, dubitari solet, an hoc facere debuerint. Quid enim, si quis surdos objurget, aut natura morbove mutos? — Quare, inquis, verbis parcam? gratuita sunt. Non possum scire an ei profuturus sim, quem admoneo : illud scio, alicui me profuturum, si multos admonuero. Spargenda manus est : non potest fieri, ut non aliquando succedat multa tentanti. — Hoc, mi Lucili, non existimo magno viro faciendum : diluitur ejus auctoritas, nec habet apud eos satis ponderis, quos posset minus obsolefacta corrigere. Sagittarius non aliquando ferire debet, sed aliquando deerrare. Non est ars, quæ ad effectum casu venit. Sapientia ars est : certum petat; eligat profecturos; ab his quos desperavit, recedat : non tamen cito relinquat, et in ipsa desperatione extrema remedia tentet. Marcellinum nos-

cusateur, puis votre juge, enfin votre intercesseur; quelquefois même appliquez-vous la peine.

XXIX.

Indiscrétion dans les avis.

Et ce cher Marcellinus, que fait-il, je vous prie? Rarement il vient nous voir, et cela, sans autre motif que la crainte d'entendre la vérité. Qu'il se rassure : on ne la doit qu'à ceux qui la veulent entendre. Aussi, quand je pense à Diogène, et, en général, à tous les cyniques qui, s'arrogeant une liberté sans frein, apostrophaient le premier venu, je me demande s'ils avaient le droit d'agir ainsi. Que dire en effet d'un homme qui se mettrait à réprimander les sourds et les muets de naissance ou par accident? — Mais, direz-vous, pourquoi être avare de paroles? elles ne coûtent rien. Je ne sais, il est vrai, si je rends service à l'homme que j'avertis; mais ce que je sais, c'est que, sur mille que j'avertis, il en est un à qui je rends service. Semons les avis avec profusion : à force de tentatives, il faudra bien arriver à un succès. — Non, Lucilius, le sage ne doit pas agir ainsi : son autorité s'affaiblit; elle perd de son poids : moins prodiguée, elle eût été plus efficace. L'habile archer n'est pas celui qui tantôt frappe, et tantôt manque son but. Il n'y a pas d'art là où le hasard entre dans le succès. Or, la sagesse est un art; elle doit porter à coup sûr, choisir un sujet avec la certitude de réussir, s'éloigner de ceux dont elle désespère, mais sans s'éloigner trop tôt; elle doit, même en désespérant, tenter un dernier remède. Ce n'est pas

trum ego nondum despero. Etiamnunc servari potest, sed si cito illi manus porrigitur. Est quidem periculum, ne porrigentem trahat : magna in illo ingenii vis est, sed jam tendentis in pravum. Nihilominus adibo hoc periculum, et audebo illi mala sua ostendere. Faciet quod solet; advocabit illas facetias, quæ risum evocare lugentibus possunt; et in se primum, deinde in nos jocabitur; omnia, quæ dicturus sum, occupabit. Scrutabitur scholas nostras, et objiciet philosophis congiaria, amicas, gulam; ostendet mihi alium in adulterio, alium in popina, alium in aula; ostendet mihi lepidum philosophum Aristonem, qui in gestatione disserebat, hoc enim ad edendas operas tempus exceperat. De cujus secta quum quæreretur Scaurus, ait : Utique peripateticus non est! De eodem quum consuleretur Julius Græcinus, vir egregius, quid sentiret : Non possum, inquit, tibi dicere : nescio enim quid de gradu faciat! tanquam de essedario interrogaretur. Hos mihi circulatores, qui philosophiam honestius neglexissent, quam vendunt, in faciem ingeret. Constitui tamen contumelias perpeti. Moveat ille mihi risum : ego fortasse illi lacrimas movebo; aut, si ridere perseverabit, gaudebo, tanquam in malis, quod illi genus insaniæ hilare contigerit. Sed non est illa hilaritas longa : observa; videbis eosdem intra exiguum tempus acerrime ridere, et acerrime rabere. Propositum est aggredi illum, et ostendere quanto

que je désespère déjà de notre Marcellinus; on peut le sauver, mais il faut se hâter de lui tendre la main. Et même il est à craindre qu'il n'entraîne son libérateur dans sa chute. Il possède un esprit supérieur, mais dont les forces sont tournées vers le mal. Quoi qu'il en soit, j'en courrai les risques; j'oserai lui dévoiler tous ses vices. Toujours le même, il s'armera de ces plaisanteries qui feraient rire jusqu'à la douleur; il se moquera de lui-même d'abord, et de nous ensuite; il préviendra mes remontrances. Fouillant les archives de nos écoles, il reprochera aux philosophes leurs salaires, leurs maîtresses, leurs festins. Voyez-les, nous dira-t-il, voyez-les, l'un en adultère, l'autre à la taverne, l'autre à la cour! Voyez Ariston, ce plaisant philosophe, qui disserte en litière : car c'est là le temps qu'il a réservé pour l'exercice de sa profession! De quelle secte est-il, demandait-on un jour? A coup sûr, dit Scaurus, il n'est pas péripatéticien. Pour moi, disait Julius Grécinus, homme recommandable, dont on voulait avoir l'opinion sur ce philosophe, pour moi, je n'en puis rien dire, ne l'ayant jamais vu à pied.... comme s'il se fût agi d'un cocher. Enfin, il me jettera à la tête tous ces charlatans, qui eussent mieux fait, pour l'honneur de la philosophie, de la laisser de côté, que d'en faire un trafic. Mais je suis résolu à souffrir ses railleries. Qu'il me fasse rire : peut-être le ferai-je pleurer à mon tour; ou, s'il persiste à rire, folie pour folie, j'aime mieux lui voir une folie gaie. Mais cette gaîté est de courte durée. Examinez-les bien, les esprits ainsi faits : vous les verrez passer des convulsions du rire à celles de la fureur. Je veux donc lui livrer assaut, lui montrer que, moins il vaudra aux yeux de la multitude, plus il aura de mérite réel. Ses

pluris fuerit, quum multis minoris videretur. Vitia ejus, etiam si non excidero, inhibebo : non desinent, sed intermittent; fortasse autem et desinent, si intermittendi consuetudinem fecerint. Non est hoc ipsum fastidiendum, quoniam quidem graviter affectis sanitatis loco est bona remissio. Dum me illi paro, tu interim, qui potes, qui intelligis, unde, quo evaseris, et ex eo suspicaris quousque sis evasurus, compone mores tuos, attolle animum, adversus formidata consiste; numerare eos noli, qui tibi metum faciunt. Nonne videatur stultus, si quis multitudinem eo loco timeat, per quem transitus singulis est? Æque ad tuam mortem multis aditus non est, licet illam multi minentur. Sic istud natura disposuit : spiritum tibi tam unus eripiet, quam unus dedit.

Si pudorem haberes, ultimam mihi pensionem remisisses : sed ne ego quidem me sordide geram in fenore æris alieni, et tibi, quod debeo, impingam. « Nunquam volui populo placere : nam, quæ ego scio, non probat populus; quæ probat populus, ego nescio. » — Quis hoc? inquis. — Tanquam nescias, cui imperem! Epicurus. Sed idem hoc omnes tibi ex omni domo conclamabunt, peripatetici, academici, stoici, cynici. Quis enim placere potest populo, cui placet virtus? Malis artibus popularis favor quæritur : similem te illis facias oportet : non probabunt, nisi agnoverint. Multo autem

vices, si je ne les déracine pas, je les arrêterai; ils ne seront pas détruits, mais ils cesseront de croître : peut-être les détruirai-je, en empêchant à jamais leur croissance. Ce n'est pas un avantage à dédaigner : dans les maladies graves, quelques bons intervalles sont presque la santé. Mais, tandis que je me dispose à entreprendre Marcellinus, vous qui connaissez et le point d'où vous êtes parti, et le terme où vous êtes arrivé; vous qui, d'après cela, pouvez juger où vous arriverez un jour, réglez vos mœurs, élevez votre âme, fortifiez-vous contre la terreur, ne comptez pas le nombre des ennemis qui vous menacent. Quelle folie, de craindre la foule dans un défilé où il ne peut passer qu'un homme à la fois! Il en est ainsi de votre vie : beaucoup la menacent; un seul peut l'atteindre. Telle est la loi de la nature, il n'a fallu qu'un seul homme pour vous donner le jour; il n'en faut qu'un seul pour vous l'ôter.

Si vous aviez quelque générosité, vous me feriez grâce du reste de mon paiement. Mais je ne veux pas me montrer avare à la fin de mes comptes; prenez ce qui vous est dû : «Jamais je n'ai voulu plaire au peuple, car ce que je sais n'est pas de son goût, et ce qui est de son goût, je ne le sais pas.» — De qui est cette maxime? — Comme si vous ne connaissiez pas mon trésorier! elle est d'Épicure; mais tous les philosophes la proclament, péripatéticiens, académiciens, stoïciens, cyniques. Peut-on être aimé du peuple, quand on aime la vertu? C'est par de mauvaises voies qu'on obtient sa faveur, c'est en se rendant semblable à lui : alors seulement vous saurez lui plaire. Mais ici le jugement de votre conscience im-

ad rem magis pertinet, qualis tibi videaris, quam qualis aliis. Conciliari, nisi turpi ratione, amor turpium non potest. — Quid ergo illa laudata, et omnibus præferenda artibus rebusque, philosophia præstabit?—Scilicet, ut malis tibi placere, quam populo; ut æstimes judicia, non numeres; ut sine metu deorum hominumque vivas; ut aut vincas mala, aut finias. Ceterum, si te videro celebrem secundis vocibus vulgi; si intrante te clamor et plausus pantomimica ornamenta obstrepuerint; si tota civitate feminæ te puerique laudaverint; quidni ego tui miserear, quum sciam, quæ via ad istum favorem ferat?

XXX.

Exspectandam esse æquo animo mortem, exemplo Bassi allato.

Bassum Aufidium, virum optimum, vidi quassum, ætati obluctantem : sed jam plus illum degravat, quam quod possit attolli; magno senectus et universo pondere incubuit. Scis illum semper infirmi corporis et exsucci fuisse; diu illud continuit, et, ut verius dicam, concinnavit : subito defecit. Quemadmodum in nave quæ sentinam trahit, uni rimæ aut alteri obsistitur; ubi plurimis locis laxari cœpit et cedere, succurri non potest navigio dehiscenti : ita in senili corpore aliquatenus imbecillitas sustineri et fulciri potest; ubi, tanquam in

porte bien plus que le jugement d'autrui. Ce n'est qu'à force de corruption, que l'on obtient l'amitié des hommes corrompus. — Mais quel avantage, direz-vous, procure donc cette philosophie si vantée, cet art supérieur à tous les arts? — L'avantage de préférer son propre assentiment à celui du peuple; de peser les suffrages, au lieu de les compter; de vivre sans redouter les hommes ni les dieux; de vaincre la douleur, ou d'y mettre un terme. Oui, si j'entendais autour de vous les acclamations du vulgaire; si votre vue excitait ces clameurs, ces applaudissemens que l'on prodigue à un histrion; si, dans toute la ville, femmes et enfans s'empressaient à chanter vos louanges, oui, j'aurais pitié de vous, connaissant la route qui mène à cette faveur.

XXX.

Attendre la mort avec calme et fermeté, à l'exemple de Bassus.

Je l'ai vu, Bassus Aufidius, cet homme vertueux, je l'ai vu livré à de rudes secousses, et luttant contre son grand âge; mais la charge est trop forte, pour qu'il s'en relève jamais : la vieillesse s'est appesantie sur lui tout entière. Vous savez qu'il a toujours été frêle et débile; long-temps il a maintenu la machine, ou, pour mieux dire, il l'a rajustée : elle vient de manquer tout à coup. Dans un navire qui fait eau, on peut boucher une ou deux ouvertures; mais quand il cède et se fend de toutes parts, alors plus de ressources : il va s'engloutir. Ainsi, dans un corps usé par la vieillesse, on peut quelquefois soutenir, étayer la faiblesse de l'âge : mais si, de cet

putri ædificio, omnis junctura diducitur, et, dum alia excipitur, alia discinditur, circumspiciendum est quomodo exeas. Bassus tamen noster alacer animo est. Hoc philosophia præstat : in conspectu mortis hilarem, in quocumque corporis habitu fortem lætumque; nec deficientem, quamvis deficiatur. Magnus gubernator et scisso navigat velo, et, si exarmatur, tamen reliquias navigii aptat ad cursum. Hoc facit Bassus noster, et eo animo vultuque finem suum spectat, quo alienum spectare, nimis securi putares. Magna res est hæc, Lucili, et diu discenda; quum adventat hora illa inevitabilis, æquo animo abire. Alia genera mortis spei mixta sunt. Desinit morbus; incendium exstinguitur; ruina, quos videbatur oppressura, deposuit; mare, quos hauserat, vi eadem, qua sorbebat, ejecit incolumes; gladium miles ab ipsa perituri cervice revocavit : nil habet quod speret, quem senectus ducit ad mortem; huic uni intercedi non potest. Nullo genere homines mollius moriuntur; sed nec diutius. Bassus noster videbatur mihi prosequi se et componere, et vivere tanquam superstes sibi, et sapienter ferre desiderium sui. Nam de morte multa loquitur, et id agit sedulo, ut nobis persuadeat, « si quid incommodi aut metus in hoc negotio est, morientis vitium esse, non mortis; nec magis in ipsa quidquam esse molestiæ, quam post ipsam. Tam demens autem est qui timet quod non est passurus, quam qui timet

édifice tombant de vétusté, la charpente se disjoint ; si, tandis qu'on y met la main d'un côté, elle s'écroule de l'autre, alors il ne reste plus qu'à songer à la retraite. Néanmoins, notre ami Bassus est plein d'énergie. Heureux effet de la philosophie ! elle donne la force à l'âme, quel que soit l'état du corps ; la sérénité, la joie, en présence du trépas ; la fermeté, au milieu de la dissolution physique. L'habile navigateur se risque sur les flots avec une voile déchirée ; son vaisseau est-il démâté, il tient la mer avec ses débris. Ainsi fait notre ami Bassus ; il envisage sa fin avec des yeux, avec un courage que, si c'était celle d'autrui, vous trouveriez trop calme assurément. C'est une grande chose, Lucilius, et qu'il faut long-temps apprendre, que de partir sans murmure, quand on est arrivé au terme inévitable. Les autres genres de mort laissent place à l'espérance. La maladie cesse, l'incendie s'éteint, l'écroulement qui doit vous écraser vous dépose à terre, le flot qui vous engloutit vous rejette plein de vie, le soldat retire son glaive prêt à frapper : mais plus d'espoir, quand c'est la vieillesse qui mène au trépas. Elle seule est sans retour. Nul genre de mort n'est plus doux, mais nul n'est plus long. Je dirai de notre ami Bassus, qu'il assiste à ses funérailles, se rend les derniers devoirs, se survit à lui-même, et supporte avec courage la perte qu'il vient de faire. Il nous parle sans cesse de la mort, mais il a soin de nous avertir que, « si ce moment a quelque chose de douloureux et de terrible, la faute en est au mourant, et non pas à la mort : l'heure où elle vient n'est pas plus redoutable que celle qui la suit. Craindre ce qu'on ne doit pas souffrir, n'est pas plus raisonnable que craindre ce qu'on ne doit pas sentir. Est-il croyable que l'on sente un état qui nous rend insensi-

quod non est sensurus. An quisquam hoc futurum credit, ut, per quam nihil sentitur, ea sentiatur? Ergo, inquit, mors adeo extra omne malum est, ut sit extra omnem malorum metum. »

Hæc ego scio et sæpe dicta, et sæpe dicenda : sed neque, quum legerem, æque mihi profuerunt, neque, quum audirem, his dicentibus, qui negabant timenda, a quorum metu aberant. Hic vero plurimum apud me auctoritatis habuit, quum loqueretur de morte vicina. Dicam etiam quid sentiam : puto, fortiorem eum esse qui in ipsa morte est, quam qui circa mortem. Mors enim admota etiam imperitis animum dedit non vitandi inevitabilia. Sic gladiator, tota pugna timidissimus, jugulum adversario præstat, et errantem gladium sibi attemperat. At illa, quæ in propinquo est, utique ventura, desiderat lentam animi firmitatem; quæ est rarior, nec potest, nisi a sapiente, præstari. Libentissime itaque illum audiebam, quasi ferentem de morte sententiam, et qualis esset ejus natura, velut propius inspectæ, indicantem. Plus, ut puto, fidei haberet apud te, plus ponderis, si quis revixisset, et in morte nihil mali esse narraret expertus. Accessus mortis quam perturbationem afferat, optime hi tibi dicent, qui secundum illam steterunt, qui venientem et viderunt, et receperunt. Inter hos Bassum licet numeres, qui nos decipi noluit :

bles? Ainsi, dit-il, la mort est si loin d'être un mal, qu'elle met à l'abri de tous les maux. »

Ces maximes, je le sais, souvent répétées, le seront souvent encore. Mais je leur ai trouvé moins de poids dans les livres, dans la bouche des philosophes : ils prêchent le mépris d'un péril lointain. Qu'elle est plus puissante, la parole de Bassus! il parle de la mort, et l'a sous les yeux; et même, puisqu'il faut vous le dire, je crois que l'on est plus courageux face à face avec elle, que lorsqu'on s'en approche. En présence de la mort, l'impossibilité d'échapper donne du cœur aux moins aguerris. Ainsi le gladiateur le plus lâche pendant le combat, tend la gorge au vainqueur, et guide le fer incertain. Mais l'idée d'un trépas lent, quoique assuré, exige un courage soutenu, courage plus rare, dont le sage est seul susceptible. Aussi, l'écoutais-je avec le plus grand plaisir prononcer en quelque sorte sur la mort, en décrire la nature, comme l'ayant examinée de près. Le témoignage le plus puissant auprès de vous serait sans doute celui d'un mort ressuscité qui, d'après sa propre expérience, vous dirait que la mort ne fait aucun mal. De même, sur le trouble où nous jettent les approches de la mort, qui peut mieux nous éclairer que ces hommes qui se sont mesurés avec elle, qui l'ont vue arriver, et qui l'ont accueillie? Eh bien! parmi ces derniers il faut compter Bassus : il n'a pas voulu nous laisser dans l'erreur. Oui, dit-il, il est aussi insensé de

is ait, tam stultum esse, qui mortem timeat, quam qui senectutem. Nam quemadmodum senectus adolescentiam sequitur, ita mors senectutem. Vivere noluit, qui mori non vult. Vita enim cum exceptione mortis data est; ad hanc itur. Quam ideo timere dementis est; quia certa exspectantur, dubia metuuntur. Mors necessitatem habet æquam et invictam. Quis queri potest, in ea conditione se esse, in qua nemo non est? Prima autem pars est æquitatis, æqualitas. Sed nunc supervacuum est, naturæ causam agere, quæ non aliam voluit legem nostram esse, quam suam. Quidquid composuit, resolvit; et, quidquid resolvit, componit iterum. Jam vero si cui contigit, ut illum senectus leniter emitteret, non repente avulsum vitæ, sed minutatim subductum; nonne ille agere gratias diis omnibus debet, quod satiatus ad requiem homini necessariam, lasso gratam, perductus est? Vides quosdam optantes mortem, et quidem magis, quam rogari solet vita. Nescio utros existimem majorem nobis animum dare, qui deposcunt mortem, an qui hilares eam quietique opperiuntur; quoniam illud ex rabie interdum ac repentina indignatione fit, hæc ex judicio certo tranquillitas est. Venit aliquis ad mortem iratus morti : venientem nemo hilaris excipit, nisi qui se ad illam diu composuerat. Fateor ergo, ad hominem mihi carum ex pluribus me causis frequentius venisse, ut scirem an illum toties eumdem invenirem; numquid

craindre la mort que de craindre la vieillesse. La mort suit la vieillesse comme la vieillesse suit la virilité. C'est ne vouloir pas de la vie, que de se refuser à mourir un jour. La mort est la condition de la vie, elle en est le terme. La craindre est donc une folie. On craint l'incertain; le certain, on ne peut que l'attendre. La mort est une nécessité commune, inévitable. Qui oserait se plaindre d'un sort dont nul n'est exempt? Le premier point de l'équité, c'est l'égalité. Mais à quoi bon plaider ici la cause de la nature? Elle-même se soumet toute la première aux lois qu'elle nous impose : elle crée pour dissoudre; elle dissout pour créer de nouveau. Certes, s'il est un homme assez heureux pour que la vieillesse l'endorme doucement, et le retire peu à peu de la vie, au lieu de l'en arracher tout d'un coup, ne doit-il pas rendre grâces aux dieux qui l'ont conduit, rassasié d'années, à ce repos nécessaire à l'homme, agréable à l'homme fatigué. Eh! n'en voit-on pas souhaiter la mort avec plus d'ardeur qu'on ne demande ordinairement la vie? Mais j'ignore quel est le plus propre à nous encourager par son exemple, de l'homme qui prévient la mort, ou de celui qui l'attend avec calme et sérénité : l'audace du premier n'est bien souvent qu'un transport furieux, un mouvement d'indignation; le calme de l'autre est réfléchi et inaltérable. On court à la mort par dépit contre elle; nul ne la voit venir avec joie, s'il n'y est dès long-temps préparé. Je l'avouerai donc : quelque amitié que je porte à Bassus, d'autres motifs m'attiraient sans cesse auprès de lui. Devais-je le trouver toujours le même? et l'énergie de son âme ne diminuerait-elle pas avec la vigueur de son corps? Elle croissait au contraire, elle se manifestait de

cum corporis viribus minueretur animi vigor : qui sic crescebat illi, quomodo manifestior notari solet agitatorum lætitia, quum septimo spatio palmæ appropinquant. Dicebat quidem ille, Epicuri præceptis obsequens : « Primum sperare se, nullum dolorem esse in illo extremo anhelitu : si tamen esset, habere aliquantulum in ipsa brevitate solatii; nullum enim dolorem longum esse, qui magnus est. Ceterum succursurum sibi etiam in ipsa distractione animæ corporisque, si cum cruciatu id fieret, post illum dolorem se dolere non posse. Non dubitare autem se, quin senilis anima in primis labris esset, nec magna vi distraheretur a corpore. Ignis, qui valentem materiam occupavit, aqua et interdum ruina exstinguendus est; ille, qui alimentis deficitur, sua sponte subsidit.»

Libenter hæc, mi Lucili, audio, non tanquam nova, sed tanquam in rem præsentem perductus. — Quid ergo? non multos spectavi abrumpentes vitam? — Ego vero vidi; sed plus momenti apud me habent, qui ad mortem veniunt sine odio vitæ, et admittunt illam, non attrahunt. « Illud quidem, aiebat, tormentum nostra nos sentire opera, quod tunc trepidamus, quum prope a nobis esse credimus mortem. A quo enim prope non est, parata omnibus locis omnibusque momentis? Sed consideremus, inquit, tunc, quum aliqua causa moriendi videtur accedere, quanto aliæ propiores sint, quæ non timentur. » Hostis alicui mortem minabatur :

plus en plus, comme la joie du coureur qui touche au septième stade et à la palme. Fidèle aux dogmes d'Épicure, « D'abord, nous disait-il, j'espère que le dernier moment n'a rien de douloureux; s'il l'est, le mal est compensé par son peu de durée; toute douleur est courte, alors qu'elle est violente. Au reste, si cette séparation de l'âme et du corps arrivait douloureuse, je me rappellerais bien que cette douleur doit être la dernière de toutes. Je ne doute pas néanmoins que l'âme d'un vieillard ne soit sur ses lèvres, et prête à partir au moindre effort. Le feu qui s'est attaché à des substances solides ne peut être éteint que par l'eau et quelquefois par l'écroulement de ce qu'il dévore; faute d'alimens, il cesse de lui-même. »

Tels sont, cher Lucilius, les discours que volontiers j'écoute : ils ne sont pas nouveaux, mais ils me mettent pour ainsi dire en action avec la mort. — Quoi! est-ce donc chose si rare qu'une mort volontaire? — Non, certes; mais se présenter à la mort sans haine de la vie, la recevoir avec calme sans l'aller chercher, voilà qui a plus de poids auprès de moi. « Nos tourmens, disait-il, sont notre ouvrage; nous perdons la tête quand nous croyons la mort près de nous. Eh! près de qui n'est-elle pas, et partout, et toujours! Une cause de mort nous menace, à ce qu'il nous semble : eh! combien d'autres plus imminentes dont nous ne nous défions pas! » Un homme allait immoler son ennemi : une indigestion a prévenu le coup. Si nous voulions démêler les causes de nos alarmes, nous les trouverions tout autres qu'elles ne

hanc cruditas occupavit. Si distinguere voluerimus causas metus nostri, inveniemus alias esse, alias videri. Non mortem timemus, sed cogitationem mortis : ab ipsa enim semper tantumdem absumus. Ita, si timenda mors est, semper timenda est : quod enim morti tempus exemptum est?

Sed vereri debeo, ne tam longas epistolas pejus, quam mortem, oderis : itaque finem faciam. Tu tamen mortem, ut nunquam timeas, semper cogita.

XXXI.

De contemnenda vulgi existimatione.

Agnosco Lucilium meum : incipit, quem promiserat, exhibere! Sequere illum impetum animi, quo ad optima quæque, calcatis popularibus bonis, ibas! Non desidero majorem melioremque te fieri, quam moliebaris. Fundamenta tua multum loci occupaverunt : tantum effice, quantum conatus es; et illa, quæ tecum in animo tulisti, tracta. Ad summam, sapiens eris, si cluseris aures; quibus ceram parum est obdere, firmiore spissamento opus est, quam in sociis usum Ulyssem ferunt. Illa vox, quæ timebatur, erat blanda, non tamen publica : at hæc, quæ timenda est, non ex uno scopulo, sed ex omni terrarum parte circumsonat. Prætervehere

nous paraissent. Ce n'est pas la mort, mais l'idée de la mort qui nous effraie : on est toujours également près d'elle. Si donc la mort est à redouter, il faut la redouter à chaque instant : à quel instant sommes-nous à l'abri de ses coups ?

Mais je dois craindre qu'une si longue épître ne soit pour vous plus redoutable que la mort ; c'est pourquoi je finis. Mais vous, songez toujours à la mort, pour ne la craindre jamais.

XXXI.

Mépriser l'opinion du vulgaire.

Je reconnais mon Lucilius : il montre enfin le sage qu'il avait promis. Suivez-le ce généreux élan qui, vous faisant fouler aux pieds les biens du vulgaire, vous poussait à la perfection ! Non, je ne vous veux ni meilleur ni plus grand que vous n'aspiriez à l'être. Les fondemens de vous-même, vous les avez jetés spacieux ; que les effets répondent à vos efforts, mettez en œuvre les matériaux que vous portez avec vous. Après tout, la sagesse consiste à se boucher les oreilles, mais non pas avec de la cire. Il faut à vos oreilles un enduit plus sûr que celui dont Ulysse se servit avec ses compagnons. Elle était séduisante, la voix qu'il redoutait ; mais ce n'était pas encore la voix publique, cette voix perfide qui ne part pas d'un seul écueil, mais retentit sur tous les points de la terre. Fuyez donc, je ne dis pas un seul endroit où la

itaque non unum locum insidiosa voluptate suspectum, sed omnes urbes; surdum te amantissimis tui præsta. Bono animo male precantur : et, si esse vis felix, deos ora, ne quid tibi ex his, quæ optantur, eveniat. Non sunt ista bona, quæ in te isti volunt congeri! unum bonum est, quod beatæ vitæ causa et firmamentum est, sibi fidere. Hoc autem contingere non potest, nisi contemptus est labor, et in eorum numero habitus, quæ neque bona sunt, neque mala. Fieri enim non potest, ut una res modo mala sit, modo bona; modo levis et perferenda, modo expavescenda. Labor bonum non est : quid ergo est bonum? Laboris contemptio. Itaque, in vanum operosos culpaverim; rursus, ad honesta nitentes, quanto magis incubuerint, minusque sibi vinci ac strigare permiserint, admirabor, et clamabo : « Tanto melior surge, et inspira; et clivum istum uno, si potes, spiritu exsupera! Generosos animos labor nutrit. » Non est ergo quod ex illo vetere voto parentum tuorum eligas, quid contingere tibi velis, quid optes : et, in totum, jam per maxima acto viro turpe est etiamnunc deos fatigare. Quid votis opus est? fac te ipse felicem : facies autem, si intellexeris bona esse, quibus admixta virtus est; turpia, quibus malitia conjuncta est. Quemadmodum sine mixtura lucis nihil splendidum est; nihil atrum, nisi quod tenebras habet, aut aliquid in se traxit obscuri; quemadmodum sine adjutorio ignis nihil calidum est, nihil sine aere frigidum : ita honesta et turpia virtutis ac malitiæ societas efficit.

volupté tend ses pièges, mais toutes les villes. Soyez sourd à la voix de ceux qui vous aiment le plus : leurs intentions sont bonnes et leurs vœux nuisibles. Pour votre bonheur, priez les dieux de n'en exaucer aucun. Non, ce ne sont pas des biens que ceux qu'ils voudraient voir accumulés sur votre tête. Il n'est qu'un seul bien, source et garantie de la félicité humaine, c'est d'être sûr de soi. Or, on n'y parvient qu'en bravant la fatigue, en la mettant au nombre de ces choses qui ne sont ni bonnes ni mauvaises. Car il ne peut pas se faire qu'une chose soit tantôt mauvaise, tantôt bonne; tantôt légère et supportable, tantôt propre à inspirer de l'effroi. La fatigue n'est pas un bien : où donc est le bien? Dans le mépris de la fatigue. Aussi je blâme ces hommes qui se consument en travaux superflus. Celui au contraire dont l'activité a un but honnête, plus je le verrai s'efforcer, toujours lutter et marcher en avant, plus je l'admirerai, je lui crierai : « Courage, homme intrépide! lève ta tête et reprends haleine pour franchir d'un seul trait, si tu peux, le reste de la montagne. La fatigue est l'aliment des âmes fortes. » Ne réglez donc pas, sur les premiers vœux de vos parens, vos désirs et vos prières : après tout il est honteux à un homme aussi avancé dans la carrière, de fatiguer les dieux de ses souhaits. A quoi bon toutes ces prières? Tu veux être heureux! sois-le par toi-même; et tu le seras, si tu ne vois de bien que dans ce qu'accompagne la vertu, de mal que dans ce qu'accompagne le vice. Rien ne brille sans le secours de la lumière; rien n'est sombre sans l'intervention des ténèbres ou d'une obscurité quelconque : point de chaleur sans feu, point de froid sans air : de même l'honnête et le honteux résultent de leur association, l'un avec la vertu, l'autre avec le vice.

Quid ergo est bonum? Rerum scientia. Quid malum est? Rerum imperitia. Ille prudens atque artifex, pro tempore, quæque repellet, aut eliget. Sed nec, quæ repellit, timet; nec miratur, quæ eligit; si modo magnus illi et invictus animus est. Submitti te ac deprimi veto. Laborem si non recuses, parum est : posce! — Quis ergo, inquis, labor frivolus et supervacuus est? — Quem humiles causæ vocaverunt. Non est malus; non magis quam ille, qui pulchris rebus impenditur : quoniam animi est ipsa tolerantia, quæ se ad dura et aspera hortatur, et dicit : quid cessas? non est viri, timere sudorem! Huic et illud accedat, ut perfecta virtus sit, æqualitas ac tenor vitæ per omnia consonans sibi : quod non potest esse, nisi rerum scientia contingat, et ars, per quam divina et humana noscantur. Hoc est summum bonum; quod si occupas, incipis deorum socius esse, non supplex. — Quomodo, inquis, isto pervenitur? — Non per Peninum Graiumve montem, nec per deserta Candaviæ; nec Syrtes tibi, nec Scylla aut Charybdis, adeundæ sunt; quæ tamen omnia transisti procuratiunculæ pretio. Tutum iter est, jucundum est, ad quod natura te instruxit. Dedit tibi illa, quæ si non deserueris, par Deo surges. Parem autem te Deo pecunia non faciet; Deus nihil habet : prætexta non faciet; Deus nudus est : fama non faciet, nec ostentatio tui, et in populos nominis dimissa notitia; nemo novit Deum,

Quel est donc le véritable bien? la science. Et le mal? l'ignorance. L'homme instruit et expérimenté règle sur l'occasion ses refus et ses préférences. Mais ni la crainte ni l'admiration ne déterminent son choix, s'il a l'âme haute et invincible. Je ne veux pas voir la vôtre fléchir et s'abattre. C'est peu de ne pas se refuser au travail, il faut courir au devant de lui. — Quel est donc, direz-vous, le travail frivole et superflu? — Celui dont le mobile est méprisable. Mais il n'est pas plus un mal que celui qui tend à un plus noble but. Le travail en lui-même n'est que la persévérance de l'âme qui s'excite à braver fatigues et dangers, qui se dit : Pourquoi t'arrêter? un homme doit-il craindre la peine? Mais, pour atteindre la perfection, il faut joindre à ces efforts l'égalité, l'uniformité d'une conduite sans cesse en harmonie avec elle-même, ce qui suppose un savoir universel; la connaissance des choses divines et humaines. Là gît le souverain bien; parvenu à ce faîte, on est l'égal des dieux, non plus leur suppliant. — Mais comment y arriver? — Ici, Lucilius, point d'Alpes grecques ou pennines, point de désert de Candavie à traverser; point de Syrtes, de Scylla, de Charybde à franchir, tous périls que vous a cependant fait braver l'appât d'un chétif gouvernement. Le chemin est sûr, il est agréable : la nature a fait pour vous les frais du voyage. Les dons qu'elle vous a faits, n'y renoncez pas; ils vous élèveront à l'égal de Dieu. Or, qui peut vous faire l'égal de Dieu? L'argent? Dieu n'a rien. La prétexte? il est nu. Sera-ce la renommée, l'éclat extérieur, votre gloire répandue chez tous les peuples de la terre? Dieu est inconnu. La plupart ont de lui une opinion fausse, et l'ont impunément. Ce ne sera pas davantage cette foule d'esclaves qui portent

multi de illo male existimant, et impune : non turba servorum, lecticam tuam per itinera urbana ac peregrina portantium; Deum ille maximus potentissimusque ipse vehit omnia. Ne forma quidem, et vires, beatum te facere possunt : nihil horum patitur vetustatem. Quærendum est, quod non fiat in dies deterius, cui non possit obstari. Quid hoc est? Animus : sed hic rectus, bonus, magnus. Quid aliud voces hunc, quam Deum in humano corpore hospitantem? Hic animus tam in equitem romanum, quam in libertinum, quam in servum, potest cadere. Quid est eques romanus, aut libertinus, aut servus? Nomina, ex ambitione, aut ex injuria nata. Subsilire in cœlum ex angulo licet : exsurge modo,

. . . . Et te quoque dignum
Finge Deo! . . . .

Finges autem, non auro, non argento : non potest ex hac materia imago Deo exprimi similis : cogita, illos, quum propitii essent, fictiles fuisse.

XXXII.

Hortatur ad philosophiam.

Inquiro in te, et ab omnibus sciscitor, qui ex ista regione veniunt, quid agas, ubi et cum quibus more-

votre litière dans la ville et sur les grands chemins. Dieu, le plus grand, le plus puissant de tous les êtres, Dieu porte lui-même l'univers. La beauté elle-même, la force, ne peuvent donner le bonheur : elles ne tiennent pas devant la vieillesse. Cherchez donc un bien qui jamais ne se détériore, un bien invincible à tous les obstacles, supérieur à tous les biens. Quel est-il? une âme, mais une âme droite, vertueuse, élevée. Eh! qu'est-elle autre chose que Dieu habitant le corps humain! Elle peut tomber, cette âme, dans un esclave, dans un affranchi, comme dans un chevalier romain. Qu'est-ce en effet que ces mots : *chevalier romain, esclave, affranchi?* des noms créés par l'ambition et par une injurieuse distinction : de tout coin de la terre on peut s'élancer vers le ciel; prenez seulement votre essor,

Et vous aussi marchez l'égal des dieux.

Ce ne sera point au moyen de l'or ni de l'argent; ces métaux ne peuvent représenter l'image de la divinité. Songez-y : les dieux étaient d'argile alors qu'ils exauçaient les mortels.

XXXII.

Exhortation à la philosophie.

Je m'enquiers de vous; et personne n'arrive de votre province, que je ne lui demande ce que vous faites, où et

ris. Verba dare non potes : tecum sum. Sic vive, tanquam, quid facias, auditurus sim, immo tanquam visurus. Quæris, quid me maxime ex his quæ de te audio, delectet? Quod nihil audio; quod plerique ex his, quos interrogo, nesciunt quid agas. Hoc est salutare, non conversari dissimilibus et diversa cupientibus. Habeo quidem fiduciam, non posse te detorqueri; mansurumque in proposito, etiam si sollicitantium turba circumeat. Quid ergo est? Non timeo ne mutent te; timeo ne impediant. Multum autem nocet etiam qui moratur; utique in tanta brevitate vitæ, quam breviorem inconstantia facimus, aliud ejus subinde atque aliud facientes initium. Diducimus illam in particulas ac lancinamus. Propera ergo, Lucili carissime, et cogita, quantum additurus celeritati fueris, si a tergo hostis instaret, si equitem adventare suspicareris ac fugientium premere vestigia. Fit hoc; premeris: accelera, et evade! perduc te in tutum; et subinde considera, quam pulchra res sit consummare vitam ante mortem, deinde exspectare securum reliquam temporis sui partem, inniti sibi; in possessione beatæ vitæ positum; quæ beatior non fit, si longior. O quando videbis illud tempus, quo scies tempus ad te non pertinere! quo tranquillus placidusque eris, et crastini negligens, et in summa tui satietate! Vis scire, quid sit, quod faciat homines avidos futuri? Nemo sibi contigit. Optaverunt utique tibi alia

avec qui vous demeurez. Vous ne pouvez m'en faire accroire, je vous tiens auprès de moi. Vivez donc comme si je savais toutes vos actions, ou plutôt comme si je les voyais. Vous me demandez, parmi les nouvelles que je reçois de vous, celle qui me plaît davantage : c'est de n'en recevoir aucune, c'est de voir que tous ceux que je questionne ignorent vos actions. C'est une sage conduite, Lucilius, que de fuir un monde dont les mœurs, dont les goûts diffèrent tellement des vôtres. Assurément il ne pourra vous détourner de la bonne voie, et vous persisterez dans votre résolution, quel que soit le nombre des séductions dont il vous entoure. Alors qu'ai-je à craindre? Ce n'est pas qu'on vous détourne, mais qu'on vous arrête. Or, les obstacles seuls sont bien nuisibles; la vie est si courte! et notre inconstance l'abrège encore; nous la commençons et la recommençons sans cesse. On la morcelle, on la hache pour ainsi dire. Hâtez-vous donc, mon cher Lucilius; avec quelle rapidité ne fuiriez-vous pas, dites-moi, si l'ennemi vous poursuivait, si vous entendiez le vainqueur s'élancer au grand galop sur vos traces! Eh bien, vous êtes poursuivi; courez, fuyez. Arrivé en lieu de sûreté, songez combien il est beau, avant de mourir, de consommer la vie, d'attendre la fin de ses jours, comptant sur soi-même, et en possession d'une existence heureuse, qui le serait moins si elle était plus prolongée. O quand viendra le jour où vous saurez que le temps n'est plus à vous; où, tranquille et paisible, indifférent sur le lendemain, vous vivrez plein et rassasié de vous-même! Voulez-vous savoir ce qui rend les hommes plus avides d'avenir? C'est que nul n'a su jouir de lui-même. Il y a loin de mes souhaits à ceux de vos parens. Qu'il possède les biens du monde! disaient-ils, et

parentes tui : sed ego contra, omnium tibi eorum contemptum opto, quorum illi copiam. Vota illorum multos compilant, ut te locupletent : quidquid ad te transferunt, alicui detrahendum est. Opto tibi tui facultatem, ut vagis cogitationibus agitata mens tandem resistat, et certa sit; ut placeat sibi, et, intellectis veris bonis (quæ, simul intellecta sunt, possidentur), ætatis adjectione non egeat. Ille demum necessitates supergressus est, et exauctoratus ac liber, qui vivit vita peracta.

XXXIII.

De sententiis philosophicis.

Desideras his quoque epistolis, sicut prioribus adscribi aliquas voces nostrorum procerum. Non fuerunt circa flosculos occupati; totus contextus illorum virilis est : inæqualitatem scias esse, ubi quæ eminent sunt notabilia. Non est admirationi una arbor, ubi in eamdem altitudinem tota silva surrexit. Ejusmodi vocibus referta sunt carmina, refertæ historiæ. Itaque nolo illas Epicuri esse existimes; publicæ sunt, et maxime nostræ. Sed illi magis annotantur, quia raræ interim interveniunt, quia inexspectatæ, quia mirum est fortiter aliquid dici ab homine mollitiam professo. Ita enim plerique judicant: apud me est Epicurus et fortis, licet

moi je vous ai dit : sachez les mépriser. Leurs vœux vous enrichissaient des dépouilles d'autrui; tout ce qu'ils vous donnaient, il eût fallu l'enlever à d'autres. Puisse au contraire notre âme, long-temps agitée de désirs incertains, s'arrêter enfin et se fixer! Puisse-t-elle se complaire en elle-même, et, comprenant le véritable bonheur que l'on possède alors qu'on le comprend, ne plus désirer un surcroît d'années! On n'est vraiment au dessus des besoins, vraiment libre et affranchi, que quand, la vie terminée, on se trouve avoir vécu.

XXXIII.

Sur les maximes des philosophes.

Vous désirez que ces lettres, comme les précédentes, soient suivies de quelques maximes de nos grands philosophes. Lucilius, ces philosophes s'embarrassaient peu des fleurs de l'éloquence. Tout est mâle dans la teneur de leurs écrits. Il n'y a inégalité que là où il y a saillie. On n'admire point la hauteur d'un arbre si elle est égalée par celle de la forêt qui l'entoure. Des maximes de ce genre, on en trouve à chaque pas chez les poètes et chez les historiens. Voilà pourquoi je n'entends pas qu'on les attribue à Épicure; elles sont à tout le monde et surtout à nous. Si elles sont plus remarquées dans Épicure, c'est qu'elles viennent à de longs intervalles, c'est qu'elles sont inattendues, c'est qu'une forte pensée étonne sur les lèvres d'un homme qui prêche la volupté, du moins

manuleatus sit. Fortitudo, et industria, et ad bellum prompta mens, tam in Persas, quam in alte cinctos, cadit. Non est ergo quod exigas excerpta et repetita : continuum est apud nostros, quidquid apud alios excerpitur. Non habemus itaque ista oculiferia; nec emptorem decipimus, nihil inventurum, quum intraverit, præter illa quæ in fronte suspensa sunt. Ipsis permittimus, unde velint sumere exemplaria. Puta nos velle singulares sententias ex turba separare : cui illas assignabimus? Zenoni, an Cleanthi, an Chrysippo, an Panætio, an Posidonio? Non sumus sub rege; sibi quisque se vindicat : apud istos, quidquid dicit Hermarchus, quidquid Metrodorus, ad unum refertur. Omnia, quæ quisquam in illo contubernio locutus est, unius ductu et auspiciis dicta sunt. Non possumus, inquam, licet tentemus, educere aliquid ex tanta rerum æqualium multitudine.

Pauperis est numerare pecus.

Quocumque miseris oculum, id tibi occurret quod eminere posset, nisi inter paria legeretur.

Quare depone istam spem, posse te summatim degustare ingenia maximorum virorum : tota tibi inspicienda sunt, tota tractanda. Res geritur, et per lineamenta sua ingenii opus nectitur, ex quo nihil subduci sine ruina potest. Nec recuso, quo minus singula membra, dummodo in ipso homine, consideres. Non est formosa,

selon l'opinion générale; car, à mes yeux, Épicure est un héros sous les habits d'une femme. Le courage, l'activité, les talens militaires peuvent être le partage des Perses aussi bien que des peuples les plus aguerris. Pourquoi exiger des extraits, des citations? Ce qui s'offre de loin à loin chez autrui forme chez nous un tout qui s'enchaîne. Nous n'avons point de ces étalages, appât jeté à l'acheteur qui, entré dans le magasin, ne voit rien de plus que ce que l'on a mis au dehors pour l'attirer. Nous ouvrons nos magasins à quiconque veut prendre des échantillons. Supposez que nous voulions extraire un grand nombre de pensées brillantes : à qui les attribuer? A Zénon? à Cléanthe? à Chrysippe? à Panétius? à Posidonius? Nous n'avons point de maître; chacun a ses droits. Chez les épicuriens, au contraire, toutes les paroles d'Hermarque, toutes celles de Métrodore sont rapportées au seul Épicure. Non, malgré tous nos efforts, dans cette foule de beautés égales, il nous est impossible de faire un choix :

« A pauvre il appartient de compter son troupeau. »

Partout où vous jeterez les yeux, vous trouverez une pensée frappante, si elle n'était entourée de pensées du même ordre.

Renoncez donc à cet espoir d'effleurer, en passant, les chefs-d'œuvre de nos grands hommes : il faut les envisager, les méditer sous toutes leurs faces. Le génie se peint dans ses ouvrages : ôtez un trait au tableau, et l'ensemble est détruit. Ce n'est pas que je vous défende d'examiner chaque membre à part; mais ayez soin de le rapporter à l'individu auquel il appartient. La beauté

cujus crus laudatur aut brachium; sed illa, cujus universa facies admirationem partibus singulis abstulit. Si tamen exegeris, non tam mendice tecum agam, sed plena manu fiet. Ingens eorum turba est, passim jacentium; sumenda erunt, non colligenda. Non enim excidunt, sed fluunt : perpetua et inter se connexa sunt. Nec dubito, quin multum conferant rudibus adhuc, et extrinsecus auscultantibus. Facilius enim singula insidunt circumscripta, et carminis modo inclusa. Ideo pueris et sententias ediscendas damus, et has quas Graeci *chrias* vocant, quia complecti illas puerilis animus potest, qui plus adhuc non capit certi profectus. Viro captare flosculos turpe est, et fulcire se notissimis ac paucissimis vocibus, et memoria stare. Sibi jam innitatur : dicat ista, non teneat. Turpe est enim seni, aut prospicienti senectutem, ex commentario sapere. Hoc Zeno dixit : tu quid? Hoc Cleanthes : tu quid? quousque sub alio moveris? et impera, et dic, quod memoriae tradatur; aliquid et de tuo profer! Omnes itaque istos, nunquam auctores, semper interpretes, sub aliena umbra latentes, nihil existimo habere generosi, nunquam ausos aliquando facere, quod diu didicerant. Memoriam in alienis exercuerunt : aliud autem est meminisse, aliud scire. Meminisse, est rem commissam memoriae custodire; at contra scire, est et sua facere quaeque, nec ab exemplari pendere et toties respicere

d'une femme ne consiste pas dans un bras, dans une jambe bien faite, mais dans un ensemble tel qu'il empêche d'admirer les détails. Si vous l'exigez toutefois, je ne serai pas avare ; je semerai les richesses à pleines mains. Le trésor de nos maximes est immense : il n'y a qu'à ramasser et non pas à choisir. Elles se succèdent en effet, non pas lentement, mais à flots pressés, et se lient entre elles. Je ne doute pas qu'un pareil recueil ne soit fort utile au disciple encore inexpérimenté. Les pensées se gravent plus aisément, lorsqu'elles sont renfermées, enchaînées dans la mesure des vers. Aussi faisons-nous apprendre des maximes aux enfans, surtout de celles que les Grecs appellent *chries* : elles sont à la portée de leur âge ; elles sont à la mesure de leur capacité. Mais il est honteux pour un homme de ramasser des fleurs, de s'appuyer d'un petit nombre de pensées connues, et de n'être fort que de sa mémoire. Eh! soyez fort de vous-même ; parlez, ne citez pas. Quelle honte pour un vieillard, ou du moins pour un homme prêt à le devenir, quelle honte d'être sage le livre à la main! — Voilà ce que dit Zénon... — Et vous? — Ce que dit Cléanthe... — Et vous?... Serez-vous donc toujours le satellite d'un autre ? Commandez, vous aussi ; donnez à citer, à votre tour ; tirez de votre propre fonds. Non, ces hommes toujours traducteurs et jamais auteurs, ces hommes toujours cachés à l'ombre d'autrui, ils n'ont rien de grand dans l'âme, eux qui n'osent jamais faire ce qu'ils ont si long-temps appris! ils exercent leur mémoire sur l'ouvrage d'un autre, mais il y a loin de la mémoire à la science. Par la mémoire, vous gardez le dépôt confié à votre souvenir ; par la science, vous vous l'appropriez ; vous ne restez pas toujours attaché devant un modèle,

ad magistrum. Hoc dixit Zeno, hoc Cleanthes. Aliquid intersit inter te, et librum! quousque disces? jam et præcipe. Quid est, quare audiam, quod legere possum? — Multum, inquit, viva vox facit. — Non quidem hæc, quæ alienis verbis commodatur, et actuarii vice fungitur. Adjice nunc, quod isti, qui nunquam tutelæ suæ fiunt, primum in ea re sequuntur priores, in qua nemo non a priore descivit: deinde in ea re sequuntur, quæ adhuc quæritur; nunquam autem invenietur, si contenti fuerimus inventis. Præterea, qui alium sequitur, nihil invenit, immo nec quærit. — Quid ergo? non ibo per priorum vestigia? — Ego vero utar via vetere; sed, si propiorem planioremque invenero, hanc muniam. Qui ante nos ista moverunt, non domini nostri, sed duces sunt. Patet omnibus veritas, nondum est occupata : multum ex illa etiam futuris relictum est.

XXXIV.

Gratulatio et hortatio ad pergendum.

CRESCO et exsulto, et discussa senectute recalesco, quoties ex his, quæ agis et scribis, intelligo, quantum te ipse (nam turbam olim reliqueras) supergrederis. Si agricolam arbor ad fructum perducta delectat; si pastor ex fetu gregis sui capit voluptatem; si alumnum

les yeux fixés sur un maître. Voilà ce que dit Zénon, ce que dit Cléanthe.... Eh! soyez quelque chose de plus qu'un livre! C'est trop long-temps faire le disciple; il est temps d'agir en maître. Qu'ai-je besoin d'écouter ce que je puis lire? — Mais la parole a des effets puissans. — Non, si elle ne fait que répéter la parole d'autrui, et se réduire à l'emploi d'un scribe. Ajoutez que ces hommes qui jamais ne s'abandonnent à leur propre tutelle, suivent leurs devanciers dans une carrière où bien souvent eux-mêmes ne suivaient pas les anciens; dans une carrière encore inconnue, et qui ne sera jamais explorée, si l'on se borne aux pas que l'on y a déjà faits. Ce n'est pas tout : celui qui se met à la suite d'autrui ne trouve, je dis plus, ne cherche rien. — Quoi! l'on ne doit pas marcher sur les traces des anciens! — Moi, du moins, je prendrai l'ancienne route, mais pour la quitter, si j'en trouve une plus courte et plus commode. Nos devanciers sont nos guides, et non pas nos maîtres. Tout le monde peut prétendre à la vérité, nul ne se l'est encore appropriée, et les siècles à venir auront aussi une grande part dans cet héritage.

XXXIV.

Sénèque félicite Lucilius et l'encourage à persévérer jusqu'à la fin.

Je me sens grandir, je triomphe, et mon vieux sang se réchauffe, quand vos actions et vos écrits me montrent combien vous vous êtes surpassé vous-même ; car dès long-temps vous aviez laissé la foule derrière vous. Si le cultivateur voit avec joie ses arbres fructifier, le pasteur ses troupeaux multiplier; si une mère regarde

suum nemo aliter intuetur, quam ut adolescentiam illius suam judicet : quid evenire credis his, qui ingenia educaverunt, et, quæ tenera formaverunt, adulta subito vident? Adsero te mihi : meum opus es. Ego, quum vidissem indolem tuam, injeci manum, exhortatus sum, addidi stimulos, nec lente ire passus sum, sed subinde incitavi : et nunc idem facio, sed jam currentem hortor, et invicem hortantem. — Quid aliud, inquis, adhuc volo? — In hoc plurimum est. Nam sic quomodo principia totius operis dimidium occupare dicuntur, ita res animo constat : itaque pars magna bonitatis est, velle fieri bonum. Scis quem bonum dicam? perfectum, absolutum, quem malum facere nulla vis, nulla necessitas possit. Hunc in te prospicio, si perseveraveris et incubueris, et id egeris, ut omnia facta dictaque tua inter se congruant ac respondeant sibi, et una forma percussa sint. Non est hujusmodi animus in recto, cujus acta discordant.

XXXV.

Non nisi inter bonos amicitia.

Quum te tam valde rogo ut studeas, meum negotium ago. Habere amicum volo; quod contingere mihi, nisi pergas, ut cœpisti, excolere te, non potest : nunc

comme son ouvrage l'enfance du fils qu'elle a nourri ; quelle sera, dites-moi, quelle sera l'allégresse de celui qui, après avoir élevé une âme, après l'avoir façonnée tendre encore, la voit tout à coup au plus haut degré de perfection ! Je vous revendique : vous êtes mon ouvrage. Dès que je remarquai vos dispositions, je mis la main sur vous, je vous exhortai, je vous aiguillonnai ; je n'ai pas laissé votre ardeur se ralentir, je l'ai ranimée de temps à autre, et je le fais encore ; mais j'exhorte un homme qui court, et me rend mes avis. — Que puis-je vouloir de plus, selon vous ? — C'est beaucoup, j'en conviens ; et se mettre à l'ouvrage, c'est en avoir fait la moitié, pour la sagesse comme pour tout autre chose : c'est déjà un grand progrès dans la vertu, que de vouloir devenir vertueux. Savez-vous de quelle vertu je parle ? de cette vertu parfaite, accomplie, à l'épreuve de la violence et de la nécessité. Je la vois chez vous en perspective ; mais persévérez, redoublez d'efforts, veillez à ce que vos paroles et vos actions s'accordent, se répondent, et soient, pour ainsi dire, frappées au même coin. L'âme est mal dirigée, quand il y a désaccord entre ses actions.

XXXV.

Il n'y a d'amitié qu'entre les gens de bien.

Quand je vous presse d'étudier, c'est ma cause que je plaide. Je veux un ami, et je ne puis l'espérer, si vous ne persistez dans votre réforme. Maintenant vous m'aimez, mais vous n'êtes pas mon ami. — Quoi ! ces deux

enim amas me; amicus non es. — Quid ergo? hæc inter se diversa sunt? — Immo dissimilia! Qui amicus est, amat; qui amat, non utique amicus est. Itaque amicitia semper prodest; amor aliquando etiam nocet. Si nihil aliud, ob hoc profice, ut amare discas. Festina ergo, dum mihi proficis; ne istud alteri didiceris. Ego quidem percipio jam fructum, quum mihi fingo, uno nos animo futuros, et, quidquid ætati meæ vigoris abscessit, id ad me ex tua, quanquam non multum abest, rediturum; sed tamen re quoque ipsa esse lætus volo. Venit ad nos ex his, quos amamus, etiam absentibus, gaudium; sed id leve et evanidum. Conspectus, et præsentia, et conversatio aliquid habet vivæ voluptatis; utique si non tantum, quem velis, sed qualem velis, videas. Affer itaque te mihi, ingens munus! et, quo magis instes, cogita te mortalem esse, me senem. Propera ad me; sed ad te prius! Profice, et ante omnia hoc cura, ut constes tibi. Quoties experiri voles an aliquid actum sit, observa an eadem hodie velis, quæ heri. Mutatio voluntatis indicat animum nutare, aliubi atque aliubi, apparere, prout tulit ventus. Non vagatur, quod fixum atque fundatum est. Istud sapienti perfecto contingit, aliquatenus et proficienti provectoque. — Quid ergo interest? — Hic commovetur quidem, non tamen transit, sed suo loco nutat; ille ne commovetur quidem.

choses ne sont pas les mêmes! — Non, et même elles diffèrent beaucoup. Qui est notre ami, nous aime; mais qui nous aime n'est pas pour cela notre ami. Aussi l'amitié est-elle toujours utile; l'affection nuit quelquefois. Hâtez donc vos progrès, ne fût-ce que pour apprendre l'amitié. Mais hâtez-les, ils peuvent encore m'être utiles, plus tard un autre en profiterait. J'en jouis d'avance, il est vrai, quand je songe que nos deux âmes n'en feront plus qu'une seule, et que, malgré le peu de différence de nos âges, la vigueur de la vôtre rendra à la mienne ce qu'elle peut avoir perdu d'énergie; mais j'aspire à un bonheur plus réel. L'idée d'un ami absent nous procure de la joie, mais une joie fugitive et prompte à s'évanouir. La vue, la présence, le commerce d'un ami donne en quelque sorte de la vie au plaisir, surtout si, en le voyant, on le voit tel qu'on le désire. Faites-moi donc un présent inestimable, donnez-vous à moi; et, pour vous presser davantage, songez que je suis vieux et que vous êtes mortel. Courez à moi, mais à vous-même d'abord. Profitez, et ayez soin, avant tout, de rester d'accord avec vous-même. Chaque fois que vous voudrez reconnaître si vous avez fait quelque progrès, voyez si vos désirs du jour sont les mêmes que ceux de la veille. Le changement de volonté décèle un esprit flottant qui erre à l'aventure où le vent le pousse. Rien n'erre de ce qui est établi sur une base solide : avantage réservé au sage, et à celui qui va le devenir; avec cette différence que l'un est ébranlé, sans cependant céder, mais qu'il chancelle sur sa base, tandis que l'autre n'éprouve pas même de secousse.

XXXVI.

Quam sit commoda quies : de votis vulgi :
de contemnenda morte.

Amicum tuum hortare, ut istos magno animo contemnat, qui illum objurgant quod umbram et otium petierit, quod dignitatem suam destituerit, et, quum plus consequi posset, prætulerit quietem omnibus. Quam utiliter suum negotium gesserit, quotidie illis ostentet. Hi, quibus invidetur, non desinent transire; alii elidentur, alii cadent. Res est inquieta felicitas; ipsa se exagitat, movet cerebrum, non uno genere. Alios in aliud irritat; hos in potentiam, illos in luxuriam : hos inflat, illos mollit, et totos resolvit. — At bene aliquis illam fert! — Sic, quo modo vinum. Itaque non est quod tibi isti persuadeant, eum esse felicem, qui a multis obsidetur : sic ad illum, quemadmodum ad lacum, concurritur; quem, qui exhauriunt, et turbant. — Nugatorium et inertem vocant. — Scis, quosdam perverse loqui, et significare contraria. Felicem vocabant : quid ergo? erat? Ne illud quidem curo, quod quibusdam nimis horridi animi videtur et tetrici. Ariston aiebat : « Malle se adolescentem tristem, quam hilarem et amabilem turbæ. Vinum enim bonum fieri, quod recens durum et asperum visum est : non pati ætatem, quod in dolio placuit. » Sine eum tristem ap-

XXXVI.

*Avantages du repos. Dédaigner les vœux du vulgaire.
Méprisier la mort.*

Engagez votre ami à mépriser hardiment le reproche qu'on lui fait d'avoir cherché le repos et la solitude, d'avoir abdiqué sa dignité, d'avoir préféré la retraite aux avantages qu'il pouvait attendre. Il a pris le parti le plus sage; chaque jour le prouvera à ses censeurs. Ils ne cesseront de passer, tous ces hommes auxquels on porte envie; je vois l'un écrasé, l'autre au fond du précipice. La prospérité est inquiète, sans cesse elle se travaille, se tourmente l'esprit, et de plus d'une manière; elle souffle à chacun sa folie : à celui-là, l'ambition; à celui-ci, le goût des plaisirs; elle gonfle les uns, amollit et énerve entièrement les autres. — Mais, direz-vous, on en voit qui savent la supporter. — Oui, comme on supporte le vin. N'allez donc pas, sur la parole d'autrui, croire au bonheur de l'homme qu'assiège une cour nombreuse : on se presse autour de lui comme autour d'un lac, pour le tarir et le troubler. — On taxe votre ami de frivolité, de paresse. — Eh! ne savez-vous pas par quel étrange abus on change le sens des mots? On le disait heureux. L'était-il? je vous le demande. Je ne suis même pas fâché de ce que plusieurs lui trouvent une humeur sauvage et farouche. « Dans la jeunesse, disait Ariston, je préfère un air sombre à cette gaîté qui plaît tant au vulgaire. Le vin âpre et rude dans sa nouveauté, s'améliore en vieillissant : il n'est pas à l'épreuve des ans s'il plaît au sortir du pressoir. « Qu'il passe pour triste et ennemi de ses intérêts : en vieillis-

pellent, et inimicum processibus suis ; bene se dabit in vetustate ipsa tristitia. Perseveret modo colere virtutem, perbibere liberalia studia ; non illa, quibus perfundi satis est, sed hæc, quibus tingendus est animus. Hoc est discendi tempus. — Quid ergo ? aliquod est, quo non sit discendum ? — Minime ! sed quemadmodum omnibus annis studere honestum est, ita non omnibus institui. Turpis et ridicula res est elementarius senex : juveni parandum, seni utendum est. Facies ergo rem utilissimam tibi, si illum quam optimum feceris. Hæc aiunt beneficia esse expetenda tribuendaque, non dubie primæ sortis, quæ tam dare prodest quam accipere. Denique nihil illi jam liberi est : spopondit ! minus autem turpe est creditori, quam spei bonæ, decoquere. Ad illud æs alienum solvendum, opus est negotianti navigatione prospera, agrum colenti ubertate ejus quam colit terræ, et cœli favore : ille, quod debet, sola potest voluntate persolvere. In mores fortuna jus non habet. Hos disponat, ut quam tranquillissimus ille animus ad perfectum veniat ; qui nec ablatum sibi quidquam sentit, nec adjectum, sed in eodem habitu est, quomodocumque res cedunt ; cui sive aggeruntur vulgaria bona, supra res suas eminet ; sive aliquid ex istis vel omnia casus excussit, minor non fit. Si in Parthia natus esset, arcum infans statim tenderet ; si in Germania, protinus puer tenerum hastile vibraret ; si avorum

sant il se trouvera bien de cette tristesse. Qu'il continue seulement à cultiver la vertu, à se pénétrer d'études libérales, non pas de celles dont il suffit de prendre une légère teinture, mais de celles dont l'âme doit s'imprégner tout entière : il est dans l'âge d'apprendre. — Quoi donc? direz-vous, en est-il un où l'on ne doive plus apprendre ? — Non certes : mais si l'on peut étudier à tout âge, à tout âge on ne peut pas être sous la férule. C'est chose honteuse et ridicule, qu'un vieillard écolier. Jeune, on doit amasser pour jouir sur son déclin. Vous ne pouvez donc rien faire de plus utile pour vous-même que de rendre votre ami aussi vertueux que possible. Ce sont des bienfaits à rechercher et à répandre, et, sans contredit, les premiers de tous, que ceux où l'on gagne autant à donner qu'à recevoir. En un mot, votre ami n'est plus libre; il s'est engagé. Or, il est moins honteux de manquer au paiement d'une dette qu'à une promesse de vertu. Pour payer une dette, il faut, au commerçant, une heureuse navigation; au cultivateur, un sol fertile et un ciel propice : pour payer l'autre dette, il suffit de le vouloir. La fortune n'a nul droit sur les mœurs : c'est à lui de régler les siennes; d'élever, à la faveur de sa retraite, son âme à la perfection, à cet état où elle ne puisse sentir ni accroissement ni diminution, où elle reste toujours la même, quels que soient les évènemens. Comblez-la des biens du vulgaire, elle leur est supérieure : que le hasard lui en ôte une partie, ou même le tout, elle n'en est pas moins riche. Né chez les Parthes, au sortir du berceau, il eût bandé un arc; chez les Germains, il eût lancé le javelot de ses mains enfantines; au temps de nos aïeux, il eût appris à monter un cheval, à frapper de près l'ennemi : tels sont les

nostrorum temporibus fuisset, equitare, et hostem cominus percutere didicisset. Hæc singulis disciplina gentis suæ suadet, et imperat.

Quid huic ergo meditandum est? Quod adversus omnia tela, quod adversus omne hostium genus bene facit : mortem contemnere! quæ quin habeat aliquid in se terribile, ut animos nostros (quos in amorem sui natura formavit) offendat, nemo dubitat; nec enim opus esset in id comparari et acui, in quod instinctu quodam voluntario iremus, sicut feruntur omnes ad conservationem sui. Nemo discit, ut, si necesse fuerit, æquo animo in rosa jaceat : sed in hoc duratur, ut tormentis non submittat fidem; ut, si necesse fuerit, stans, etiam aliquando saucius, pro vallo pervigilet, et ne pilo quidem incumbat, quia solet obrepere interim somnus in aliquod adminiculum reclinatis. Mors nullum habet incommodum : esse enim debet aliquis, cujus sit incommodum. Quod si tanta cupiditas te longioris ævi tenet, cogita, nihil eorum quæ ab oculis abeunt, et in rerum naturam, ex qua prodierunt, ac mox processura sunt, reconduntur, consumi. Desinunt ista, non pereunt. Et mors, quam pertimescimus ac recusamus, intermittit vitam, non eripit : veniet iterum, qui nos in lucem reponat, dies; quem multi recusarent, nisi oblitos reduceret. Sed postea diligentius docebo, omnia, quæ videntur perire, mutari. Æquo animo debet rediturus exire.

exercices que chaque nation prescrit et impose à sa jeunesse.

Or, que faire apprendre à votre ami? Une science qui défie tous les traits, toute espèce d'ennemi : le mépris de la mort. Que la mort ait en soi quelque chose de terrible, qu'elle répugne à nos âmes, à notre amour inné pour nous-mêmes, c'est ce dont on ne saurait douter. Quel besoin, en effet, de nous préparer, de nous armer de courage pour une chose où nous porterait notre penchant naturel, comme il nous porte tous à notre conservation? Il ne faut pas de leçons pour se résoudre à coucher, au besoin, sur un lit de roses; mais il en faut pour ne pas trahir sa foi dans les tourmens, pour veiller, s'il est nécessaire, au bord du retranchement, blessé quelquefois, et sans s'appuyer sur sa pique, de peur que le sommeil, comme il arrive souvent, ne vous surprenne au repos. La mort ne fait aucun mal; pour le souffrir, il faudrait vivre encore. Si toutefois vous êtes si avide d'avenir, songez que, de tous les êtres qui disparaissent à vos yeux pour rentrer au sein de la nature, d'où ils sont sortis et doivent sortir de nouveau, nul n'est anéanti : tout cesse, rien ne périt. Et cette mort si redoutée, si repoussante, elle n'éteint pas la vie, elle ne fait que l'interrompre. Un jour doit venir, qui nous rendra à la lumière : jour fatal qu'on refuserait peut-être si, avec l'existence, il ne nous apportait l'oubli. Mais, dans la suite, je vous prouverai avec plus de détail que tout ce qui semble périr ne fait que changer de forme. On doit partir de bonne grâce, quand c'est pour revenir. Examinez le cercle des êtres toujours en mouvement, et

Observa orbem rerum in se remeantium : videbis nihil in hoc mundo exstingui, sed vicibus descendere, ac surgere. Æstas abit, sed alter illam annus adducit; hiems cecidit, referent illam sui menses; solem nox obruit, sed ipsam statim dies abiget. Stellarum iste decursus, quidquid præterit, repetit : pars cœli levatur assidue, pars mergitur. Denique finem faciam, si hoc unum adjecero, nec infantes, nec pueros, nec mente lapsos, timere mortem : et esse turpissimum, si eam securitatem nobis ratio non præstat, ad quam sultitia perducit.

XXXVII.

De fortitudine quam suppeditat philosophia.

Quod maximum vinculum est ad bonam mentem, promisisti : virum bonum. Sacramento rogatus es. Deridebit, si quis tibi dixerit, mollem esse militiam et facilem : nolo te decipi. Eadem honestissimi hujus et illius turpissimi auctoramenti verba sunt : uri, vinciri, ferroque necari. Ab his, qui manus arenæ locant, et edunt ac bibunt quæ per sanguinem reddant, cavetur, ut ista vel inviti patiantur; a te, ut volens libensque patiaris. Illis licet arma submittere, misericordiam populi tentare : tu neque submittes, nec vitam rogabis; recto tibi invictoque moriendum est. Quid porro prodest, paucos dies aut annos lucri facere? sine missione

vous verrez que rien au monde n'est anéanti, que tout monte et descend tour-à-tour. L'été fuit, mais l'année suivante le ramène ; l'hiver s'en va, mais pour revenir en son temps ; le soleil se plonge dans la nuit, mais la nuit fait place au jour. La marche présente des astres, n'est qu'une répétition de leur marche antérieure ; sans cesse une partie du ciel s'élève, une partie descend. Je n'ai plus qu'un mot à dire : ni les nouveau-nés, ni les enfans, ni les insensés ne craignent le repos ; or, c'est une honte pour nous, si la raison ne nous conduit pas à une sécurité que procure à ces êtres l'absence de la raison.

XXXVII.

Du courage que donne la philosophie.

Vous êtes lié à la vertu par le plus solennel des engagemens : vous avez promis un homme de bien. Vous êtes enrôlé sous serment. Vous dire que le service est doux et facile serait se moquer de vous : je ne veux pas vous laisser dans l'erreur. Aussi glorieux que celui du gladiateur est infâme, votre engagement est conçu dans les mêmes termes : périr sous le fouet, par le fer ou par le feu. Mais le malheureux qui se loue aux combats du Cirque, qui boit et mange pour avoir du sang à répandre, il est forcé d'endurer la douleur même contre son gré : vous, au contraire, c'est volontairement et avec joie que vous devez l'endurer. Permis à lui de rendre les armes, d'implorer la miséricorde du peuple : vous ne devez ni déposer les vôtres ni demander la vie ; mourez debout et sans faiblesse.

nascimur. — Quomodo ergo, inquis, me expediam? — Effugere non potes necessitates ; potes vincere. Fiat via! et hanc tibi viam dabit philosophia. Ad hanc te confer, si vis salvus esse, si securus, si beatus; denique si vis esse, quod est maximum, liber. Hoc contingere aliter non potest. Humilis res est stultitia, abjecta, sordida, servilis, multis affectibus et sævissimis subjecta. Hos tam graves dominos interdum, alternis imperantes, interdum pariter, dimittit a te sapientia, quæ sola libertas est. Una ad hanc fert via, et quidem recta : non aberrabis; vade certo gradu! Si vis omnia tibi subjicere, te subjice rationi! Multos reges, si ratio te rexerit. Ab illa disces, quid et quemadmodum aggredi debeas : non incides rebus. Neminem mihi dabis, qui sciat, quomodo, quod vult, cœperit velle : non consilio adductus ullo, sed impetu impactus est. Non minus sæpe fortuna in nos incurrit, quam nos in illam. Turpe est non ire, sed ferri, et subito, in medio turbine rerum stupentem, quærere : Huc ego quemadmodum veni?

Eh! que vous servirait de gagner quelques jours, quelques années? Venir au monde, c'est entrer dans une milice où l'on ne connaît pas de congé. —Mais, direz-vous, comment me débarrasser de mes liens? —Vous ne pouvez échapper à la nécessité, mais vous pouvez la vaincre. Ouvrez-vous une route; et cette route, la philosophie vous l'indiquera. C'est à elle qu'il faut recourir, si vous voulez de la paix, de la sécurité, du bonheur; si vous voulez, en un mot, de la liberté, le premier de tous les biens : nul autre moyen de les obtenir. La folie est un état déshonorant, abject, sordide et servile; elle obéit à mille passions cruelles, tyrans insupportables qui l'oppriment quelquefois tour-à-tour, quelquefois de concert, et dont la sagesse peut seule affranchir : la sagesse, l'unique liberté. Une seule route y mène, elle est droite, point d'écarts à craindre, marchez d'un pas assuré. Voulez-vous tout soumettre? soumettez-vous à la raison. L'empire qu'elle exercera sur vous, vous l'exercerez sur les autres : elle vous montrera le but où vous devez tendre, et vous fournira les moyens d'y arriver : le hasard ne vous jettera plus au milieu des évènemens. Vous ne trouverez pas d'homme qui puisse remonter au principe de ses volontés : c'est que personne n'est guidé par la raison, mais qu'on se laisse pousser par un instinct aveugle. La fortune vient aussi souvent se heurter à nous que nous à elle. C'est une honte; au lieu de marcher, on est emporté; et, au milieu du tourbillon, on se demande, tout éperdu : Comment suis-je venu ici?

XXXVIII.

Laudat breves sermones.

Merito exigis, ut hoc inter nos epistolarum commercium frequentemus. Plurimum proficit sermo, qui minutatim irrepit animo : disputationes præparatæ et effusæ, audiente populo, plus habent strepitus, minus familiaritatis. Philosophia bonum consilium est; consilium nemo clare dat. Aliquando utendum est et illis, ut ita dicam, concionibus, ubi, qui dubitat, impellendus est : ubi vero non hoc agendum est, ut velit discere, sed ut discat, ad hæc submissiora verba veniendum est. Facilius intrant et hærent : nec enim multis opus est, sed efficacibus. Seminis modo spargenda sunt; quod, quamvis sit exiguum, quum occupavit idoneum locum, vires suas explicat, et ex minimo in maximos auctus diffunditur. Idem facit ratio : non late patet, si aspicias; in opere crescit. Pauca sunt quæ dicuntur; sed si illa animus bene exceperit, convalescunt et exsurgunt. Eadem est, inquam, præceptorum conditio, quæ seminum : multum efficiunt, etsi angusta sunt, tantum, ut dixi, idonea mens rapiat illa et in se trahat. Multa invicem et ipsa generabit, et plus reddet, quam acceperit.

XXXVIII.

Éloge des préceptes brièvement présentés.

Vous demandez, avec raison, que notre commerce de lettres devienne plus fréquent. Rien de plus utile que ces leçons qui s'insinuent dans l'âme par pensées détachées. Les dissertations préparées et débitées devant la multitude font plus de bruit et moins d'effet. La philosophie est un conseil utile; et on ne donne jamais des conseils à haute voix. Parfois on peut employer ces sortes de harangues, quand il faut entraîner un esprit indécis. S'agit-il au contraire, non plus de l'engager à s'instruire, mais de l'instruire soi-même; alors il faut revenir à des formes plus modestes. De cette manière, les conseils pénètrent et se gravent mieux dans l'âme; il ne les faut pas longs, mais efficaces. Ils doivent être semés comme le grain : tout faible qu'il est, dès qu'il tombe dans un terrain favorable, il se développe, et, d'une extrême petitesse, il parvient aux plus vastes accroissemens. Ainsi d'un précepte : à le voir, il est borné, mais, mis en action, il grandit. Ce n'est qu'un mot, mais ce mot prend de la force et de l'accroissement, s'il rencontre une âme bien disposée. Oui, il en est des préceptes comme des grains : utiles malgré leur brièveté. Il ne faut, comme je le disais, qu'une âme propre à s'en saisir et à s'en pénétrer : fécondée par ces germes, elle fructifiera et rendra plus encore qu'elle n'aura reçu.

XXXIX.

De incommodis bonæ fortunæ.

COMMENTARIOS, quos desideras, diligenter ordinatos et in angustum coactos, ego vero componam; sed vide ne plus profectura sit ratio ordinaria, quam hæc, quæ nunc vulgo *breviarium* dicitur; olim, quum latine loqueremur, *summarium* vocabatur. Illa res discenti magis necessaria est, hæc scienti : illa enim docet, hæc admonet. Sed utriusque rei tibi copiam faciam. Tu a me non est quod illum aut illum exigas : qui notorem dat, ignotus est. Scribam ergo quod vis, sed meo more. Interim multos habes, quorum scripta nescio an satis ordinent. Sume in manus *Indicem philosophorum*; hæc ipsa res expergisci te coget, si videris quam multi tibi laboraverint : concupisces et ipse ex illis unus esse. Habet enim hoc optimum in se generosus animus, quod concitatur ad honesta. Neminem excelsi ingenii virum humilia delectant et sordida; magnarum rerum species ad se vocat, et extollit. Quemadmodum flamma surgit in rectum, jacere ac deprimi non potest, non magis quam quiescere; ita noster animus in motu est, eo mobilior et actuosior, quo vehementior fuerit. Sed felix, qui ad meliora hunc impetum dedit! ponet se extra jus ditionemque fortunæ; secunda temperabit, adversa comminuet, et aliis admi-

XXXIX.

Inconvéniens de la prospérité.

Les extraits que vous désirez, je suis prêt à les faire avec le plus de méthode et de concision possibles : mais, prenez-y garde, un ouvrage dans les formes ordinaires serait peut-être plus utile que ces *abrégés* d'aujourd'hui, dits autrefois *sommaires*, alors que nous parlions latin. Le premier est plus nécessaire à qui étudie : il instruit ; le second à qui sait : il rappelle. Mais je travaillerai dans les deux genres. Vous, n'exigez pas de moi que je suive tel ou tel auteur : on donne un répondant quand on est inconnu. J'écrirai selon vos vues, mais à ma manière. En attendant, vous avez entre les mains une foule de traités ; mais j'ignore s'ils sont assez méthodiques. Prenez le *catalogue des philosophes* : pour ranimer votre ardeur, il vous suffira de compter tous ceux qui ont travaillé pour vous ; vous aussi, vous voudrez être compté parmi eux. En effet, une âme élevée a cela de beau en soi qu'elle se passionne pour les choses honnêtes. Rien de bas et de honteux ne saurait séduire un noble caractère ; l'idée du grand le ravit et l'entraîne. Voyez la flamme, elle s'élève droite, elle ne peut ni descendre, ni s'abattre, ni rester en repos ; de même, toujours en mouvement, l'âme est d'autant plus remuante, plus active qu'elle a plus de vigueur. Heureux l'homme qui dirige cet élan vers le bien ! il échappe à l'empire, au joug de la fortune. Modéré dans la prospérité, invincible au malheur, il méprisera ce que le vulgaire admire. Une âme grande dédaigne les grandeurs. Elle préfère

randa despiciet. Magni animi est magna contemnere, ac mediocria malle quam nimia : illa enim utilia vitaliaque sunt; at hæc, eo quod superfluunt, nocent. Sic segetem nimia sternit ubertas; sic rami onere franguntur; sic ad maturitatem non pervenit nimia fecunditas. Idem animis quoque evenit, quos immoderata felicitas rumpit; qua non tantum in aliorum injuriam, sed etiam in suam, utuntur. Quis hostis in quemquam tam contumeliosus fuit, quam in quosdam voluptates suæ sunt? quorum impotentiæ atque insanæ libidini ob hoc unum possis ignoscere, quod, quæ fecere, patiuntur. Nec immerito hic illos furor vexat : necesse est in immensum exeat cupiditas, quæ naturalem modum transilit. Illa enim habet suum finem; inania et ex libidine orta sine termino sunt. Necessaria metitur utilitas : supervacua quo redigis? Voluptatibus itaque se mergunt, quibus in consuetudinem adductis carere non possunt : et ob hoc miserrimi sunt, quod eo pervenerunt, ut illis, quæ supervacua fuerant, facta sint necessaria. Serviunt itaque voluptatibus, non fruuntur; et mala sua (quod malorum ultimum est) amant. Tunc autem consummata est infelicitas, ubi turpia non solum delectant, sed etiam placent; et desinit esse remedio locus, ubi, quæ fuerant vitia, mores sunt.

la médiocrité à l'élévation. La médiocrité est utile; elle suffit à la vie; l'élévation nuit par son superflu. Ainsi les épis trop chargés se renversent; ainsi les branches rompent sous le poids des fruits; ainsi trop de fécondité nuit à la maturité. L'âme succombe de même sous le faix du bonheur. Elle s'en fait une arme contre les autres, mais aussi contre elle-même. Pas d'ennemi aussi cruel pour son ennemi, que la volupté pour certains hommes. Si on leur passe leur arrogance, leurs fureurs insensées, c'est qu'ils souffrent tout le mal qu'ils font aux autres; et il faut bien qu'ils soient victimes de leur frénésie : la cupidité ne doit plus connaître de bornes, une fois qu'elle a franchi celles de la nature. La nature a ses limites; les désirs, fils de la frivolité, du caprice, n'en ont pas. L'utile est la mesure du nécessaire; mais à quelle mesure soumettre le superflu? Ainsi, l'on se plonge dans les plaisirs, on s'en fait une habitude et on ne peut plus s'en passer; d'autant plus malheureux que le superflu est devenu le nécessaire. On ne jouit plus des plaisirs, on en est l'esclave; et, ce qui est le dernier degré du malheur, on aime son mal. Oui, c'est être au comble du malheur, que de se livrer à la débauche, non plus par passion, mais par goût : et le mal est sans remède quand les vices sont les mœurs du temps.

XL.

Quæ deceat philosophum eloquentia.

Quod frequenter mihi scribis, gratias ago; nam quo uno modo potes, te mihi ostendis. Nunquam epistolam tuam accipio, ut non protinus una simus. Si imagines nobis amicorum absentium jucundæ sunt, quæ memoriam renovant, et desiderium absentiæ falso atque inani solatio levant; quanto jucundiores sunt litteræ, quæ vera amici absentis vestigia, veras notas afferunt? Nam, quod in conspectu dulcissimum est, id amici manus epistolæ impressa præstat, agnoscere.

Audisse te, scribis, Serapionem philosophum, quum istuc applicuisset; solere magno cursu verba convolvere, quæ non effundit, immo premit et urget; plura enim veniunt, quam quibus una vox sufficiat. Hoc non probo in philosopho, cujus pronuntiatio quoque, sicut vita, debet esse composita : nihil autem ordinatum est, quod præcipitatur et properat. Itaque oratio illa apud Homerum concitata, et sine intermissione in morem nivis superveniens, oratori data est; at lenis et melle dulcior seni profluit. Sic itaque habe, istam vim dicendi rapidam atque abundantem aptiorem esse circulanti, quam agenti rem magnam ac seriam, docentique. Æque stillare illam nolo, quam currere : nec extendat aures, nec obruat. Nam illa quoque inopia et exilitas

XL.

De l'éloquence qui convient au philosophe

Vous m'écrivez souvent, je vous en remercie : c'est là en effet le seul moyen de vous montrer à moi. Jamais je ne reçois de vos lettres qu'aussitôt nous ne soyons ensemble. Si nous aimons à contempler l'image qui nous rappelle un ami absent, si cette consolation vaine et mensongère trompe un moment notre douleur; que de charmes ne devons-nous pas trouver dans une lettre qui nous reproduit avec vérité l'expression vivante de l'ami dont nous regrettons l'absence! Oui, dans ces caractères où sa main est empreinte, nous retrouvons encore ce que sa présence avait de plus doux!

Le philosophe Sérapion est donc venu dans vos parages? Il parle, vous a-t-on dit, avec une grande volubilité. Dans sa bouche les mots ne se succèdent pas, ils se pressent, ils se poussent, ils viennent en trop grand nombre pour qu'une seule voix y puisse suffire. C'est un défaut dans un philosophe : chez lui le débit doit être mesuré comme la conduite; or, la précipitation exclut la mesure. Cette éloquence abondante et rapide qui tombe sans cesse comme des flocons de neige, Homère la prête à l'orateur. Mais, des lèvres du vieillard, il fait découler une éloquence calme et plus douce que le miel. Croyez-moi, ce débit impétueux, ce flux de paroles conviennent plus à un charlatan qu'à celui qui enseigne et pratique de grandes et sérieuses doctrines. Mais je n'aime pas plus la lenteur que la précipitation. L'oreille ne veut être ni assourdie ni accablée. Cette pauvreté, cette sécheresse de langage rendent l'auditeur moins attentif; il s'ennuie à

minus intentum auditorem habet, tædio interruptæ tarditatis : facilius tamen insidit quod exspectatur, quam quod prætervolat. Denique tradere homines discipulis præcepta dicuntur : non traditur, quod fugit. Adjice nunc, quod, quæ veritati operam dat oratio, incomposita debet esse et simplex : hæc popularis nihil habet veri; movere vult turbam, et inconsultas aures impetu rapere : tractandam se non præbet; aufertur. Quomodo autem regere potest, quæ regi non potest? Quid, quod hæc oratio, quæ sanandis mentibus adhibetur, descendere in nos debet? remedia non prosunt, nisi immorentur. Multum præterea habet inanitatis et vani; plus sonat, quam valet. Lenienda sunt quæ me exterrent, compescenda quæ irritant, discutienda quæ fallunt; inhibenda luxuria, corripienda avaritia. Quid horum raptim potest fieri? quis medicus in transitu curat ægros? Quid, quod ne voluptatem quidem ullam habet talis verborum sine delectu ruentium strepitus? Sed, ut pleraque, quæ fieri posse non crederes, cognovisse satis est; ita istos, qui verba exercuerunt, abunde est semel audisse. Quid enim quis discere, quid imitari velit? quid de eorum animo judicet, quorum oratio perturbata et immissa est, nec potest reprimi! Quemadmodum per proclive currentium, non ubi visum est, gradus sistitur; sed incitato corporis pondere se rapit, ac longius, quam voluit, effertur : sic ista di-

la longue de ces pauses continuelles. Néanmoins la pensée qu'il faut attendre se retient plus aisément que celle qui ne fait qu'effleurer les oreilles. Enfin on dit que le maître donne des leçons à ses disciples : peut-on donner ce qui s'enfuit? Ajoutez que l'éloquence, interprète de la vérité, doit être simple et sans apprêt. L'éloquence populaire n'a pas la vérité pour objet. Émouvoir la foule, entraîner l'inexpérience, voilà son but; elle ne se laisse pas guider, elle s'emporte. Eh! comment régler les autres quand on ne connaît pas de règles? En un mot, un discours destiné à guérir l'âme, doit au moins descendre au fond de nos cœurs. A quoi servent les remèdes, s'ils ne séjournent dans le corps? Et puis ce verbiage cache un grand vide; beaucoup de mots, pas d'idées. Vous avez mes craintes à dissiper, mes passions à combattre, mes erreurs à détruire, mes débauches à réprimer, mon avarice à corriger! Pensez-vous faire tout cela à la course? Est-ce en passant qu'un médecin guérit ses malades? Et même, à ne consulter que le plaisir, en trouve-t-on, dites-moi, dans ce choc de paroles jetées à l'aventure? Mais on aime à voir une fois les choses que l'on croyait impossibles : ces artisans de paroles, c'est bien assez de les entendre un moment. Qu'y trouve-t-on à apprendre? à imiter? et que penser de l'esprit d'un orateur si confus, si fougueux, si désordonné? Voyez cet homme qui court sur une pente : il ne peut s'arrêter où il veut, le poids de son corps l'entraîne. Telle est cette éloquence emportée, jamais maîtresse d'elle-même, indigne d'un philosophe. Le philosophe doit placer ses paroles et non les jeter à la hâte, il doit s'avancer pas à pas. — Quoi donc? ne pourra-t-il jamais s'élever? — S'il le peut! oui, certes, mais sans compromettre sa dignité :

cendi celeritas nec in sua potestate est, nec satis decora philosophiæ, quæ ponere debet verba, non projicere, et pedetentim procedere. — Quid ergo? non aliquando et insurget? — Quidni? sed salva dignitate morum, quam violenta ista et nimia vis exuit. Habeat vires magnas, moderatas tamen; perennis sit unda, non torrens. Vix oratori permiserim talem dicendi velocitatem, irrevocabilem, ac sine lege vadentem. Quemadmodum enim judex subsequi poterit, aliquando etiam imperitus et rudis : tum quoque, quum illum aut ostentatio abstulerit, aut affectus impetus sui? Tantum festinet atque ingerat, quantum aures pati possunt.

Recte ergo facies, si non videris istos, qui, quantum dicant, non quemadmodum, quærunt; et ipse malueris, si necesse est, vel P. Vinicium dicere. — Qui itaque? Quum quæreretur quomodo P. Vicinius diceret, Asellius ait : « Tractim. » Nam Geminus Varius ait : « Quomodo istum disertum dicatis, nescio; tria verba non potest jungere. » — Quidni malis tu sic dicere quomodo Vinicius? Aliquis tam insulsus intervenerit, quam qui illi singula verba vellenti, tanquam dictaret, non diceret, ait : « Dic, vel nunquam dicas. » Nam Q. Haterii cursum, suis temporibus oratoris celeberrimi, longe abesse ab homine sano volo. Nunquam dubitavit, nunquam intermisit; semel incipiebat, semel desinebat. Quædam tamen et nationibus puto magis aut

elle disparaît parmi ces tours de force et ces exagérations. Qu'il ait de l'énergie, mais de la mesure; que ce soit une source abondante, et non pas un torrent. C'est à peine si je pardonne à l'orateur cette précipitation qui va sans règles et sans lois. Eh! comment pourra-t-il être saisi par un juge quelquefois ignorant et novice, surtout si le vain désir de briller, si un mouvement dont il n'est pas le maître, le mettent hors de lui? Il ne doit hâter, presser ses paroles que suivant la portée de son auditoire.

Vous ferez donc bien de ne pas fréquenter ces orateurs plus curieux de beaucoup dire que de bien dire; et, s'il y avait un choix à faire, d'imiter plutôt P. Vinicius de qui Asellius disait qu'il traînait ses mots. — Je ne sais comment vous pouvez le trouver éloquent, disait Geminus Varius, il ne peut assembler trois paroles. — Eh bien! je préférerais en vous le défaut de Vinicius, dût un mauvais plaisant vous railler comme lui. Les mots sortaient un à un de sa bouche, comme s'il dictait; on lui cria : Parlez, de grâce, ou taisez-vous. En effet, le débit précipité de L. Haterius, l'orateur le plus célèbre de son temps, est un défaut que doit éviter tout homme sensé. Jamais on ne le vit s'arrêter ni hésiter; il commençait et finissait d'une seule traite. J'avoue que chaque peuple a ses convenances : l'excès que je blâme est permis chez les Grecs; nous, au contraire, même en écrivant, nous séparons nos mots. Cicéron lui-même, qui a donné l'essor

minus convenire. In Græcis hanc licentiam tuleris; nos, etiam quum scribimus, interpungere assuevimus. Cicero quoque noster, a quo romana eloquentia exsilivit, gradarius fuit. Romanus sermo magis se circumspicit, et æstimat, præbetque æstimandum. Fabianus, vir egregius et vita, et scientia, et (quod post ista est) eloquentia quoque, disputabat expedite magis, quam concitate; ut posses dicere, facilitatem esse illam, non celeritatem. Hanc ego in viro sapiente recipio : non exigo, ut oratio ejus sine impedimento exeat; proferatur tamen malo, quam profluat. Eo autem magis te deterreo ab isto morbo, quod non potest tibi res ista contingere aliter, quam si te pudere desierit; perfrices frontem oportet, et te ipse non audias : multa enim inobservatus ille cursus feret, quæ reprehendere velis. Non potest, inquam, tibi contingere res ista, salva verecundia. Præterea exercitatione opus est quotidiana, et a rebus studium transferendum est ad verba. Hæc autem, etiam si aderunt, et poterunt sine ullo tuo labore decurrere, tamen, temperanda sunt : nam quemadmodum sapienti viro incessus modestior convenit, ita oratio pressa, non audax. Summa ergo summarum hæc erit : tardiloquum te esse jubeo.

à l'éloquence latine, Cicéron avait une marche réglée. Notre langue est circonspecte; elle sent sa dignité et veut la faire sentir. Fabianus, célèbre par ses vertus, son savoir, et par le mérite, secondaire en comparaison de l'éloquence, parlait avec aisance plutôt qu'avec rapidité : c'était de la facilité, et non pas de la vitesse. Telle doit être, selon moi, l'éloquence du sage; je n'exige pas que ses paroles coulent sans obstacles, et même je préfère en lui la lenteur à la précipitation. Je cherche d'autant plus à vous préserver de ce défaut qu'il n'arrive jamais qu'aux dépens de la honte, et qu'il faut, pour le prendre, avoir cessé de rougir et de s'écouter. Ce flux inconsidéré entraîne après soi mille inadvertances que l'on voudrait corriger. Non, cette volubilité n'est pas compatible avec la décence; elle exige d'ailleurs qu'on l'exerce tous les jours, qu'on sacrifie l'étude des choses à celle des mots. Ces mots se présenteraient d'eux-mêmes et viendraient sans travail, qu'il faudrait se modérer. La démarche du sage doit être modeste; son éloquence ferme et sans audace. Je réduis donc tous mes préceptes à celui-ci : soyez lent à parler.

XLI.

Deum in viro bono sedere.

Facis rem optimam, et tibi salutarem, si, ut scribis, perseveras ire ad bonam mentem; quam stultum est optare, quum possis a te impetrare. Non sunt ad coelum elevandæ manus, nec exorandus ædituus, ut nos ad aurem simulacri, quasi magis exaudiri possimus, admittat : prope est a te Deus, tecum est, intus est! Ita dico, Lucili : sacer intra nos spiritus sedet, malorum bonorumque nostrorum observator et custos; hic, prout a nobis tractatus est, ita nos ipse tractat. Bonus vir sine Deo nemo est. An potest aliquis supra fortunam, nisi ab illo adjutus, exsurgere? Ille dat consilia magnifica et erecta. In unoquoque virorum bonorum

(Quis Deus, incertum est) habitat Deus!

Si tibi occurrit vetustis arboribus et solitam altitudinem egressis frequens lucus, et conspectum cœli densitate ramorum aliorum alios protegentium submovens; illa proceritas silvæ et secretum loci, et admiratio umbræ, in aperto tam densæ atque continuæ, fidem tibi numinis facit. Et, si quis specus saxis penitus exesis montem suspenderit, non manu factus, sed naturalibus causis in tantam laxitatem excavatus; animum tuum quadam religionis suspicione percutiet. Magnorum flu-

XLI.

Dieu réside dans l'homme de bien.

Votre conduite est louable, elle est salutaire: si, comme vous le dites, vous continuez à marcher vers la perfection. Il est insensé de la demander aux Dieux, quand on peut la tenir de soi-même. A quoi bon élever vos mains vers le ciel? supplier le gardien du temple de vous approcher du simulacre afin d'en être mieux entendu? Dieu est près de vous, il est avec vous, il est en vous. Oui, Lucilius, un esprit saint réside en nous, qui observe et note nos bonnes et nos mauvaises actions. Comme nous l'avons traité, il nous traite à son tour. Point d'homme de bien en qui Dieu ne réside. Sans cet appui, comment s'élever au dessus de la fortune? De lui nous viennent les nobles conseils, les hautes inspirations. Dans le cœur de tout homme de bien,

> Habite un Dieu : quel est-il? on l'ignore.

S'il s'offre à vos regards une forêt peuplée d'arbres antiques dont les cimes montent jusqu'aux nues, et dont les rameaux entrelacés ferment l'accès à la clarté du jour, cette hauteur prodigieuse, le mystère de cette solitude, ces masses imposantes de verdure qui s'étendent à perte de vue, tout vous révélera la présence d'une divinité. Et cette caverne dont le temps a miné les flancs, et au dessus de laquelle s'élève une montagne, pour ainsi dire suspendue dans les airs, cette caverne que n'a pas faite la main de l'homme, mais que la nature a si profondément creusée, n'inspirera-t-elle pas à votre âme une re-

minum capita veneramur; subita ex abdito vasti amnis eruptio aras habet; coluntur aquarum calentium fontes; et stagna quædam vel opacitas, vel immensa altitudo sacravit. Si hominem videris interritum periculis, intactum cupiditatibus, inter adversa felicem, in mediis tempestatibus placidum, ex superiore loco homines videntem, ex æquo deos; non subibit te ejus veneratio? non dices: Ista res major est altiorque, quam ut credi similis huic, in quo est, corpusculo possit? Vis istuc divina descendit. Animum excellentem, moderatum, omnia tanquam minora transeuntem, quidquid timemus optamusque ridentem, cœlestis potentia agitat. Non potest res tanta sine adminiculo numinis stare : itaque majore sui parte illic est, unde descendit. Quemadmodum radii solis contingunt quidem terram, sed ibi sunt, unde mittuntur : sic animus magnus et sacer, et in hoc demissus, ut propius divina nossemus, conversatur quidem nobiscum, sed hæret origini suæ : illinc pendet; illuc spectat ac nititur : nostris tanquam melior interest. Quis est ergo hic? animus qui nullo bono nisi suo nititur.

Quid enim est stultius, quam in homine aliena laudare? quid eo dementius, qui ea miratur, quæ ad alium transferri protinus possint? Non faciunt meliorem equum aurei fræni. Aliter leo aurata juba mittitur, dum contractatur, et ad patientiam recipiendi ornamenta cogi-

ligieuse terreur? Les sources des grands fleuves sont l'objet de notre culte; l'éruption subite d'une rivière souterraine a fait dresser des autels; on vénère les fontaines d'eaux chaudes, et il est des marais qu'a consacrés leur profondeur immense, ou la sombre épaisseur de leurs eaux. Si vous voyez un homme que n'effraie aucun péril, que ne souille aucune passion, heureux dans l'adversité, calme au sein des tempêtes, qui voit les hommes à ses pieds, les dieux à son niveau, ne serez-vous pas saisi d'admiration pour lui? ne direz-vous pas : il y a dans cet être quelque chose de grand, de sublime, qui ne saurait être de même nature que ce misérable corps? Ici Dieu se révèle. Oui, une âme grande et modérée qui regarde en pitié toutes les choses d'ici bas, qui se rit des sujets de nos craintes et de nos espérances, est mue par une impulsion divine. Sans l'appui de la divinité, comment se maintiendrait-elle à cette hauteur? La plus belle partie de cet être est donc au lieu de son origine. Les rayons du soleil touchent la terre, mais tiennent encore au foyer d'où ils émanent; de même cette âme sublime et sainte envoyée sur la terre pour nous montrer la divinité de plus près, tout en vivant au milieu de nous, reste encore attachée à la céleste patrie. Elle y tient, elle y regarde, elle y aspire; c'est un génie supérieur descendu parmi nous. Quelle est cette âme? celle qui ne se repose que sur ses propres biens.

Quelle folie en effet d'admirer dans un homme ce qui lui est étranger! de s'extasier devant ce qui peut en un moment passer à un autre! Le frein d'or ne rend point un cheval meilleur. Autre est un lion à la crinière dorée, le lion que l'on manie, que l'on force à subir l'affront d'une parure qui l'outrage; autre est le lion du désert,

tur fatigatus; aliter incultus, integri spiritus. Hic scilicet impetu acer, qualem illum natura esse voluit, speciosus ex horrido, cujus hic decor est, non sine timore aspici, præfertur illi languido et bracteato. Nemo gloriari nisi suo debet. Vitem laudamus, si fructu palmites onerat, si ipsa ad terram, pondere eorum quæ tulit, adminicula deducit. Nam quis huic illam præferet vitem, cui aureæ uvæ, aurea folia dependent? Propria virtus est in vite fertilitas : in homine quoque id laudandum est, quod ipsius est. Familiam formosam habet, et domum pulchram; multum serit, multum fœnerat: nihil horum in ipso est, sed circa ipsum. Lauda in illo quod nec eripi potest, nec dari; quod proprium hominis est. Quæris, quid sit? Animus, et ratio in animo perfecta! Rationale enim animal est homo : consummatur itaque bonum ejus, si id implevit, cui nascitur. Quid est autem, quod ab illo ratio hæc exigit ? Rem facillimam : secundum naturam suam vivere! sed hanc difficilem facit communis insania : in vitia alter alterum trudimus! quomodo autem revocari ad salutem possunt, quos nemo retinet, populus impellit?

la crinière en désordre, avec sa rude et sauvage fierté. Voyez-le : il bondit, il se précipite; il est tel que la nature l'a fait, terrible, mais beau de la terreur qu'il inspire. Quel contraste avec cet animal languissant et couvert d'or! On ne doit se glorifier que de ce qui est sien. On aime une vigne dont les sarmens sont chargés de grappes, dont les appuis succombent sous le faix. Ira-t-on lui préférer une vigne, au raisin, au feuillage d'or? Non, le mérite de la vigne est dans sa fertilité; chez l'homme, il faut louer ce qui est de l'homme. Il a de beaux esclaves, un palais magnifique, des moissons abondantes, un ample revenu : tout cela n'est pas lui, mais bien son entourage. Admirez en lui ce qu'on ne peut ni lui donner ni lui ravir, ce qui est propre à l'homme. Qu'est-ce cela, me demandez-vous? C'est son âme, et, dans son âme, la sagesse. L'homme est un être raisonnable; il fait son bonheur en remplissant sa destination. Or, que veut de lui la raison? Rien que de très-facile; qu'il vive conformément à sa nature. Mais la folie générale y met de grands obstacles; on se pousse mutuellement au vice; et comment ramener à la raison des hommes que personne ne retient, et que la foule entraîne?

XLII.

Rarissimos esse viros bonos.

Jam tibi iste persuasit, virum se bonum esse? Atqui vir bonus tam cito nec fieri potest, nec intelligi. Scis quem nunc *virum bonum* dicam? hujus secundæ notæ! nam ille alter fortasse, tanquam phœnix, semel anno quingentesimo nascitur; nec est mirum, ex intervallo magna generari. Mediocria, et in turbam nascentia, sæpe fortuna producit : eximia vero ipsa raritate commendat. Sed iste multum adhuc abest ab eo, quod profitetur; et, si sciret quid esset vir bonus, nondum esse se crederet, fortasse etiam fieri posse desperaret. — At male existimat de malis! — Hoc etiam mali faciunt: nec ulla major pœna nequitiæ est, quam quod sibi ac suis displicet. — At odit eos qui subita et magna potentia impotenter utuntur! — Idem faciet, quum idem poterit. Multorum, quia imbecillia sunt, latent vitia; non minus ausura, quum illis vires suæ placuerint, quam illa, quæ jam felicitas aperuit. Instrumenta illis explicandæ nequitiæ desunt. Sic tuto serpens etiam pestifera tractatur, dum riget frigore : non desunt tunc illi venena, sed torpent. Multorum crudelitas, et ambitio, et luxuria, ut paria pessimis audeat, fortunæ favore deficitur. Eadem velle eos cognosces; da posse, quantum volunt. Meministi, quum quemdam affirmares

XLII.

Rareté des gens de bien.

Quoi! votre ami vous a déjà persuadé qu'il est homme de bien! Ce n'est pourtant pas si promptement qu'on peut le devenir, ni même le paraître. Encore savez-vous de quel homme de bien je parle? De celui de la seconde classe; pour l'autre, c'est un phénix qui naît peut-être une fois tous les cinq cents ans. Rien de plus simple : il faut du temps pour créer des merveilles. La nature est fertile en productions médiocres et communes; la rareté de ses chefs-d'œuvre en fait sentir le prix. Mais que votre ami est loin du terme où il se croit arrivé! S'il savait ce que c'est qu'un homme de bien, il ne se flatterait pas sitôt de l'être, peut-être même désespérerait-il de le devenir jamais. — Pourtant il hait les méchans! — Les méchans les haïssent aussi. Le plus grand supplice de la méchanceté, c'est d'être odieuse à elle-même et aux siens. — Mais il déteste ceux qui abusent d'un pouvoir subit et absolu! — Il ferait ce qu'ils font, s'il pouvait ce qu'ils peuvent. Que de vices cachés par l'impuissance de mal faire, et qui, une fois secondés, éclateront avec autant d'audace que ceux que la prospérité a révélés! Les moyens suffisans pour déployer leur méchanceté, voilà ce qui leur manque. Ainsi le serpent le plus venimeux est manié sans danger, tant qu'il est engourdi par le froid; son venin n'est pas mort, seulement il sommeille. Chez une foule de gens, la cruauté, l'ambition, la débauche, pour les égaler aux plus grands scélérats, n'attendent souvent que les faveurs de la fortune. Ils ont les mêmes penchans; pour preuve, donnez-leur

esse in tua potestate, dixisse me, volaticum esse ac levem, et te non pedem ejus tenere, sed pennam ? Mentitus sum : pluma tenebatur; quam remisit, et fugit. Scis quos postea tibi exhibuerit ludos, quam multa in caput suum casura tentaverit ? Non videbat se per aliorum pericula in suum ruere : non cogitabat quam onerosa essent quæ petebat, etiamsi supervacua non essent.

Hoc itaque in his, quæ affectamus, ad quæ labore magno contendimus, inspicere debemus, aut nihil in illis commodi esse, aut plus incommodi. Quædam supervacua sunt; quædam tanti non sunt. Sed hæc non providemus : et gratuita nobis videntur, quæ carissime constant. Ex eo licet stupor noster appareat, quod ea sola putamus emi, pro quibus pecuniam solvimus; et gratuita vocamus, pro quibus nos ipsos impendimus. Quæ emere nollemus, si domus nobis nostra pro illis esset danda, si amœnum aliquod fructuosumve prædium; ad ea paratissimi sumus pervenire cum sollicitudine, cum periculo, cum jactura pudoris, et libertatis, et temporis. Adeo nihil est cuique se vilius ! Idem itaque in omnibus consiliis rebusque faciamus, quod solemus facere, quoties ad institorem alicujus mercis accessimus : videamus, hoc, quod concupiscimus, quanti deferatur. Sæpe maximum pretium est, pro quo nullum datur. Multa possum tibi ostendere, quæ, acquisita acceptaque, libertatem nobis extorserunt; nostri essemus, si ista nostra non essent.

le même pouvoir. Vous rappelez-vous cet homme que vous pensiez être à vous? Il est bien léger, bien frivole, vous disais-je; vous le tenez par l'aile et non par les pieds. Je me trompais, vous ne teniez qu'une plume; il vous la laissa dans la main et s'envola. Vous savez quels tours il vous a joués depuis, et comment, par ses entreprises téméraires, il se fit l'artisan de sa ruine. Il ne voyait pas qu'en cherchant à perdre les autres, il se perdait lui-même; et que les biens qu'il convoitait étaient onéreux ou du moins superflus.

Oui, Lucilius, les choses que l'on ambitionne, que l'on recherche avec le plus d'ardeur, on doit voir qu'elles sont ou inutiles ou plutôt nuisibles. Les unes sont superflues; les autres ne sont pas de si grande valeur. Mais notre prévoyance ne va pas jusque là; et ce qui nous coûte le plus, nous croyons l'acquérir pour rien. Étrange aveuglement de l'homme! Il ne croit acheter que ce qu'il paie de son argent; et il appelle gratuit ce qu'il paie de lui-même. L'objet qu'il ne voudrait point acquérir au prix d'une maison, d'une terre agréable et fertile; pour l'obtenir, il est prêt à sacrifier son repos, sa sûreté, son honneur, son indépendance et son temps. Ainsi l'homme n'a rien de plus vil à ses yeux que lui-même! Il faut donc avant de former un dessein, une entreprise, traiter avec nous-mêmes comme avec le possesseur d'une marchandise; comparer avec son prix l'objet de nos désirs. Souvent ce qu'on paie le moins est ce qui coûte le plus. Combien ne pourrais-je pas vous montrer de choses acquises ou reçues aux dépens de notre liberté! Nous serions à nous-mêmes, si elles n'étaient à nous.

Hæc ergo tecum ipse versa, non solum ubi de incremento agetur, sed etiam ubi de jactura. Hoc periturum est? nempe adventitium fuit : tam facile sine isto vives, quam vixisti. Si diu illud habuisti, perdis postquam satiatus es : si non diu, perdis antequam assuescas. Pecuniam minorem habebis? nempe et molestiam : gratiam minorem? nempe et invidiam. Circumspice ista, quæ nos agunt in insaniam, quæ cum plurimis lacrymis amittimus : scies non damnum in his molestum esse, sed opinionem damni. Nemo illa perisse sentit, sed cogitat. Qui se habet, nihil perdidit : sed quotocuique habere se contigit?

XLIII.

Sapienti semper vivendum quasi palam esset.

Quomodo hoc ad me pervenerit, quæris; quis mihi id te cogitare narraverit, quod tu nulli narraveras? — Is, qui scit plurimum : Rumor. — Quid ergo? inquis; tantus sum, ut possim excitare rumorem? — Non est quod te ad hunc locum respiciens metiaris : ad istum respice, in quo moraris. Quidquid inter vicina eminet, magnum est illic, ubi eminet. Nam magnitudo habet modum certum : comparatio illam aut tollit, aut deprimit. Navis, quæ in flumine magna est, in mari parvula

Faites donc ces réflexions et dans le gain et dans la perte. Dites : Ce bien doit-il partir? oui, car il est venu. Vous avez su vous en passer, vous saurez vous en passer encore. Après une longue jouissance, vous le perdez rassasié ; sinon, avant d'en avoir pris l'habitude. Vous aurez moins d'argent! ainsi moins d'embarras. Moins de crédit! partant moins d'envieux. Voyez tous ces objets qui nous poussent à l'extravagance, qu'on ne quitte qu'avec larmes ; ce n'est pas leur perte qui est insupportable, mais l'idée de leur perte. La perte, on ne la sent pas, on la pense. Qui se possède encore n'a rien perdu : mais aussi combien sont capables de se posséder?

XLIII.

Le sage doit toujours vivre comme en public.

Vous me demandez qui m'a si bien instruit, et m'a fait part d'un secret que vous n'avez dit à personne..... — Celle qui sait bien des choses, la Renommée. — Quoi! direz-vous, suis-je donc assez important pour mettre la renommée en émoi? — Lucilius, ne vous mesurez pas sur l'endroit où je suis, mais sur celui où vous êtes. Qui domine ses voisins est grand là où il domine. La grandeur est relative : elle croît et décroît par comparaison. Ce qui est vaisseau sur le fleuve, est barque sur la mer; le même gouvernail est trop grand pour un navire et trop petit pour un autre. Vainement vous voulez vous

est : gubernaculum, quod alteri navi magnum est, alteri exiguum est. Tu nunc in provincia, licet contemnas ipse te, magnus es : quid agas, quemadmodum coenes, quemadmodum dormias, quæritur, scitur. Eo tibi diligentius vivendum est. Tunc autem felicem esse te judica, quum poteris in publico vivere, quum te parietes tui tegent, non abscondent; quos plerumque circumdatos nobis judicamus, non ut tutius vivamus, sed ut peccemus occultius. Rem dicam, ex qua mores existimes nostros : vix quemquam invenies, qui possit aperto ostio vivere. Janitores conscientia nostra, non superbia, opposuit. Sic vivimus, ut deprehendi sit, subito aspici. Quid autem prodest recondere se, et oculos hominum auresque vitare? Bona conscientia turbam advocat : mala etiam in solitudine anxia atque sollicita est. Si honesta sunt quæ facis, omnes sciant : si turpia, quid refert neminem scire, quum tu scias? O te miserum, si contemnis hunc testem !

XLIV.

Veram in philosophia nobilitatem.

Iterum tu mihi te pusillum facis, et dicis, malignius tecum egisse naturam prius, deinde fortunam; quum possis eximere te vulgo, et ad felicitatem omnium maximam, emergere! Si quid est aliud in philosophia boni,

rabaisser, vous êtes grand dans votre province; vos actions, vos repas, votre sommeil, tout est épié, tout est connu. Raison de plus pour veiller à votre conduite. Or, vous pourrez vous dire heureux quand vous pourrez vivre en public; quand votre toit vous couvrira sans vous cacher; ce toit qui, pour la plupart des gens, est moins une garantie de sûreté qu'un asile de vices. Voici qui doit vous donner une idée de nos mœurs : à peine trouveriez-vous un homme qui voulût vivre les portes ouvertes. Les portiers sont une invention de la honte et non de l'orgueil; et, de la manière dont on vit, c'est être surpris que d'être vu tout à coup. Mais à quoi sert de se cacher, de fuir les yeux et les oreilles d'autrui? La bonne conscience appelle les témoins; la mauvaise, dans un désert, est inquiète, en proie aux alarmes. Vos actions sont honnêtes? que tous les sachent : honteuses? à quoi sert qu'on les ignore? vous les savez. Et malheur à vous si vous bravez un pareil témoin!

XLIV.

La vraie noblesse est dans la philosophie.

Voilà que vous vous rabaissez encore; à vous entendre, vous êtes maltraité de la nature, de la fortune. Pourtant elles vous élèvent au dessus du vulgaire et vous permettent d'aspirer à la suprême félicité. La philosophie,

hoc est, quod stemma non inspicit. Omnes, si ad originem primam revocantur, a diis sunt. Eques romanus es, et ad hunc ordinem tua te perduxit industria : at mehercules multis quatuordecim clausi sunt. Non omnes curia admittit : castra quoque, quos ad laborem et periculum recipiant, fastidiose legunt. Bona mens omnibus patet; omnes ad hoc sumus nobiles. Nec rejicit quemquam philosophia, nec eligit; omnibus lucet. Patricius Socrates non fuit; Cleanthes aquam traxit, et rigando hortulo locavit manus; Platonem non accepit nobilem philosophia, sed fecit. Quid est, quare desperes, his te posse fieri parem? Omnes hi majores tui sunt, si te illis geris dignum : geres autem, si hoc protinus tibi persuaseris, a nullo te nobilitate superari. Omnibus nobis totidem ante nos sunt : nullius non origo ultra memoriam jacet. Plato ait : « Neminem regem non ex servis esse oriundum, neminem non servum ex regibus. » Omnia ista longa varietas miscuit, et sursum deorsum fortuna versavit. Quis est generosus? ad virtutem bene a natura compositus. Hoc unum intuendum est! alioquin, si ad vetera revocas, nemo non inde est, ante quod nihil est. A primo mundi ortu, usque in hoc tempus, perduxit nos ex splendidis sordidisque alternata series. Non facit nobilem atrium plenum fumosis imaginibus. Nemo in nostram gloriam vixit; nec, quod ante nos fuit, nostrum est. Animus facit no-

et c'est là son principal mérite, ne regarde pas à la noblesse. Remontez à l'origine des temps, tous les hommes sont issus des dieux. Vous êtes chevalier romain, votre mérite vous a fait entrer dans cet ordre; mais à combien d'autres les quatorze gradins ne sont-ils pas interdits! Le sénat ne s'ouvre pas à tout le monde; et la milice elle-même se rend difficile sur le choix de ceux qu'elle destine aux dangers et aux fatigues. Mais la vertu est accessible à tous; pour elle, nous sommes tous nobles. La philosophie ne refuse, ne préfère personne; son flambeau luit pour tout le monde. Socrate n'était pas patricien; Cléanthes louait ses bras pour arroser un jardin; et sa noblesse, Platon la dut à la philosophie. Pourquoi désespérer d'égaler ces grands hommes? ils seront vos ancêtres, si vous êtes digne d'eux; et vous le serez, avec la conviction que nul n'est plus noble que vous. Nous avons tous autant de degrés de noblesse; notre origine à tous se perd dans la nuit des temps. « Point de roi, dit Platon, qui n'ait pour aïeux des esclaves; point d'esclave qui n'ait des rois pour aïeux. » Une longue suite de révolutions a mêlé, confondu les générations. Quel est donc l'homme véritablement noble? Celui que la nature a formé pour la vertu. C'est là le seul titre de noblesse; autrement, si vous me renvoyez à l'antiquité des races, tout homme date d'une époque avant laquelle il n'y eut rien. Depuis le commencement du monde jusqu'à nos jours, les vicissitudes du sort nous ont fait passer tour-à-tour par des degrés obscurs ou brillans. Un vestibule rempli de portraits enfumés ne fait pas la noblesse. Personne n'a vécu pour notre gloire; et ce qui fut avant nous n'est pas à nous. L'âme seule anoblit; elle peut de toutes les conditions s'élever au dessus de la fortune. Supposez que vous ne soyez pas

bilem : cui ex quacumque conditione supra fortunam licet surgere. Puta itaque te non esse equitem romanum, sed libertinum; potes hoc consequi, ut solus sis liber inter ingenuos. — Quomodo? inquis. — Si mala bonaque non populo auctore distinxeris. Intuendum est, non unde veniant, sed quo eant. Si quid est, quod beatam vitam potest facere, id bonum est suo jure; depravari enim in malum non potest. Quid est ergo in quo erratur, quum omnes beatam vitam optent? quod instrumenta ejus pro ipsa habent, et illam, dum petunt, fugiunt. Nam, quum summa beatæ vitæ sit solida securitas et ejus inconcussa fiducia, sollicitudinis colligunt causas, et per insidiosum iter vitæ non tantum ferunt sarcinas, sed trahunt. Ita longius ab effectu ejus quod petunt, semper abscedunt, et, quo plus operæ impenderunt, hoc se magis impediunt, et feruntur retro. Quod evenit in labyrintho properantibus, ipsa illos velocitas implicat.

XLV.

De vana dialecticorum subtilitate.

Librorum istic inopiam esse quereris. Non refert quam multos, sed quam bonos habeas : lectio certa prodest, varia delectat. Qui, quo destinavit, pervenire vult unam sequatur viam, non per multas vagetur; non ire

chevalier romain, mais affranchi : vous pouvez être le seul homme libre parmi tant de citoyens distingués. — Comment, direz-vous? — En ne prenant pas le vulgaire pour juge des biens et des maux ; en considérant moins leur origine que leur fin. Ce qui rend la vie heureuse est le vrai bien : car le vrai bien ne peut se changer en mal. Où donc est l'erreur ? On veut être heureux, mais on prend l'instrument du bonheur pour le bonheur lui-même ; et on s'éloigne de lui en voulant le poursuivre. Au lieu de cette paix solide, de cette confiance inébranlable qui font le bonheur, on ne recueille qu'inquiétudes ; et, sur la route si périlleuse de la vie, l'homme ne porte pas son fardeau, il le traîne ; de plus en plus il s'écarte du but qu'il poursuit ; tous ses efforts ne servent qu'à l'embarrasser davantage et à le ramener en arrière. Ainsi, dans un labyrinthe, on s'égare d'autant plus, que l'on court plus promptement.

XLV.

Des vaines subtilités de la dialectique.

Vous vous plaignez de la disette des livres dans votre province ! L'important n'est pas d'en avoir beaucoup, mais d'en avoir de bons. Les lectures fixes sont utiles ; la variété n'est qu'amusante. Qui veut arriver à un but déterminé doit suivre un chemin, et non pas en

istud, sed errare est. — Vellem, inquis, magis libros mihi quam consilium dares. — Ego vero quoscumque habeo, mittere paratus sum, et totum horreum excutere; me quoque isto, si possem, transferrem, et, nisi mature te finem officii sperarem impetraturum, hanc senilem expeditionem indixissem mihi; nec me Charybdis, et Scylla, et fabulosum istud fretum deterrere potuissent. Transnatassem ista, non solum trajecissem, dummodo te complecti possem, et præsens æstimare quantum animo crevisses.

Ceterum quod libros meos tibi mitti desideras, non magis ideo me disertum puto, quam formosum putarem, si imaginem meam peteres. Indulgentiæ scio istud esse, non judicii; et, si modo judicii est, indulgentia tibi imposuit. Sed qualescumque sunt, tu illos sic lege, tanquam verum quæram, adhuc non sciam, et contumaciter quæram. Non enim me cuiquam emancipavi; nullius nomen fero : multum magnorum virorum judicio credo, aliquid et meo vindico. Nam illi quoque non inventa, sed quærenda nobis reliquerunt : et invenissent forsitan necessaria, nisi et supervacua quæsissent. Multum illis temporis verborum cavillatio eripuit; captiosæ disputationes, quæ acumen irritum exercent. Nectimus nodos, et ambiguam significationem verbis illigamus, ac deinde dissolvimus. Tantum nobis vacat? Jam vivere, jam mori scimus? Tota illo mente pergen

parcourir plusieurs; autrement il n'avance pas, il erre à l'aventure. — J'aimerais mieux, dites-vous, des livres que des conseils? — Je suis prêt à vous envoyer tous les miens, à dégarnir ma bibliothèque : je me transporterais même auprès de vous, si faire se pouvait. Oui, sans l'espoir de la fin prochaine de votre mission, je forcerais ma vieillesse à ce voyage tardif; ni Charybde, ni Scylla, ni ce détroit dont on fait tant de contes ne pourraient m'arrêter. Je le franchirais, que dis-je? je le passerais à la nage pour embrasser Lucilius, pour juger par mes yeux des progrès de son âme.

Quant à votre désir de posséder mes ouvrages, il ne m'abuse point sur mes talens, pas plus que la demande de mon portrait ne m'abuserait sur ma figure. C'est l'amitié qui vous le suggère, et non pas votre goût; ou, si c'est votre goût, l'amitié l'a séduit. Mais quels qu'ils soient, regardez-les comme ceux d'un homme qui cherche la vérité sans se vanter de la connaître, et qui la cherche avec opiniâtreté. Je ne m'asservis à personne; je ne me couvre d'aucun nom. Sans récuser le témoignage des grands hommes, j'attache quelque prix au mien. En effet, ils ont plus laissé à découvrir qu'ils n'ont transmis de découvertes; et peut-être eussent-ils trouvé le nécessaire, s'ils n'avaient couru après le superflu. Que de temps ils ont perdu en chicanes de mots, en argumentations captieuses qui n'exercent qu'une vaine subtilité! Nous faisons des nœuds pour les défaire; nous attachons aux mots un sens équivoque pour l'en détacher ensuite. Nous avons donc bien du temps! Nous savons donc vivre! nous savons donc mourir! Notre

dum est, ubi providéri debet, ne res nos, non verba, decipiant. Quid mihi vocum similitudines distinguis, quibus nemo unquam, nisi dum disputat, captus est? Res fallunt : illas discerne! Pro bonis mala amplectimur; optamus contra id quod optavimus; pugnant vota nostra cum votis, consilia cum consiliis. Adulatio quam similis est amicitiæ! non imitatur tantum illam, sed vincit, et præterit : apertis et propitiis auribus recipitur, et in præcordia ima descendit; eo ipso gratiosa, quo lædit. Doce, quemadmodum hanc similitudinem dignoscere possim! Venit ad me pro amico blandus inimicus; vitia nobis sub virtutum nomine obrepunt; temeritas sub titulo fortitudinis latet; moderatio vocatur ignavia; pro cauto timidus accipitur. In his magno periculo erramus : his certas notas imprime! Ceterum, qui interrogatur, *an cornua habeat*, non est tam stultus, ut frontem suam tentet; nec rursus tam ineptus aut hebes, ut nesciat, si tu illi subtilissima collectione persuaseris. Sic ista sine noxa decipiunt, quomodo præstigiatorum acetabula et calculi, in quibus fallacia ipsa delectat : effice ut, quomodo fiat, intelligam : perdidi usum. Idem de istis captionibus dico : quo enim nomine potius *sophismata* appellem? nec ignoranti nocent, nec scientem juvant. Si vis utique verborum ambiguitates diducere, hoc nos doce, beatum non eum esse, quem vulgus appellat, ad quem pecunia magna confluxit; sed

sagacité doit se déployer tout entière à fuir les erreurs de choses et non pas celles des mots. Pourquoi ces distinctions dans le sens d'un mot, sens partout évident, hormis dans nos disputes? Lucilius, c'est la chose qui nous trompe; sachons la discerner. Nous prenons le mal pour le bien; nous désirons les contraires; nos vœux se combattent; nos conseils se détruisent. Que la flatterie ressemble à l'amitié! elle la simule; je dis plus, elle la surpasse et la domine; elle trouve des oreilles disposées et favorables, elle pénètre au fond des cœurs, et sait plaire en blessant. Dites, comment me tirer de ces ressemblances? Un ennemi caressant vient à moi comme ami; le vice, pour s'insinuer, prend le masque des vertus; la témérité veut passer pour courage, la lâcheté pour modération, la timidité pour prudence. C'est là qu'on risque à se tromper, c'est là qu'il faut des marques distinctives! Mais l'homme à qui l'on demande *s'il a des cornes*, ne sera pas assez sot pour se tâter le front, assez stupide, assez hébété pour ignorer qu'il n'a pas ce qu'à force de subtilités vous voulez lui prouver qu'il possède. Ces finesses trompent sans nuire; elles trompent comme les tours des escamoteurs, dont l'illusion fait tout le charme; le secret découvert, adieu le plaisir. Il en est de même de vos arguties; et en effet, quel autre nom donner à des *sophismes*, inutiles à qui les possède, inutiles à qui les ignore? Si vous voulez à toute force ôter aux mots tout sens équivoque, dites-nous que l'homme heureux n'est pas celui que le peuple appelle de ce nom, celui qui nage dans l'opulence : mais le sage qui trouve en lui-même ses trésors; le sage qui, fier et magnanime, foule aux pieds ce que l'on admire; qui ne voit

illum, cui bonum omne in animo est, erectum, et excelsum, et mirabilia calcantem; qui neminem videt, cum quo se commutatum velit; qui hominem ea sola parte æstimat, qua homo est; qui natura magistra utitur, ad illius leges componitur, sic vivit quomodo illa præscripsit; cui bona sua nulla vis excutit; qui mala in bonum convertit, certus judicii, inconcussus, intrepidus; quem aliqua vis movet, nulla perturbat; quem fortuna, quum quod habuit telum nocentissimum vi maxima intorsit, pungit, non vulnerat, et hoc raro. Nam cetera ejus tela, quibus genus humanum debellatur, grandinis more dissultant, quæ, incussa tectis, sine ullo habitatoris incommodo crepitat ac solvitur. Quid me detines in eo, quem tu ipse *pseudomenon* appellas, de quo tantum librorum compositum est? Ecce tota mihi vita mentitur: hanc coargue! hanc ad verum, si acutus es, redige! Necessaria judicat, quorum magna pars supervacua est; etiam, quæ non est supervacua, nihil in se momenti habet in hoc, ut possit fortunatum beatumque præstare. Non enim statim bonum est, si quid necessarium est : aut projicimus *bonum*, si hoc nomen pani aut polentæ damus, et ceteris sine quibus vita non ducitur. Quod bonum est, utique necessarium est : quod necessarium est, non utique bonum est; quoniam quidem necessaria sunt quædam, eadem vilissima. Nemo usque eo dignitatem boni ignorat, ut

personne contre qui il voulût se changer; qui ne prise dans l'homme que ce qui est de l'homme; qui prend pour guide la nature, obéit à ses lois, se conforme à ses préceptes : le sage qui ne se laisse ravir ses biens par aucune force; qui, ferme dans ses principes, intrépide, inébranlable, sait changer le mal en bien; le sage, que la violence peut ébranler quelquefois, mais renverser, jamais; enfin que la fortune, de ses traits les plus meurtriers, les plus redoutables, effleure sans le blesser et n'effleure que rarement : car ces traits vulgaires qui triomphent du genre humain, sur le sage ne font que rebondir comme la grêle qui bat les toits, retentit, et se fond sans causer de dégâts au dedans. Pourquoi me retenir sur cet argument que vous-même appelez le *menteur*, et sur lequel on a tant écrit de livres? Ma vie entière n'est que mensonge : réfutez mes erreurs, ramenez mon esprit au vrai. Il appelle nécessaires des choses en grande partie superflues, ou qui, sans l'être précisément, sont inutiles au bonheur. Une chose n'est pas un bien, pour être nécessaire; et c'est prostituer ce nom, que de l'appliquer à du pain, à de la farine, à des objets de première nécessité. Ce qui est *un bien*, est par le fait nécessaire; mais ce qui est nécessaire, n'est pas pour cela un bien : souvent une chose est nécessaire et de nulle valeur. Nul ne peut ignorer l'excellence du bien, au point de la ravaler à des choses d'une utilité momentanée. Eh quoi! n'est-ce pas une tâche plus digne de vous de prouver aux hommes qu'ils perdent leur temps à la recherche du superflu, et que leur vie se passe à chercher les moyens de vivre? Examinez les individus, contemplez l'espèce entière : nul ne songe au présent. — Quel mal y a-t-il, dites-vous? — Un mal

illud ad hæc in diem utilia demittat. Quid ergo? non eo potius curam transferes, ut ostendas omnibus, magno temporis impendio quæri supervacua; et multos transisse vitam, dum vitæ instrumenta conquirunt? Recognosce singulos, considera universos : nullius non vita spectat in crastinum. Quid in hoc sit mali, quæris? Infinitum! non enim vivunt, sed victuri sunt ; omnia differunt. Etiam si attenderemus, tamen nos vita præcurreret : nunc vero cunctantes, quasi aliena, transcurrit, et ultimo die finitur, omni perit. Sed ne epistolæ modum excedam, quæ non debet sinistram manum legentis implere; in alium diem hanc litem cum dialecticis differam, nimium subtilibus, et hoc solum curantibus, non et hoc.

XLVI.

De libro Lucilii, philosophico ut videtur, judicat, laudatque eum.

LIBRUM tuum, quem mihi promiseras, accepi, et, tanquam lecturus ex commodo, adaperui ac tantum degustare volui. Deinde blanditus est ipse, ut procederem longius; qui quam disertus fuerit, ex hoc intelligas licet : brevis mihi visus est, quum esset nec mei, nec tui corporis, sed qui primo aspectu aut T. Livii, aut Epicuri posset videri; tanta autem dulcedine me tenuit

infini. On ne vit pas, on se prépare à vivre, et on diffère la vie. Nous ferions tous nos efforts, que la vie nous dépasserait; aujourd'hui, elle fuit loin de nous, au milieu de tous ces délais : elle finit à notre dernier jour, à chaque jour nous la perdons. Mais j'oublie qu'une lettre ne doit occuper que la main gauche du lecteur; je termine celle-ci, et remets à un autre temps le procès des dialecticiens, ces hommes trop subtils, trop occupés de la forme, et pas assez du fond.

XLVI.

Jugement et éloge d'un ouvrage de Lucilius, sur la philosophie, à ce que l'on croit.

L'OUVRAGE de vous que vous m'aviez promis, je l'ai reçu; et, voulant le lire à mon aise, je m'étais contenté de l'ouvrir pour en prendre une idée : peu à peu il m'inspira le désir d'aller plus loin. Rien de plus éloquent; et la preuve, c'est qu'il m'a paru court, quoiqu'à son volume il eût dès l'abord semblé de Tite-Live ou d'Épicure, et non de vous ou de moi. Attaché, entraîné par un charme irrésistible, je le parcourus d'une seule traite. Le déclin du soleil m'avertissait, la faim me

et traxit, ut illum sine ulla dilatione perlegerem. Sol me invitabat, fames admonebat, nubes minabantur; tamen exhausi totum. Non tantum delectatus, sed gravisus sum. Quid ingenii iste habuit, quid animi! dicerem, quid impetus! si interquievisset, si intervallo surrexisset. Nunc non fuit impetus, sed tenor; compositio virilis et sancta. Nihilominus interveniebat dulce illud, et loco lene. Grandis, erectus es : hoc te volo tenere, sic ire. Fecit aliquid et materia : ideo eligenda est fertilis, quae capiat ingenium, quae incitet. De libro tuo plura scribam, quum illum retractavero : nunc parum mihi sedet judicium, tanquam audierim illa, non legerim. Sine me et inquirere. Non est quod verearis ; verum audies. O te hominem felicem, quod nihil habes, propter quod quisquam tibi tam longe mentiatur! nisi quod jam, etiam ubi causa sublata est, mentimur consuetudinis causa.

XLVII.

Clementer habendos esse servos.

Libenter ex his, qui a te veniunt, cognovi, familiariter te cum servis tuis vivere : hoc prudentiam tuam, hoc eruditionem decet. Servi sunt? immo homines. Servi sunt? immo contubernales. Servi sunt? immo humiles amici. Servi sunt? immo conservi; si cogitaveris tan-

pressait, le ciel se couvrait de nuages : rien ne m'arrêta ; je le lus tout entier. Ce n'était pas du plaisir, c'était du ravissement. Quel génie ! quelle âme ! je dirais quel enthousiasme ! si l'auteur se reposait, s'il ne s'élevait que par intervalles. Mais non : sa marche est soutenue, son style mâle et sévère ; et pourtant il y règne un heureux mélange de gracieux et de doux. Lucilius, vous avez l'âme grande et forte : poursuivez votre route, et marchez du même pas. Votre sujet vous a secondé ; il faut en choisir de fertiles qui inspirent votre génie, et excitent son ardeur. Je vous écrirai plus au long sur votre livre, quand je l'aurai repris ; aujourd'hui mon jugement n'est pas plus arrêté, que si je l'avais entendu lire, et non pas lu moi-même. Laissez-moi le temps de l'examen : vous n'avez rien à craindre, vous saurez la vérité. Que vous êtes heureux de n'avoir rien qui intéresse personne à vous mentir de si loin ! il est vrai qu'à défaut de motifs, on ment aujourd'hui par habitude.

XLVII.

Traiter avec bonté ses esclaves.

J'AI appris avec plaisir de ceux qui viennent d'auprès de vous, que vous vivez en famille avec vos esclaves : je reconnais là votre prudence et vos principes. Ils sont esclaves ! mais ils sont hommes. Ils sont esclaves ! mais ils logent sous votre toit. Ils sont esclaves ! non ; ils sont des amis dans l'abaissement. Ils sont esclaves ! eh ! oui, nos compagnons

tumdem in utrosque licere fortunæ. Itaque rideo istos qui turpe existimant cum servo suo cœnare : quare ? nisi quia superbissima consuetudo cœnanti domino stantium servorum turbam circumdedit. Est ille plus quam capit, et ingenti aviditate onerat distentum ventrem, ac desuetum jam ventris officio, ut majore opera omnia egerat, quam ingessit : at infelicibus servis movere labra ne in hoc quidem, ut loquantur, licet. Virga murmur omne compescitur; et ne fortuita quidem verberibus excepta sunt, tussis, sternutamenta, singultus : magno malo ulla voce interpellatum silentium luitur : nocte tota jejuni mutique perstant. Sic fit, ut isti de domino loquantur, quibus coram domino loqui non licet. At illi, quibus non tantum coram dominis, sed cum ipsis erat sermo, quorum os non consuebatur, parati erant pro domino porrigere cervicem, periculum imminens in caput suum avertere. In conviviis loquebantur, sed in tormentis tacebant. Deinde ejusdem arrogantiæ proverbium jactatur : « Totidem esse hostes, quot servos. » Non habemus illos hostes, sed facimus. Alia interim crudelia et inhumana prætereo, quod ne tanquam hominibus quidem, sed tanquam jumentis abutimur : quod, quum ad cœnandum discubuimus, alius sputa detergit, alius reliquias temulentorum subditus colligit, alius pretiosas aves scindit, et, per pectus et clunes certis ductibus circumferens eruditam manum,

d'esclavage, si nous considérons que la fortune a un égal pouvoir sur eux et sur nous. Aussi je ris, quand je vois des hommes tenir à déshonneur de souper avec leur esclave; et pourquoi ? parce qu'un usage insolent entoure le maître, à son souper, d'une foule d'esclaves debout autour de lui. Il prend, ce maître, plus de nourriture qu'il n'en peut contenir; il surcharge avec une effrayante avidité son estomac déjà plein et déshabitué de ses fonctions; il avale avec peine, pour rejeter avec plus de peine encore : cependant ses malheureux esclaves ne peuvent ouvrir la bouche, pas même pour lui parler. Le fouet est là pour étouffer tout murmure; le hasard lui-même n'est pas pour eux une excuse : une toux, un éternument, un hoquet, le plus léger bruit, sont autant de crimes suivis du châtiment. Toute la nuit, ils restent debout, à jeun, en silence. Qu'en arrive-t-il ? on se tait devant le maître; on parle de lui en arrière. Mais les esclaves dont les lèvres n'étaient pas cousues, ceux qui pouvaient converser devant le maître et avec lui, ceux-là étaient prêts à mourir pour lui, à détourner sur leur tête le péril qui le menaçait. Ils parlaient à table, mais ils se taisaient à la torture. C'est encore notre arrogance qui a créé ce proverbe : « Autant d'esclaves, autant d'ennemis. » Nos ennemis! ils ne le sont pas; c'est nous qui les faisons tels. Je me tais sur d'autres preuves de notre barbarie et de notre inhumanité à leur égard; je ne vous les montre pas assimilés aux bêtes de somme, et comme tels, encore trop accablés : tandis que nous sommes mollement étendus pour souper, l'un essuie les crachats, l'autre, penché, recueille ce que rejète l'estomac des convives pleins de vin; un troisième découpe les oiseaux les plus rares, et, promenant avec aisance sa main sa-

in frusta excutit. Infelix, qui huic uni rei vivit, ut altilia decenter secet : nisi quod miserior est, qui hoc voluptatis causa docet, quam qui necessitatis discit. Alius, vini minister, in muliebrem modum ornatus, cum ætate luctatur : non potest effugere pueritiam : retrahitur : jamque militari habitu, glaber, retritis pilis, aut penitus evulsis, tota nocte pervigilat; quam inter ebrietatem domini ac libidinem dividit, et in cubiculo vir, in convivio puer est. Alius, cui convivarum censura permissa est, perstat infelix, et exspectat, quos adulatio, et intemperantia aut gulæ, aut linguæ, revocet in crastinum. Adjice obsonatores, quibus dominici palati notitia subtilis est; qui sciunt, cujus rei illum sapor excitet, cujus delectet aspectus, cujus novitate nauseabundus erigi possit, quid jam ipsa satietate fastidiat, quid illo die esuriat. Cum his cœnare non sustinet, et majestatis suæ diminutionem putat, ad eamdem mensam cum servo suo accedere. Dii melius! quot ex istis dominos habent! Stare ante limen Callisti dominum suum vidi, et eum, qui illi impegerat titulum, qui inter ridicula mancipia produxerat, aliis intrantibus excludi. Retulit illi gratiam servus, ille in primam decuriam conjectus, in qua vocem præco experitur; et ipse illum invicem apologavit, et ipse non judicavit domo sua dignum. Dominus Callistum vendidit : sed domino quam multa Callistus!

vante de l'estomac au croupion, les partage en aiguillettes. Il ne vit, le malheureux, que pour dépecer proprement des volailles : heureux encore de faire ce métier par besoin, au lieu de l'enseigner par plaisir ! Voyez cet autre qui verse le vin : paré comme une femme, il lutte avec son âge; il veut sortir de l'enfance, on l'y retient de force. On arrache, on déracine tous les poils de son corps. Avec la taille d'un guerrier et la peau lisse d'un enfant, il veille la nuit entière, servant tour-à-tour l'ivrognerie et l'impudicité de son maître : époux dans la chambre à coucher, échanson à table. Cet autre, chargé de la censure du repas, reste sans cesse debout, et note ceux des convives dont les flatteries, dont les excès de gourmandise ou de langue mériteront une invitation pour le lendemain. Ajoutez ces pourvoyeurs habiles, initiés à tous les goûts du maître; qui savent quel mets le réveille par sa saveur, le réjouit par son aspect, triomphe de ses dégoûts par sa nouveauté; celui dont il est déjà las, celui dont il aura faim tel jour. Et lui n'oserait souper avec eux; il croirait compromettre sa dignité que de s'asseoir à la même table : mais, grâces aux dieux, il trouve en eux des maîtres. A la porte de Calliste, j'ai vu se morfondre son ancien maître; j'ai vu celui qui lui avait mis l'écriteau, qui l'avait exposé parmi les esclaves de rebut, exclus seul quand tout le monde entrait. Ce n'était que justice. Rejeté par son maître dans la première série par où prélude le crieur, l'esclave le rejeta à son tour, et ne le jugea pas digne d'entrer chez lui. Calliste a été vendu par son maître; mais que de choses ne lui a-t-il pas vendues !

Vis tu cogitare, istum quem servum tuum vocas, ex iisdem seminibus ortum, eodem frui cœlo, æque spirare, æque vivere, æque mori? Tam tu illum videre ingenuum potes, quam ille te servum. Variana clade multos splendidissime natos, senatorium per militiam auspicantes gradum, fortuna depressit : alium ex illis pastorem, alium custodem casæ fecit. Contemne nunc ejus fortunæ hominem, in quam transire, dum contemnis, potes. Nolo in ingentem me locum immittere, et de usu servorum disputare; in quos superbissimi, crudelissimi, et contumeliosissimi sumus. Hæc tamen præcepti mei summa est : « Sic cum inferiore vivas, quemadmodum tecum superiorem velles vivere. » Quoties in mentem venerit, quantum tibi in servum liceat; veniat in mentem, tantumdem in te domino tuo licere. — At ego, inquis, nullum habeo dominum. — Bona ætas est! forsitan habebis. Nescis qua ætate Hecuba servire cœperit, qua Crœsus, qua Darii mater, qua Plato, qua Diogenes? Vive cum servo clementer : comitem quoque, et in sermonem illum admitte, et in consilium, et in convictum.

Hoc loco acclamabit mihi tota manus delicatorum : Nihil hac re humilius, nihil turpius! — Hos ego eosdem deprendam, alienorum servorum osculantes manum. Ne illud quidem videtis, quam omnem invidiam majores nostri dominis, omnem contumeliam servis de-

Songez un peu que cet homme que vous appelez votre esclave est né de la même semence que vous, qu'il jouit du même ciel, respire le même air, et, comme vous, vit et meurt. Il peut vous voir esclave, comme vous le voir libre. A la défaite de Varus, que de Romains d'une illustre naissance, à qui leurs exploits allaient ouvrir le sénat, se sont vus rabaissés par la fortune! De l'un elle a fait un berger, de l'autre un gardien de chaumière. Méprisez donc un homme pour sa condition, qui, toute vile qu'elle vous paraît, peut devenir la vôtre. Je ne veux point entreprendre une tâche immense, discuter l'emploi que l'on doit faire de ces esclaves, victimes de notre orgueil, de notre cruauté, de nos mépris; je réduis mes préceptes à un seul : «Traitez votre inférieur comme vous voudriez être traité par votre supérieur.» Ne pensez jamais à votre pouvoir sur votre esclave, sans songer en même temps à celui qu'un maître aurait sur vous. — Mais je n'ai pas de maître.—Vous êtes dans l'âge heureux de votre vie; peut-être en aurez-vous. Ne savez-vous donc plus à quel âge Hécube, Crésus, la mère de Darius, Platon, Diogène, sont devenus esclaves? Traitez les vôtres avec indulgence et même avec familiarité; admettez-les à votre conversation, à votre confidence, à votre intimité.

Ici tous nos voluptueux de se récrier : Quelle honte! quelle bassesse! Et pourtant ces mêmes hommes, je les surprendrai baisant la main des esclaves d'autrui. Ne voyez-vous pas d'ailleurs avec quel soin nos pères ont sauvé aux maîtres, l'odieux; aux esclaves, l'humiliant de la servitude? Le maître, ils l'ont appelé père de famille;

traxerint? Dominum *patrem familiæ* appellaverunt; servos (quod etiam in Mimis adhuc durat) *familiares*. Instituerunt diem festum, non quo solo cum servis domini vescerentur, sed quo utique honores illis in domo gerere, jus dicere permiserunt, et domum pusillam rempublicam esse judicaverunt. — Quid ergo? omnes servos admovebo mensæ meæ? — Non magis quam omnes liberos. Erras, si existimas me quosdam, quasi sordidioris operæ, rejecturum, ut puta illum mulionem, et illum bubulcum; non ministeriis illos æstimabo, sed moribus. Sibi quisque dat mores; ministeria casus assignat. Quidam cœnent tecum, quia digni sunt; quidam, ut sint. Si quid enim in illis ex sordida conversatione servile est, honestiorum convictus excutiet. Non est, mi Lucili, quod amicum tantum in Foro et in Curia quæras; si diligenter attenderis, et domi invenies. Sæpe bona materia cessat sine artifice : tenta, et experire. Quemadmodum stultus est, qui, equum empturus, non ipsum inspicit, sed stratum ejus ac frænos : sic stultissimus est, qui hominem aut ex veste, aut ex conditione, quæ vestis modo nobis circumdata est, æstimat. Servus est! sed fortasse liber animo. Servus est! hoc illi nocebit? ostende quis non sit. Alius libidini servit, alius avaritiæ, alius ambitioni; omnes timori. Dabo consularem aniculæ servientem, dabo ancillulæ divitem; ostendam nobilissimos juvenes mancipia pantomimorum.

l'esclave, *homme de la famille;* nom qu'il porte encore à la scène. Une fête même fut par eux instituée, dans laquelle les esclaves avaient le droit de manger avec leur maître, et d'exercer des charges, de rendre la justice dans l'intérieur de la maison, qui présentait alors l'image d'une petite république. — Quoi donc? je recevrai tous mes esclaves à ma table! — Pas plus que tous les hommes libres. N'allez pas croire, je vous prie, que je rejetterai certaines fonctions comme trop basses, que j'exclurai ce muletier ou ce bouvier : non, je mesurerai l'homme à ses mœurs et non pas à son ministère. Les mœurs, chacun se les fait; les emplois, le sort en dispose. Admettez les uns à votre table, parce qu'ils en sont dignes, les autres pour qu'ils le deviennent. Ce qu'ils ont pris de bas dans le commerce des esclaves, une société plus honnête l'effacera. Pourquoi, Lucilius, ne chercher un ami qu'au sénat ou sur la place publique? Vous n'avez qu'à vouloir, pour en trouver dans votre propre maison. Souvent les meilleurs matériaux se perdent, faute d'ouvrier; il ne s'agit que de les mettre en œuvre, de les essayer. Celui-là est un fou, qui, faisant marché pour un cheval, n'en regarde que la housse et le frein, sans songer à la bête; mais plus fou encore est celui qui juge un homme sur son habit, ou bien sur sa condition, qui est encore pour nous une espèce d'habit. Il est esclave; mais peut-être son âme est libre. Il est esclave; doit-on lui en faire un crime? Eh! qui ne l'est pas, esclave de la débauche, esclave de l'avarice? esclave de l'ambition; tous du moins esclaves de la peur! Je vois ce consulaire asservi à une vieille femme, ce riche à une servante, des jeunes gens de la première qualité à des comédiennes. Il n'est pas de servitude plus honteuse que la servitude volontaire. Que

Nulla servitus turpior est, quam voluntaria. Quare non est quod fastidiosi isti te deterreant, quo minus servis tuis hilarem te præstes, et non superbe superiorem. Colant potius te, quam timeant.

Dicet nunc aliquis, me vocare ad pileum servos, et dominos de fastigio suo dejicere, quod dixi, colant potius dominum, quam timeant; ita, inquam, prorsus colant tanquam clientes, tanquam salutatores. — Hoc qui dixerit, obliviscetur, id dominis parum non esse, quod Deo satis est, qui colitur et amatur. Non potest amor cum timore misceri. Rectissime ergo te facere judico, quod timeri a servis tuis non vis, quod verborum castigatione uteris. Verberibus muta admonentur. Non, quidquid nos offendit, et lædit : sed ad rabiem nos cogunt venire deliciæ, ut, quidquid non ex voluntate respondit, iram evocet. Regum nobis induimus animos : nam illi quoque, obliti et virium suarum, et imbecillitatis alienæ, sic excandescunt, sic sæviunt, quasi injuriam acceperint; a cujus rei periculo illos fortunæ suæ magnitudo tutissimos præstat. Nec hoc ignorant, sed occasionem nocendi captant quærendo; acceperunt injuriam, ut facerent. Diutius te morari nolo, non est enim tibi exhortatione opus. Hoc habent inter cetera boni mores, placent sibi, permanent : levis est malitia, sæpe mutatur; non in melius, sed in aliud.

les dédains de ces hommes ne vous empêchent donc pas de vous dérider avec vos esclaves, et d'exercer votre autorité sans orgueil. Faites-vous respecter plutôt que craindre.

On va m'accuser d'arborer pour les esclaves le bonnet de la liberté, d'attaquer l'autorité des maîtres ; eh bien ! je le répète, mieux vaut de leur part le respect que la crainte. — Ainsi donc les voilà sur le pied de nos cliens et de protégés ? — Et vous-même, voulez-vous donc que les maîtres soient plus difficiles que Dieu ? il se contente de respect et d'amour. Il est donc très-sage à vous de ne vouloir pas être craint de vos esclaves, de ne les châtier qu'en paroles ; les coups sont pour les brutes. Ne blesse pas tout ce qui peut nous atteindre ; mais la mollesse dispose à la colère : elle nous rend furieux, à la moindre contradiction. Nous devenons autant de petits rois. Les rois aussi, oubliant et leur force et la faiblesse d'autrui, s'emportent, deviennent furieux, comme s'ils avaient reçu quelque injure : accident au dessus duquel s'élève leur fortune. Ils ne l'ignorent pas, mais ils recherchent, ils saisissent l'occasion de nuire ; ils supposent une injure, afin de la venger. Je ne veux pas vous retenir plus long-temps ; vous n'avez pas besoin d'exhortation. C'est un avantage de la vertu, de se complaire en elle-même et de s'y arrêter. Le vice est inconstant, il change à chaque heure, non pour être mieux, mais pour être autrement.

XLVIII.

De amicitia; nec non de futilitate sophisticarum disputationum.

AD epistolam, quam mihi ex itinere misisti, tam longam, quam ipsum iter fuit, postea rescribam. Seducere me debeo, et, quid suadeam, circumspicere. Nam tu quoque, qui consulis, diu, an consuleres, cogitasti: quanto magis hoc mihi faciendum est, quum longiore mora opus sit, ut solvas quæstionem, quam ut proponas? utique quum aliud tibi expediat, aliud mihi. Iterum ego tanquam Epicurus loquor? Mihi vero idem expedit, quod tibi; aut non sum amicus, nisi, quidquid agitur ad te pertinens, meum est. Consortium rerum omnium inter nos facit amicitia; nec secundi quidquam singulis est, nec adversi : in commune vivitur. Nec potest quisquam beate degere, qui se tantum intuetur, qui omnia ad utilitates suas convertit : alteri vivas oportet, si vis tibi vivere. Hæc societas diligenter et sancte observata, quæ nos omnes omnibus miscet, et judicat aliquod esse commune jus generis humani, plurimum ad illam quoque, de qua loquebar, interiorem societatem amicitiæ colendam proficit. Omnia enim cum amico communia habebit, qui multa cum homine.

Hoc, Lucili, virorum optime, mihi ab istis subtilibus præcipi malo, quid amico præstare debeam, quid

XLVIII.

De l'amitié; futilité des discussions sophistiques.

La lettre que vous m'avez envoyée en route, lettre aussi longue que la route elle-même, aura plus tard sa réponse. Pour vous conseiller, il me faut de la retraite et une mûre délibération. En effet, vous-même qui me demandez un avis, vous avez long-temps réfléchi avant de le demander ; à plus forte raison ai-je le même droit, puisqu'il faut plus de temps pour résoudre une question que pour la proposer ; puisque surtout nos intérêts ne sont pas les mêmes. Mais voilà que je parle encore en Épicurien : car nos intérêts sont les mêmes ; ou je ne suis pas votre ami, ou tout ce qui vous concerne me regarde autant que vous. L'amitié rend tout commun entre nous ; nous n'avons plus de chagrins, de plaisirs à part ; nous vivons solidaires. Il n'y a point de vie heureuse pour quiconque n'envisage que soi, rapporte tout à ses intérêts : vivez pour autrui afin de vivre pour vous-même. C'est un pacte qu'il faut garder religieusement, que celui qui unit l'homme à l'homme, et établit des droits communs à tout le genre humain ; il est encore d'un grand secours à cette association plus intime, à cette amitié dont nous parlions. Tout vous sera commun avec votre ami, si presque tout l'est avec votre semblable.

O Lucilius, le meilleur des hommes, j'aime mieux que nos sophistes me disent quels sont mes devoirs en-

homini, quam quot modis *amicus* dicatur, et *homo* quam multa significet. In diversum, ecce, sapientia et stultitia discedunt : cui accedo? in utram ire partem jubes? Illi homo pro amico est, huic amicus est pro homine : ille amicum sibi parat, hic se amico. Tu mihi verba distorques, et syllabas digeris. Scilicet, nisi interrogationes vaferrimas struxero, et conclusione falsa a vero nascens mendacium astrinxero, non potero a fugiendis petenda secernere! Pudet me; in re tam seria senes ludimus. « Mus syllaba est; mus autem caseum rodit; syllaba ergo caseum rodit. » Puta nunc, me istud non posse solvere; quod mihi ex ista inscientia periculum imminet? quod incommodum? Sine dubio verendum est, ne quando in muscipula syllabas capiam, aut ne quando, si negligentior fuero, caseum liber comedat. Nisi forte illa acutior est collectio : « Mus syllaba est : syllaba autem caseum non rodit : mus ergo caseum non rodit. » O pueriles ineptias! in hoc supercilia subduximus! in hoc barbam demisimus? hoc est quod tristes docemus et pallidi?

Vis scire, quid philosophia promittat generi humano? Consilium! Alium mors vocat; alium paupertas urit; alium divitiæ vel alienæ torquent, vel suæ; ille malam fortunam horret, hic se felicitati suæ subducere cupit; hunc homines male habent, illum dii. Quid

vers mes amis, envers les hommes, que de me dire les différentes acceptions des mots d'*homme* et d'*ami*. Ici deux routes opposées, celle de la sagesse et celle de la sottise. Dans laquelle suis-je? et laquelle prendre? Pour l'un, tout homme est un ami; pour l'autre, un ami n'est qu'un homme : tel prend un ami pour soi, tel autre se donne à son ami. Mais on torture les mots, on épluche les syllabes. Ainsi, à moins de construire un argument captieux, à moins d'appuyer un mensonge sur un principe vrai, à l'aide d'une fausse conséquence, je saurai distinguer ce qu'il faut choisir de ce qu'il faut éviter. J'en rougis; nous, vieillards, jouer sur des choses aussi graves! *Un rat est une syllabe; or, un rat ronge du fromage; donc une syllabe ronge du fromage.* Supposez que je ne puisse débrouiller ce sophisme, où serait pour moi le grand péril, le grand inconvénient? Sans doute il est à craindre qu'un beau jour des syllabes ne se viennent jeter dans mes ratières, ou que, si je n'y prends garde, un de mes livres ne me mange un fromage, mais j'ai, pour me rassurer, ce victorieux syllogisme : *Un rat est une syllabe; or, une syllabe ne ronge pas du fromage; donc un rat ne ronge pas du fromage.* Quelles puérilités! quelles sottises! et voilà pourquoi nous fronçons les sourcils, nous laissons croître nos barbes! Voilà les vérités que nos visages pâles et renfrognés enseignent au genre humain!

Voulez-vous savoir en quoi s'engage la philosophie envers l'homme? à le conseiller. L'un est en face de la mort, l'autre en proie à la misère, un troisième gémit sous le poids de richesses usurpées ou légitimes; celui-ci a l'adversité en horreur, celui-là veut se dérober à ses prospérités; ce dernier est persécuté par les hommes,

mihi lusoria ista componis? non est jocandi locus : ad miseros advocatus es. Opem laturum te naufragis, captis, ægris, egentibus, intentæ securi subjectum præstantibus caput, pollicitus es : quo diverteris? quid agis? Hic, cum quo ludis, timet. *Succurre*, quidquid loquenti, respondent in pœnis omnes. Undique ad te manus tendunt, perditæ vitæ perituræque auxilium aliquod implorant; in te spes opesque sunt; rogant, ut ex tanta illos volutatione extrahas, ut disjectis et errantibus clarum veritatis lumen ostendas. Dic, quid natura necessarium fecerit, quid supervacuum; quam faciles leges posuerit; quam jucunda sit vita, quam expedita, illam sequentibus; quam acerba et implicita eorum, qui opinioni plus quam naturæ crediderunt : si prius docueris, quæ partem malorum levatura sunt, quid istorum cupiditates demat, quid temperet. Utinam tantum non prodessent! nocent. Hoc tibi, quum voles, manifestissimum faciam, et comminui et debilitari generosam indolem in istas argutias conjectam. Pudet dicere, contra fortunam militaturis quæ porrigant tela, quemadmodum illos subornent. Hac ad summum bonum itur? Per istud philosophiæ sunt nigræ et turpes infamesque, etiam ad album sedentibus, exceptiones. Quid enim aliud agitis, quum eum, quem interrogatis, scientes in fraudem inducitis, quam ut formula cecidisse videatur? Sed quemadmodum illos prætor, sic

et cet autre par les dieux. Qu'ai-je à faire de vos arguties? ce n'est pas le moment de plaisanter : des malheureux vous invoquent. Ce naufragé, ce captif, ce malade, ce misérable, ce condamné dont la tête est sous la hache, tous réclament de vous le secours que vous avez promis. A quoi pensez-vous ? que faites-vous ? Vous jouez et ils meurent d'effroi ! Homme éloquent, qui que tu sois, soulage les angoisses de ces mourans : tous ces hommes tendent vers toi les bras; ils implorent ton assistance dans leur malheur, dans leur désespoir. Tu es leur seul espoir, leur seul appui. Arrache-les de ce précipice; ils t'en supplient; fais briller aux yeux de cette foule errante et dispersée le flambeau de la vérité. Dis-leur ce que la nature a fait de nécessaire et de superflu; dis-leur combien sont faciles à suivre les lois qu'elle a posées; combien la vie est douce et libre à qui les observe, rude et semée d'entraves à qui s'en rapporte plus à l'opinion qu'à la nature. Commence par leur apprendre ce qui peut alléger leurs maux, éteindre leurs passions, ou du moins les amortir. Encore si ces sophismes n'étaient qu'inutiles ! mais ils sont dangereux. Je suis prêt à vous le prouver jusqu'à l'évidence : le plus beau génie s'énerve et se rapetisse, égaré dans de telles subtilités ! Quelles armes nous donnent-elles pour vaincre la fortune? pour parer ses coups ? j'ai honte de le dire. Et c'est là la route du souverain bien ! non, cette philosophie n'est qu'un dédale de chicanes ténébreuses, indignes et avilissantes, même pour ceux qui vivent de procès. Quand, par vos subtilités, vous induisez sciemment en erreur celui que vous interrogez, quel est votre dessein, sinon de le forcer à sortir de la formule ? Mais, comme un préteur équitable, la philosophie le rétablit dans son droit. Pour-

hos philosophia in integrum restituit. Quid disceditis ab ingentibus promissis, et, grandia locuti, « effecturos vos, ut non magis auri fulgor, quam gladii, perstringat oculos meos; ut ingenti constantia, et quod omnes optant, et quod omnes timent, calcem, » ad grammaticorum elementa descenditis? Quid dicitis? Sic itur ad astra? — Hoc est enim quod philosophia mihi promittit, ut parem Deo faciat; ad hoc invitatus sum, ad hoc veni : fidem præsta !

Quantum potes ergo, mi Lucili, reduc te ab istis exceptionibus et præscriptionibus philosophorum. Aperta decent et simplicia bonitatem. Etiamsi multum superesset ætatis, parce jam dispensandum erat, ut sufficeret necessariis : nunc quæ dementia est, supervacua discere in tanta temporis egestate.

XLIX.

De brevitate vitæ : ideo nugis abstinendum.

Est quidem, mi Lucili, supinus et negligens, qui in amici memoriam ab aliqua regione admonitus reducitur : tamen repositum in animo nostro desiderium loca interdum familiaria evocant; nec exstinctam memoriam reddunt, sed quiescentem irritant; sicut dolorem lugentium, etiam si mitigatus est tempore, aut servuli

quoi manquer à vos magnifiques promesses? A entendre vos pompeux discours, « l'éclat de l'or, pas plus que celui du fer, ne devait éblouir mes yeux; armé d'un courage surhumain, j'allais fouler aux pieds les objets les plus craints et les plus désirés ; » et voilà que vous me faites descendre aux élémens de la grammaire ! Répondrez-vous : C'est par là qu'on s'élève jusqu'aux cieux ? — Loin delà, ce que me promet la philosophie, c'est de me faire l'égal de Dieu ; c'est sur cette promesse que je suis venu : remplissez vos engagemens.

Ainsi donc, mon cher Lucilius, échappez autant que vous le pourrez à ces subtilités d'une philosophie captieuse. La clarté, la simplicité sont les ornemens du bon. Nous aurions du temps de reste, qu'il faudrait encore le ménager pour nos besoins : quelle folie donc de s'occuper du superflu, quand la vie est si courte !

XLIX.

La vie est courte; ne point la dépenser en futilités.

Sans doute, mon cher Lucilius, il y a de l'apathie et de l'indifférence à ne se rappeler son ami qu'en présence de certains lieux : il arrive néanmoins que la vue de ces lieux, naguère par lui fréquentés, ranime en nous le chagrin de son absence ; elle ne ressuscite pas un souvenir éteint, mais elle réveille un souvenir assoupi. Ainsi, après la perte d'un être chéri, notre douleur, bien qu'a-

familiaris admissio, aut vestis, aut domus renovat. Ecce Campania, et maxime Neapolis, ad Pompeiorum tuorum conspectum, incredibile est, quam recens desiderium tui fecerit. Totus mihi in oculis es : quum maxime a te discedo; video lacrymas combibentem, et affectibus tuis inter ipsam coercitionem exeuntibus non satis resistentem. Modo amisisse te videor.

Quid enim non *modo* est, si recorderis? modo apud Sotionem philosophum puer sedi; modo causas agere cœpi; modo desii velle agere; modo desii posse. Infinita est velocitas temporis, quæ magis apparet respicientibus. Nam ad præsentia intentos fallit; adeo præcipitis fugæ transitus levis est. Causam hujus rei quæris? quidquid temporis transiit, eodem loco est; pariter aspicitur, una jacet; omnia inde in profundum cadunt. Et alioqui non possunt longa intervalla esse in ea re, quæ tota brevis est. Punctum est, quod vivimus, et adhuc puncto minus; sed hoc minimum specie quadam longioris spatii natura divisit. Aliud ex hoc infantiam fecit, aliud pueritiam, aliud adolescentiam, aliud inclinationem quamdam ab adolescentia ad senectutem, aliud ipsam senectutem. In quam angusto quot gradus posuit! Modo te prosecutus sum; et tamen hoc *modo* ætatis nostræ bona portio est, cujus brevitatem aliquando futuram cogitemus. Non solebat mihi tam velox tempus videri : nunc incredibilis cursus apparet; sive

doucie par le temps, renaît à l'aspect de son esclave, de sa maison, de l'habit qu'il portait. Cette Campanie que voici, et surtout cette ville de Naples, en vue de vos chers Pompéies, vous ne sauriez croire à quel point elles me rendent le chagrin de la séparation. Vous êtes là, devant moi; il faut m'arracher de vos bras; je vous vois, dévorant vos larmes, et à demi vaincu par la douleur qui se trahit à travers vos efforts. Il me semble que c'est d'*hier* que je vous perdis.

Eh! à bien y réfléchir, tout n'est-il pas *hier?* Hier, enfant, j'étais assis à l'école de Sotion; hier, j'ai plaidé ma première cause; hier, j'ai cessé de vouloir plaider; hier, de le pouvoir. La rapidité du temps est infinie; mais, pour s'en rendre compte, il faut regarder en arrière; car, si nous l'observons dans le présent, elle échappe à notre vue, tant est fugitive la trace d'un vol aussi prompt! Vous en demandez la cause? c'est que tout le passé se rassemble en un même espace, présente le même aspect, et gît confondu, pour tomber dans les abîmes du néant. Dans un tout si petit, les parties ne peuvent être longues. Notre vie n'est qu'un point, et moins encore; mais ce point, en le divisant, la nature lui a donné une apparence d'étendue. Elle y a distingué l'enfance, l'adolescence, la jeunesse, le passage de la jeunesse à la vieillesse, enfin la vieillesse elle-même. Que de parties dans l'infinie petitesse! *Hier* je vous reconduisais; et, *hier,* est une grande partie de notre vie, qui bientôt ne sera plus. Autrefois le temps me paraissait moins rapide; maintenant sa vitesse me confond, soit que je voie le but plus voisin, soit que je commence à examiner, à calculer mes pertes.

quia admoveri lineas sentio, sive quia attendere cœpi et computare damnum meum.

Eo magis utique indignor, aliquos ex hoc tempore (quod sufficere ne ad necessaria quidem potest, etiamsi custoditum diligentissime fuerit), in supervacua majorem partem erogare. « Negat Cicero, si duplicetur sibi ætas, habiturum se tempus quo legat lyricos. » Eodem loco dialecticos. Tristius inepti sunt : illi ex professo lasciviunt; hi agere se ipsos aliquid existimant. Nec ego nego prospicienda ista; sed prospicienda tantum, et a limine salutanda, in hoc unum, ne verba nobis dentur, et aliquid in illis esse magni ac secreti boni judicemus. Quid te torques et maceras in ea quæstione, quam subtilius est contempsisse, quam solvere? Securi est, et ex commodo migrantis, minuta conquirere : quum hostis instat a tergo, et movere se jussus est miles, excutit necessitas quidquid pax otiosa collegerat. Non vacat mihi verba dubie cadentia consectari, et vafritiam in illis meam experiri.

> Aspice, qui coeant populi, quæ mœnia clausis
> Ferrum acuant portis!. . . . .

Magno mihi animo strepitus iste belli circumsonantis exaudiendus est. Demens omnibus merito viderer, si, quum saxa in munimentum murorum senes feminæque congererent, quum juventus intra portas armata signum eruptionis exspectaret, aut posceret; quum hostilia in

Et voilà ce qui m'indigne contre certains philosophes : ce temps (qui, soigneusement ménagé, suffit à peine au nécessaire), l'employer en grande partie à des superfluités ! Cicéron nous assure que, « dût-on lui doubler le nombre de ses années, il n'aurait pas le temps de lire les lyriques. » Il pouvait dire : ni les dialecticiens. Ce ne sont que des fous plus tristes. Les premiers avouent leur folie ; les seconds se croient de quelque importance. Leur art mérite bien l'attention, mais l'attention d'un moment ; il faut le saluer, mais de loin, uniquement pour n'y être pas pris, et pour reconnaître qu'il n'a ni une grande, ni une utile propriété. Pourquoi vous tourmenter, vous dessécher sur une question qu'il y aurait plus d'adresse à mépriser qu'à résoudre. Celui qui déménage tranquillement et à son aise peut ramasser jusqu'à ses moindres effets ; mais quand l'ennemi vous presse, quand le signal de la retraite est donné, la nécessité fait jeter à la hâte le butin recueilli pendant les loisirs de la paix. Non, je n'ai pas le temps de rechercher des mots à double sens, pour exercer sur eux ma subtilité.

> Voyez courre le peuple et border les remparts ;
> Voyez le fer aigu briller de toutes parts.

C'est un grand courage qu'il me faut pour entendre sans effroi ce fracas de la guerre. Quand les femmes et les vieillards entassent des pierres sur les retranchemens ; quand la jeunesse en armes derrière les portes attend et demande le signal du combat, que le fer de l'ennemi brille sous les murs, que le sol lui-même tremble ébranlé par la mine, n'y

portis tela vibrarent, et ipsum solum subfossionibus et cuniculis tremeret; sederem otiosus et ejusmodi quæstiunculas ponens : « Quod non perdidisti, habes; cornua autem non perdidisti; cornua ergo habes : » aliaque ad exemplum hujus acutæ delirationis concinnata. Atqui æque licet demens tibi videar, si istis impendero operam : et nunc obsideor. Tunc tamen periculum mihi obsesso externum immineret; murus me ab hoste secerneret : nunc mortifera mecum sunt. Non vaco ad istas ineptias : ingens negotium in manibus est. Quid agam? mors me sequitur, fugit vita; adversus hæc me doce aliquid! effice ut ego mortem non fugiam, vita me non effugiat. Exhortare adversus difficilia, de æquanimitate adversus inevitabilia; angustias temporis mei laxa; doce, non esse positum bonum vitæ in spatio ejus, sed in usu; posse fieri, immo sæpissime fieri, ut, qui diu vixit, parum vixerit. Dic mihi dormituro : Potes non expergisci; dic experrecto : Potes non dormire amplius; dic exeunti : Potes non reverti; dic redeunti : Potes non exire. Erras, si in navigatione tantum existimas minimum esse, quo a morte vita diducitur : in omni loco æque tenue intervallum est. Non ubique se mors tam prope ostendit : ubique tam prope est. Has tenebras discute; et facilius ea trades, ad quæ præparatus sum. Dociles natura nos edidit, et rationem dedit imperfectam, sed quæ perfici posset. De justitia mihi,

aurait-il pas de la folie à rester tranquillement assis, proposant de pareilles questions : *Ce que vous n'avez pas perdu, vous l'avez; or, vous n'avez pas perdu des cornes; donc vous avez des cornes;* et mille autres visions subtiles d'un esprit en délire. Et certes, vous me tiendriez pour également fou de m'en occuper. Moi aussi on m'assiège; avec cette différence que le péril ne me vient pas du dehors, qu'un mur ne me sépare pas de l'ennemi, mais que la mort me menace au dedans. Je n'ai pas de temps pour ces futilités, j'ai sur les bras une grande affaire. Que devenir? la mort me presse, la vie m'échappe. Venez à mon aide; dites-moi comment ne pas fuir la mort, comment retenir la vie? Enseignez-moi la fermeté en présence des choses difficiles; et, en présence des maux inévitables, reculez pour moi les bornes du temps; apprenez-moi que le bonheur de la vie ne consiste pas dans sa durée, mais dans l'usage qu'on en fait; qu'il est possible, et même ordinaire, d'avoir une vie à la fois longue et courte. Dites-moi, quand je vais dormir : Tu peux ne plus te réveiller; et, quand je me réveille, Tu peux ne plus dormir; quand je sors : Tu peux ne plus rentrer; et, quand je rentre : Tu peux ne plus sortir. Croyez-moi, ce n'est pas sur les flots seulement qu'une planche nous sépare de la mort; partout, entre elle et nous, l'intervalle est également court : elle ne se montre pas partout aussi proche, mais elle l'est partout. Dissipez les ténèbres qui me la cachent, et vous transmettrez plus facilement la vérité à un auditeur désormais préparé. La nature nous a fait dociles; elle nous a donné une raison imparfaite, mais perfectible. Enseignez-moi la justice, la piété, la frugalité, la double continence, et celle qui respecte autrui, et celle qui se respecte elle-même. Épargnez-

de pietate disputa, de frugalitate, de pudicitia utraque, et illa, cui alieni corporis abstinentia est, et hac, cui sui cura. Si me nolueris per devia ducere, facilius ad id, quo tendo, perveniam. Nam ut ille ait tragicus, « Veritatis simplex oratio est, » ideoque illam implicare non oportet : nec enim quidquam minus convenit, quam subdola ista calliditas, animis conantibus magna.

L.

Plerosque sua vitia non videre : quæ si videamus, nunquam desperanda sanatio est.

Epistolam tuam accepi post multos menses quam miseras : supervacuum itaque putavi, ab eo, qui afferebat, quid ageres, quærere. Valde enim bonæ memoriæ est, si meminit : et tamen spero, sic te jam vivere, ut ubicumque eris, sciam quid agas. Quid enim aliud agas, quam ut meliorem te ipse quotidie facias, ut aliquid ex erroribus ponas, ut intelligas tua vitia esse, quæ putas rerum? Quædam enim locis et temporibus ascribimus; at illa, quocumque transierimus, secutura sunt. Harpasten, uxoris meæ fatuam, scis hereditarium onus in domo mea remansisse; ipse enim aversissimus ab istis prodigiis sum : si quando fatuo delectari volo, non est mihi longe quærendus : me rideo. Hæc fatua subito de-

moi les détours, et j'arriverai plus facilement au terme. Car, suivant un tragique,

> La vérité parle sans artifice.

Il ne faut donc pas l'embarrasser : en effet, rien n'est plus contraire à l'enthousiasme des grandes choses, que cette subtilité voisine de la fourberie.

L.

Le plus grand nombre ne connaît pas ses défauts : tant qu'on s'en aperçoit, il est encore du remède.

JE n'ai reçu votre lettre que plusieurs mois après son envoi. J'ai donc cru ne devoir point interroger le porteur sur votre manière de vivre : il lui faudrait, pour se la rappeler, bien de la mémoire. Telle est cependant, je l'espère, votre conduite, que, partout où vous êtes, je puis, sans qu'on me le dise, savoir ce que vous faites. Que pourriez-vous faire en effet, sinon de travailler à vous rendre chaque jour meilleur, à vous dépouiller de quelques-unes de vos erreurs, à comprendre qu'ils viennent de vous, ces vices que vous attribuez aux choses? Vainement nous les mettons sur le compte des lieux et des années : nous avons beau nous déplacer, ils nous suivent. Vous savez que j'ai gardé chez moi, comme une des charges de la succession, Harpaste, la folle de ma femme; car, pour moi, j'ai la plus grande aversion

siit videre. Incredibilem tibi narro rem, sed veram : nescit esse se cæcam; subinde pædagogum suum rogat, ut migret; ait domum nigram et tenebrosam esse. Hoc, quod in illa ridemus, omnibus nobis accidere, liqueat tibi. Nemo se avarum esse intelligit, nemo cupidum. Cæci tamen ducem quærunt; nos sine duce erramus, et dicimus : Non ego ambitiosus sum, sed nemo aliter Romæ potest vivere! Non ego sumptuosus sum, sed Urbs ipsa magnas impensas exigit! Non est meum vitium, quod iracundus sum, quod nondum constitui certum genus vitæ; adolescentia hæc facit!

Quid nos decipimus? non est extrinsecus malum nostrum; intra nos est, in visceribus ipsis sedet. Et ideo difficulter ad sanitatem pervenimus, quia nos ægrotare nescimus. Si curari cœperimus, quanto tot morbos, tantasve ægritudines discutiemus? Nunc vero ne quærimus quidem medicum; qui minus negotii haberet, si adhiberetur ad recens vitium : sequerentur teneri et rudes animi recta monstrantem. Nemo difficulter ad naturam reducitur, nisi qui ab illa defecit. Erubescimus discere bonam mentem : at, mehercules, si turpe est magistrum hujus rei quærere; illud desperandum est, posse nobis casu tantum bonum influere : laborandum est! Et, ut verum dicam, ne labor quidem magnus est; si modo, ut dixi, ante animum nostrum formare

pour de tels monstres; et si je veux m'amuser d'un fou, je ne vais pas le chercher bien loin; je ris de moi-même. Harpaste a perdu tout à coup la vue; voici un fait incroyable, mais très-vrai : elle ne sait pas qu'elle est aveugle, et ne cesse de prier son guide de déménager : « Dans la maison, dit-elle, on ne voit goutte. » Nous rions d'elle, et autant nous en arrive tous les jours. Personne ne se voit avare, personne ambitieux. Et encore les aveugles prennent un guide; mais nous, nous errons sans conducteur, et nous disons : Ambitieux, je ne le suis pas; à Rome on ne peut vivre autrement. Je ne suis pas prodigue, c'est la ville elle-même qui exige ces grandes dépenses. Si je suis emporté, si je n'ai point encore adopté un plan de vie réglé, la faute n'en est pas à moi, mais à la jeunesse.

Pourquoi nous faire illusion? Notre mal n'est pas au dehors, il est au dedans de nous-mêmes : il a son siège dans nos entrailles. Si nous recouvrons difficilement la santé, c'est que nous ne nous savons pas malades. Même à l'entreprendre sur-le-champ, combien de temps faudrait-il pour obtenir la guérison de tant de maladies, de tant d'humeurs corrompues? Et l'on n'appelle pas même le médecin, qui aurait beaucoup moins à faire, si le mal n'était pas ancien. Ignorante et docile, la jeunesse suivrait qui lui montrerait le droit chemin. On ne ramène difficilement à la nature, que celui qui s'en est écarté. Nous rougissons d'apprendre la vertu, comme si pour un tel art il était honteux de prendre un maître! N'espérez pas que le hasard la fasse descendre en pluie dans votre âme : il y faut du travail; mais la peine, à vrai dire, n'est pas grande : il suffit de commencer à réformer, à corriger notre âme, avant qu'elle soit en-

inceperimus et recorrigere, quam indurescat pravitas ejus. Sed nec induratam despero : nihil est quod non expugnet pertinax opera, et intenta ac diligens cura. Robora in rectum, quamvis flexa, revocabis ; curvatas trabes calor explicat, et, aliter natæ, in id finguntur, quod usus noster exigit. Quanto facilius animus accipit formam, flexibilis, et omni humore obsequentior ? quid enim est aliud animus, quam quodam modo se habens spiritus ? vides autem tanto spiritum esse faciliorem omni alia materia, quanto tenuior est. Illud, mi Lucili, non est quod te impediat, quo minus de nobis bene speres, quod malitia jam nos tenet, quod diu in possessione nostri est. Ad neminem ante bona mens venit, quam mala ; omnes præoccupati sumus. Virtutes discere est vitia dediscere. Sed eo majore animo ad emendationem nostri debemus accedere, quod semel traditi nobis boni perpetua possessio est. Non dediscitur virtus. Contraria enim mala in alieno hærent ; ideo expelli et exturbari possunt : fideliter sedent ; quæ in locum suum veniunt. Virtus secundum naturam est : vitia inimica et infesta sunt. Sed quemadmodum virtutes receptæ exire non possunt, facilisque earum tutela est ; ita initium ad illas eundi arduum : quia hoc primum imbecillæ mentis atque ægræ est, formidare inexperta. Itaque cogenda est mens, ut incipiat. Deinde non est acerba medicina : protinus enim delectat, dum sanat. Aliorum remediorum post sanitatem voluptas est : philosophia pariter et salutaris et dulcis est.

durcie dans le vice. L'endurcissement lui-même, je n'en désespèrerais pas : il n'est rien dont ne puissent triompher la persévérance, l'attention, les soins soutenus. Les bois les plus durs, quelque tortus qu'ils soient, peuvent être redressés ; les poutres recourbées cèdent à l'effet de la chaleur, et, perdant leur forme naturelle, se plient à l'usage que nous en voulons faire. Combien l'âme reçoit plus facilement les impressions ! combien elle est plus souple, plus flexible que les corps les plus mous ! Qu'est-ce en effet que l'âme, sinon une sorte de souffle qui échappe à nos sens ? or, vous le savez, l'air est de tous les corps le plus léger, et partant le plus souple. Ce ne doit pas être pour vous, mon cher Lucilius, un motif de désespérer d'un homme, parce qu'il est ou qu'il aura été livré à la dépravation. La sagesse vient toujours après la folie : c'est notre tâche d'apprendre la vertu, de désapprendre le vice : mais ce qui nous doit encourager, c'est qu'une fois acquise, la sagesse reste toujours. La vertu ne se désapprend pas. Le vice est dans l'âme une plante étrangère : aussi on l'en arrache, on l'en bannit aisément. La vertu est plus tranquille et plus forte ; elle se trouve sur son terrain. Elle est dans l'ordre de la nature ; le vice lui est contraire et ennemi. Mais si une fois entrée dans l'âme la vertu n'en sort plus, si elle se garde facilement, on n'y arrive pas sans peine : car le premier mouvement d'une âme faible et malade, est de craindre ce qu'elle ne connaît pas. Il faut donc employer la violence pour la mettre dans la voie : puis la médecine n'aura plus d'amertume : dès qu'elle opère, elle plaît. Les autres remèdes ne font plaisir qu'après la guérison : la philosophie est tout ensemble salutaire et agréable. .

LI.

Eligendum esse sapienti aptum quo vivat locum.

Quomodo quisque potest, mi Lucili! Tu istic habes Ætnam, illum nobilissimum Siciliæ montem : quem quare dixerit Messala *unicum*, sive Valgius (apud utrumque enim legi), non reperio; quum plurima loca evomant ignem, non tantum edita (quod crebrius evenit, videlicet quia ignis in altissimum effertur), sed etiam jacentia. Nos, utcumque possumus, contenti sumus Baiis, quas postero die, quam attigeram, reliqui; locum ob hoc devitandum, quum habeat quasdam naturales dotes, quia sibi illum celebrandum luxuria desumpsit.

Quid ergo? ulli loco indicendum est odium? Minime! sed quemadmodum aliqua vestis sapienti ac probo viro magis convenit quam alia, nec ullum colorem ille odit, sed aliquem putat parum aptum esse frugalitatem professo : sic regio quoque est, quam sapiens vir, aut ad sapientiam tendens, declinet, tanquam alienam bonis moribus. Itaque, de secessu cogitans, nunquam Canopum eliget, quamvis neminem Canopus esse frugi vetet; ne Baias quidem. Diversorium vitiorum esse cœperunt : illic sibi plurimum luxuria permittit; illic, tanquam aliqua licentia debeatur loco, magis solvitur. Non tantum corpori, sed etiam moribus salubrem locum eli-

LI.

Le sage doit choisir un séjour conforme à ses goûts.

Chacun fait comme il peut, mon cher Lucilius : vous avez là-bas l'Etna, cette montagne célèbre de la Sicile, que Messala, ou bien Valgius (ainsi l'ai-je lu dans leurs livres) a nommé l'*unique*, je ne sais trop pourquoi ; car les volcans ne sont pas rares, non-seulement sur les hauteurs où on les rencontre plus fréquemment à cause de la tendance de la flamme à s'élever, mais même dans les terres basses. Quant à moi, il a fallu me contenter de Baies, que j'ai quitté le lendemain de mon arrivée. C'est un lieu qu'il faut éviter, malgré tout ce qu'il possède d'avantages naturels, parce que la débauche en a fait son séjour favori.

Quoi donc ! faut-il prendre les lieux en aversion ? Non, sans doute. Mais si tel vêtement sied mieux que tel autre à l'homme sage et honnête, si, tout en n'ayant de répugnance pour aucune couleur, ce même homme ne les regarde pas toutes comme également compatibles avec des habitudes de frugalité, il est aussi des pays qu'un esprit sage ou aspirant à la sagesse évitera comme contraires aux bonnes mœurs. Ainsi celui qui songe à la retraite ne choisira pas Canope, quoique Canope n'ait aucune loi qui interdise la frugalité. Il ne choisira pas non plus Baies, qui devient le rendez-vous des vices, Baies où la débauche ne se refuse aucune satisfaction, où les désordres sont tels, que la licence semble un tribut qu'on doit à ce lieu. Dans le choix d'un séjour, nous

gere debemus. Quemadmodum inter tortores habitare nolim, sic ne inter popinas quidem. Videre ebrios per littora errantes, et comessationes navigantium, et symphoniarum cantibus strepentes lacus, et alia, quæ, velut soluta legibus, luxuria non tantum peccat, sed publicat, quid necesse est? Id agere debemus, ut irritamenta vitiorum quam longissime profugiamus. Indurandus est animus, et a blandimentis voluptatum procul abstrahendus. Una Annibalem hiberna solverunt; et indomitum illum nivibus atque Alpibus virum enervaverunt fomenta Campaniæ. Armis vicit, vitiis victus est. Nobis quoque militandum est: et quidem genere militiæ, quo nunquam quies, nunquam otium datur. Debellandæ sunt in primis voluptates: quæ, ut vides, sæva quoque ad se ingenia rapuerunt. Si quis sibi proposuerit, quantum operis aggressus sit, sciet nihil delicate, nihil molliter esse faciendum. Quid mihi cum istis calentibus stagnis? quid cum sudatoriis, in quæ siccus vapor corpora exhausturus includitur? Omnis sudor per laborem exeat! Si faceremus quod fecit Annibal, ut interrupto cursu rerum, omissoque bello, fovendis corporibus operam daremus, nemo non intempestivam desidiam, victori quoque, nedum vincenti, periculosam, merito reprehenderet. Minus nobis, quam illis punica signa sequentibus, licet: plus periculi restat cedentibus, plus operis etiam perseverantibus. Fortuna mecum bella

devons avoir égard à nos mœurs non moins qu'à notre santé. Pas plus que dans la demeure du bourreau, je ne voudrais habiter dans une taverne. Quel besoin a-t-on de voir des gens ivres rôder sur le rivage, et des débauchés sur l'eau, et des lacs retentissant du bruit des concerts, et mille autres excès auxquels la luxure, comme si elle ne reconnaissait aucune loi, non-seulement se livre, mais qu'elle ose même afficher? Nous devons nous tenir le plus possible loin des séductions du vice. Il faut fortifier nos cœurs et les entraîner loin des appas de la volupté. Un seul hiver suffit pour amollir Annibal, et ce guerrier, dont le courage avait tenu contre les Alpes et leurs neiges, fut énervé par les délices de la Campanie. Vainqueur par les armes, il fut vaincu par les vices. Nous aussi nous avons une guerre à soutenir, une guerre qui ne nous laisse ni paix ni trève. Il nous faut avant tout triompher de la volupté, qui, vous le voyez, sait asservir les cœurs même les plus farouches. Pour peu que l'on comprenne l'étendue de la tâche que l'on s'est imposée, on sentira qu'il faut agir sans recherche et sans mollesse. Qu'ai-je besoin de ces étangs d'eau chaude? de ces étuves pleines d'une vapeur sèche qui épuise le corps? Le travail seul doit faire couler ma sueur. Si, faisant ce que fit Annibal, nous nous arrêtions en chemin; si, négligeant la guerre, nous ne songions qu'à prendre soin de nos corps, qui ne serait en droit de blâmer cette nonchalance intempestive, dangereuse après la victoire, plus dangereuse encore à qui la veut obtenir. Et pourtant, nous avons moins de temps à perdre que ceux qui marchaient sous les étendards de Carthage : la retraite offre plus de péril, la persévérance plus de fatigues. Je suis en guerre avec la fortune, et ne veux me soumettre : je

gerit: non sum imperata facturus; jugum non recipio; immo, quod majore virtute faciendum est, excutio! Non est emolliendus animus. Si voluptati cessero, cedendum est dolori, cedendum labori, cedendum est paupertati; idem sibi in me juris esse volet et ambitio, et ira; inter tot affectus distrahar, immo discerpar. Libertas proposita est : ad hoc praemium laboratur. Quae sit libertas, quaeris? Nulli rei servire, nulli necessitati, nullis casibus; fortunam in aequum deducere: quo die illa me intellexero plus posse, nil poterit. Ego illam feram, quum in manu mors sit?

His cogitationibus intentum loca seria sanctaque eligere oportet. Effeminat animos amoenitas nimia; nec dubie aliquid ad corrumpendum vigorem potest regio. Quamlibet viam jumenta patiuntur, quorum durata in aspero ungula est; in molli palustrique pascuo saginata cito subteruntur : et fortior miles ex confragoso venit; segnis est urbanus et verna. Nullum laborem recusant manus, quae ad arma ab aratro transferuntur : in primo deficit pulvere ille unctus et nitidus. Severior loci disciplina firmat ingenium, aptumque magnis conatibus reddit. Liternі honestius Scipio, quam Baiis exsulabat: ruina ejus non est tam molliter collocanda. Illi quoque, ad quos primos fortuna romani populi publicas opes transtulit, C. Marius et Cn. Pompeius et Caesar, exstruxerunt quidem villas in regione baiana, sed illas im-

ne reçois pas son joug. Bien plus, par un effort de courage moins facile, je le secoue! Est-ce le moment de me laisser aller à la mollesse? Si je cède au plaisir, il faut céder à la douleur, il faut céder à la fatigue, il faut céder à la pauvreté; bientôt l'ambition et la colère voudront aussi me dominer; entre tant de passions diverses, je serai tiraillé; je dis plus, je serai déchiré. La liberté est mon but, elle doit être le prix de mes efforts. Vous me demandez en quoi consiste la liberté? à ne dépendre ni de la nécessité, ni des hasards; à tenir la fortune en respect. Le jour où j'aurai reconnu qu'elle peut moins que moi, elle ne pourra plus rien. Souffrirai-je ses caprices, quand la mort est à ma disposition?

Pour de telles pensées, il faut choisir un séjour sérieux, un sanctuaire. Trop de bien-être amollit le cœur; et, on ne saurait en douter, la force de l'homme se ressent des localités. Les bêtes de somme s'accommodent de tous les chemins, lorsque leur sabot s'est endurci sur un sol raboteux; si, au contraire, leur corne n'a foulé que l'herbe tendre des marécages, en très-peu de temps elle est usée. Les meilleurs soldats viennent des pays de montagnes; l'homme né et élevé à la ville est dépourvu de toute énergie. La main qui a quitté la charrue pour les armes ne se refuse à aucune fatigue; dès la première marche, c'en est fait du citadin aux cheveux parfumés et à l'élégante parure. L'éducation reçue dans un climat rude affermit l'âme et la rend capable des plus grands efforts. Literne était pour Scipion un exil plus convenable que Baies; à un pareil homme il fallait, dans sa disgrâce, une moins molle retraite. Les hommes que la fortune du peuple romain investit les premiers du pou-

posuerunt summis jugis montium. Videbatur hoc magis militare, ex edito speculari late longeque subjecta. Aspice quam positionem elegerint, quibus ædificia excitaverint locis, et qualia : scies non villas esse, sed castra. Habitaturum tu putas unquam fuisse in Mica Catonem, ut præternavigantes adulteras dinumeraret, et tot aspiceret genera cymbarum variis coloribus picta, et fluitantem toto lacu rosam, ut audiret canentium nocturna convicia? nonne manere ille intra vallum maluisset, quam unam noctem inter talia duxisse? Quidni malit, quisquis vir est, somnum suum classico, quam symphonia, rumpi? Sed satis diu cum Baiis litigavimus, nunquam satis cum vitiis : quæ, oro te, mi Lucili, persequere sine modo, sine fine ; nam illis quoque nec finis est, nec modus. Projice quæcumque cor tuum laniant; quæ si aliter extrahi nequirent, cor ipsum cum illis revellendum erat. Voluptates præcipue exturba, et invisissimas habe : latronum more, quos *philetas* Ægyptii vocant, in hoc nos amplectuntur, ut strangulent.

voir suprême, C. Marius, Cn. Pompée et César, se bâtirent, il est vrai, des maisons de campagne sur le territoire de Baies, mais ils eurent soin de les placer sur la cime des montagnes. Il y avait quelque chose de plus militaire à dominer ainsi sur tout ce pays d'alentour. Examinez la position, l'assiette, la forme de ces édifices, et vous les prendrez plutôt pour des forteresses que pour des maisons de plaisance. Pensez-vous que Caton se fût jamais établi dans le Mica pour voir sous ses yeux naviguer des femmes adultères? pour suivre de ses regards des essaims de barques de toute espèce et de toute couleur sur un lac parsemé de roses? pour entendre pendant la nuit des voix confuses de chanteurs? N'eût-il pas mieux aimé rester toute sa vie dans un retranchement que de demeurer une seule nuit dans un pareil lieu? Et qui de nous, s'il est homme, n'aimera mieux être éveillé par la trompette que par une symphonie? Mais en voilà assez contre Baies, sinon contre les vices. Je vous en conjure, mon cher Lucilius, poursuivez les vôtres sans mesure et sans fin, car les vices ne connaissent ni fin ni mesure. Arrachez de votre cœur ceux qui le dévorent ; et si vous ne pouvez les déraciner, arrachez plutôt votre cœur avec eux. Rejetez surtout loin de vous les voluptés, comme vos plus cruelles ennemies : semblables à ces voleurs que les Égyptiens appellent *philètes*, elles ne nous embrassent que pour nous étouffer.

LII.

Omnes sapientiam affectantes indigere adjutorio : bonum ducem eligendum.

Quid est hoc, Lucili, quod nos alio tendentes alio trahit, et eo, unde recedere cupimus, impellit? quid colluctatur cum animo nostro, nec permittit nobis quidquam semel velle? Fluctuamus inter varia consilia; nihil libere volumus, nihil absolute, nihil semper. — Stultitia, inquis, est, cui nihil constat, nihil diu placet. — Sed quomodo nos, aut quando, ab illa revellemus? Nemo per se satis valet, ut emergat; oportet manum aliquis porrigat, aliquis educat. Quosdam ait Epicurus ad veritatem sine ullius adjutorio contendere: ex his se; fecisse sibi ipsum viam; hos maxime laudat, quibus ex se impetus fuit, qui se ipsi protulerunt : quosdam indigere ope aliena; non ituros, si nemo præcesserit, sed bene secuturos : ex his Metrodorum ait esse. Egregium hoc quoque, sed secundæ sortis, ingenium. Nos ex illa prima nota non sumus; bene nobiscum agitur, si in secundam recipimur : ne hunc quidem contempseris hominem, qui alieno beneficio esse salvus potest; et hoc multum est, velle servari. Præter hæc adhuc invenies aliud genus hominum, ne ipsum quidem fastidiendum, eorum, qui cogi ad rectum compellique possunt; quibus non duce tantum opus sit, sed adjutore, et (ut ita di-

LII.

Tous les hommes qui se piquent de sagesse manquent de guide. Il faut s'en choisir un bon.

Quelle est donc, Lucilius, cette maligne influence qui nous détourne de ce que nous cherchons, et nous pousse vers ce que nous fuyons; qui, toujours aux prises avec notre âme, n'y souffre point de volonté fixe? Nous flottons entre mille projets divers, nous ne savons rien vouloir librement, rien d'une manière absolue et immuable. —C'est la folie, dites-vous, qui ne s'arrête à rien, à qui rien ne plaît long-temps.—Mais quand, et comment nous en affranchir? Personne n'est par lui-même assez fort pour y réussir; il faut que quelque autre nous tende la main, nous tire de l'abîme. Épicure parle de plusieurs personnages qui, sans aucune aide, sont parvenus à la sagesse, et il se cite, entre autres, comme s'étant lui-même frayé la voie. Il donne les plus grands éloges à ces esprits vigoureux qui ne reçurent d'élan que d'eux-mêmes, qui d'eux-mêmes se sont produits. D'autres, selon lui, ont besoin d'aide; ce sont des hommes incapables de marcher si personne n'est là pour leur montrer la route, mais excellens pour suivre; et, parmi eux, il nomme Métrodore. Ce sont aussi des esprits distingués, mais ils n'occupent que le second rang. Quant à nous deux, nous n'appartenons pas à la première catégorie; que dis-je? on nous traiterait avec faveur en nous admettant dans la seconde. Et qu'on se garde de mépriser celui qui peut être sauvé avec le secours d'autrui; car c'est déjà beaucoup que de vouloir être sauvé. Vient ensuite une autre espèce d'hommes qui n'est pas non plus à dédaigner, ceux

cam) coactore. Hic tertius color est. Si quæris hujus exemplar, Hermarchum ait Epicurus talem fuisse. Itaque alteri magis gratulatur, alterum magis suspicit. Quamvis enim ad eumdem finem uterque pervenerit; tamen major est laus, idem effecisse in difficiliore materia. Puta enim duo ædificia excitata esse, ambo paria, æque excelsa atque magnifica : alterum, puta, area accepit; illic protinus opus crevit: alterum fundamenta laxa habet, in mollem ac fluidam humum missa; multumque laboris exhaustum est, dum pervenitur ad solidum. Apparet in altero quidquid factum est; alterius magna pars et difficilior latet. Quædam ingenia facilia et expedita; quædam manu, quod aiunt, facienda sunt, et in fundamentis suis occupanda. Itaque ego illum feliciorem dixerim, qui nihil negotii secum habuerit; hunc quidem de se melius meruisse, qui malignitatem naturæ suæ vicit, et ad sapientiam se non perduxit, sed extraxit. Hoc durum et laboriosum ingenium nobis datum scias licet; imus per obstantia. Itaque pugnemus, aliquorum invocemus auxilium!

Quem, inquis, invocabo? hunc, aut illum? — Tu vero etiam ad priores revertere, qui vacant: adjuvare nos possunt non tantum qui sunt, sed et qui fuerunt. Ex his autem, qui sunt, eligamus non eos, qui verba

qui sont susceptibles de faire le bien au moyen de la contrainte et de la violence; à qui il faut non-seulement un guide, mais même un aide; et, si je puis m'exprimer ainsi, un tyran. C'est là le troisième degré. Si vous en voulez un exemple, Épicure nous fournit celui d'Hermarchus; et s'il félicite davantage Métrodore, il admire davantage Hermarchus. Quoique tous deux soient parvenus au même but, la plus grande gloire est pourtant à celui qui avait affaire au sujet le plus rebelle. Supposons deux édifices pareils en tout, égaux en hauteur et en magnificence; l'un, établi sur un sol ferme, s'est élevé promptement; l'autre a de vastes fondations assises au milieu d'un terrain mou et fangeux, et il a fallu s'épuiser en efforts pour arriver jusqu'au roc. Le travail de l'architecte se montre à découvert dans le premier; dans le second, les ouvrages les plus considérables et les plus difficiles sont cachés sous terre. Ainsi certains caractères sont faciles et accessibles à la perfection; d'autres, au contraire, ont besoin d'être façonnés et exigent qu'on les remanie jusque dans leurs fondemens. Je regarde donc comme plus heureux l'homme qui n'a aucune lutte à soutenir contre lui-même; et comme ayant mieux mérité de lui-même, celui qui a vaincu ses mauvais penchans et a traîné son âme plutôt qu'il ne l'a conduite dans la voie de la sagesse. Ce naturel revêche et difficile est tout-à-fait le nôtre, Lucilius; nous avons à lutter contre de grands obstacles. Il faut donc combattre et invoquer le secours d'autrui.

Mais à qui s'adresser? me direz-vous; est-ce à celui-ci ou à celui-là? — Retournez aux anciens, qui toujours sont disponibles; aussi bien que les vivans, ceux qui ne sont plus peuvent nous être en aide. Mais, parmi les vi-

magna celeritate præcipitant, et communes locos volvunt, et in privato circulantur : sed eos, qui vitam docent; qui, quum dixerint quid faciendum sit, probant faciendo; qui docent quid vitandum sit, nec unquam in eo, quod fugiendum dixerint, deprehenduntur. Eum elige adjutorem, quem magis admireris quum videris, quam quum audieris. Nec ideo te prohibuerim hos quoque audire, quibus admittere populum ac disserere consuetudo est; si modo hoc proposito in turbam prodeunt, ut meliores fiant, faciantque meliores; si non ambitionis hoc causa exercent. Quid enim turpius philosophia captante clamores? Numquid æger laudat medicum secantem? Tacete, favete, et præbete vos curationi : etiam si exclamaveritis, non aliter audiam, quam si ad tactum vitiorum vestrorum ingemiscatis. Testari vultis attendere vos, moverique magnitudine rerum? sane liceat! Ut quidem judicetis, et feratis de meliore suffragium, quidni non permittam? Apud Pythagoram discipulis quinque annis tacendum erat : numquid ergo existimas, statim illis et loqui et laudare licuisse? Quanta autem dementia ejus est, quem clamores imperitorum hilarem ex auditorio dimittunt? Quid lætaris, quod ab hominibus his laudaris, quos non potes ipse laudare? Disserebat populo Fabianus; sed audiebatur modeste : erumpebat interdum magnus clamor laudantium, sed quem rerum magnitudo evocaverat, non sonus inoffensæ ac mol-

vans, gardons-nous de choisir ceux qui entassent précipitamment paroles sur paroles, qui ressassent des lieux communs, qui rassemblent à plaisir un auditoire autour d'eux. Attachez-vous à ceux dont la vie est un enseignement, qui, après avoir dit ce qu'il faut faire, le prouvent par leurs actions; qui enseignent ce qu'il faut fuir et ne sont jamais surpris dans les fautes qu'ils ont recommandé d'éviter. Prenez un guide qui gagne plus encore à être vu qu'à être entendu. Ce n'est pas que je veuille vous interdire d'écouter ceux qui professent en public; mais il faut que ces hommes se soient placés au milieu de la foule pour devenir meilleurs et rendre les autres meilleurs, et non pour chercher la célébrité. Quoi de plus misérable, en effet, que la philosophie cherchant les acclamations? Le malade loue-t-il le médecin qui l'ampute? Taisez-vous, écoutez, et soumettez-vous au traitement, voilà ce que je vous demande; et si des cris doivent vous échapper, tout ce que j'en veux entendre, c'est la plainte que vous arrachera le froissement de vos vices. Voulez-vous témoigner par vos acclamations que vous êtes attentif et que vous êtes ému de la grandeur des objets? A la bonne heure! Mais, dites-vous, pourquoi nous défendre de juger et d'applaudir le mérite? Les disciples de Pythagore étaient obligés à cinq années de silence : pensez-vous donc qu'avec le droit de parler ils obtenaient celui de louer? Quelle folie n'est-ce pas d'ailleurs que de se réjouir d'être reconduit par les acclamations d'une multitude ignorante? Le beau triomphe d'être loué par des gens que vous ne pouvez louer vous-même! Fabianus discourait en public, mais on l'écoutait avec calme. Quelquefois un cri d'admiration universelle s'élevait, mais provoqué par la grandeur des idées et non par

liter orationis elapsæ. Intersit aliquid inter clamorem theatri, et scholæ! est aliqua et laudandi licentia. Omnium rerum, si observentur, indicia sunt: et argumentum morum ex minimis quoque licet capere. Impudicum et incessus ostendit, et manus mota, et unum interdum responsum, et relatus ad caput digitus, et flexus oculorum; improbum interdum risus; insanum vultus habitusque demonstrat. Illa enim in apertum per notas exeunt. Qualis quisque sit, scies; si, quemadmodum laudet, aspexeris. Hinc atque illinc philosopho manus auditor intentat, et super ipsum caput mirantium turba consistit. Non laudatur ille nunc, si intelligis, sed conclamatur. Relinquantur istæ voces illis artibus, quæ propositum habent populo placere: philosophia adoretur. Permittendum erit aliquando juvenibus, sequi impetum animi; tunc autem, quum hoc ex impetu facient, quum silentium sibi imperare non poterunt. Talis laudatio aliquid exhortationis affert ipsis audientibus, et animos adolescentium exstimulat. Ad rem commoveantur, non ad verba composita: alioqui nocet illis eloquentia, si non rerum cupiditatem facit, sed sui. Differam hoc in præsentia; desiderat enim propriam et longam exsecutionem, quemadmodum populo disserendum, quid sibi apud populum permittendum sit, quid populo apud se. Damnum quidem fecisse philosophiam non erit dubium, postquam prostituta est: sed potest in penetralibus suis

l'effet d'une période bien conduite et agréablement terminée. Qu'une différence existe au moins entre les applaudissemens du théâtre et ceux de l'école! La louange aussi a sa licence. Pour qui sait observer, tout dans la nature a un indice; de même dans l'ordre moral le plus petit fait a un sens, une signification. La démarche, le geste, quelquefois une simple réponse, un doigt porté à la tête, un coup d'œil, trahissent un débauché; le rire, un méchant; le fou se révèle à son air et à sa contenance. En effet, chaque vice a un caractère distinctif. A ses éloges vous savez quel est un homme. Voyez ce philosophe au milieu de son auditoire : mille mains de toutes parts sont tendues vers lui, et la foule en extase s'élève au dessus de sa tête. Pour qui a du sens ce n'est pas un éloge, mais un adieu funèbre. Laissons ces clameurs aux arts qui ont pour but de plaire à la multitude; la philosophie ne doit prétendre qu'aux hommages. Permettons aux jeunes gens de céder parfois à l'enthousiasme de leur âge, mais seulement lorsque, emportés par un mouvement irrésistible, ils ne seront plus maîtres de se commander le silence. Un tel éloge, en même temps qu'il stimule ces jeunes gens, devient en quelque sorte un encouragement pour l'auditoire même. Mais que les pensées et non l'arrangement des mots les émeuvent; car l'éloquence leur est un poison quand elle les passionne pour elle, et non pour la vérité. J'en reste là pour le présent. Ce ne serait pas trop d'un traité spécial pour enseigner l'art de disserter devant le peuple, pour montrer ce qu'on peut lui permettre vis-à-vis de soi ou se permettre vis-à-vis de lui; car, bien qu'en se prostituant la philosophie se soit fait tort, elle n'en pourra pas moins

ostendi, si modo non institorem, sed antistitem nacta est.

LIII.

Plerosque vitiorum suorum ignaros esse, quæ philosophia et ostendit et sanat.

Quid non potest mihi persuaderi, cui persuasum est ut navigarem? Solvi mari languido : erat sine dubio cœlum grave sordidis nubibus, quæ fere aut in aquam, aut in ventum resolvuntur; sed putavi tam pauca millia a Parthenope tua usque Puteolos subripi posse, quamvis dubio et impendente cœlo. Itaque, quos celerius evaderem, protinus per altum ad Nesida direxi, præcisurus omnes sinus. Quum jam eo processissem, ut mea nihil interesset, utrum irem, an redirem; primum æqualitas illa, quæ me corruperat, periit : nondum erat tempestas, sed jam inclinatio maris, ac subinde crebrior fluctus. Cœpi gubernatorem rogare, ut me in aliquo litore exponeret. Aiebat ille, aspera esse et importuosa, nec quidquam se æque in tempestate timere, quam terram. Pejus autem vexabar, quam ut mihi periculum succurreret; nausea enim me, segnis hæc, et sine exitu, torquebat, quæ bilem movet, nec effundit. Institi itaque gubernatori, et illum, vellet nollet, coegi petere litus. Cujus ut viciniam attigimus, non exspecto, ut quidquam ex præceptis Virgilii fiat,

briller dans son sanctuaire, lorsque l'enseignement sera un sacerdoce, et non un ignoble courtage.

LIII.

La plupart des hommes ignorent leurs vices; la philosophie les leur découvre et leur apprend à les guérir.

Que ne me persuadera-t-on pas, puisque l'on a pu me persuader de naviguer? Quand je partis, la mer était calme. Le ciel, il est vrai, était chargé de ces nuages cendrés qui se résolvent presque toujours en pluie ou en vent; mais je crus qu'un trajet aussi court que celui de Parthénope à Pouzzoles se pouvait hasarder, malgré l'aspect douteux et menaçant du ciel. Afin donc d'arriver plus vite, au lieu de suivre le détour de la côte, je pris le large et pointai droit sur Nesida. J'en étais arrivé à ce point qu'il m'était indifférent de continuer ma route ou de revenir, lorsque soudain le calme qui m'avait séduit, disparut. Ce n'était pas encore la tempête, mais la mer devenait houleuse et les flots se pressaient de plus en plus. Alors je priai le pilote de me débarquer sur la première côte venue. Toutes étaient escarpées et inabordables, et, disait-il, dans la tempête il ne craignait rien tant que la terre. J'étais trop malade pour songer au danger; car j'avais de ces nausées lentes et sans effet qui remuent la bile sans la chasser. Je pressai donc de nouveau le pilote, et le forçai, bon gré mal gré, de gagner le rivage. Comme nous y touchions, sans attendre, suivant le précepte de Virgile,

> Obvertant pelago proras;.....

aut

> Ancora de prora jaciatur:

sed, memor artificii mei, vetus frigidæ cultor, mitto me in mare, quomodo psychrolutam decet, gausapatus. Quæ putas me passum, dum per aspera erepo, dum viam quæro, dum facio? Intellexi, non immerito nautis terram timeri. Incredibilia sunt quæ tulerim, quum me ferre non possem. Illud scito, Ulyssem non fuisse tam irato mari natum, ut ubique naufragia faceret: nauseator erat. Et ego, quocumque navigare debuero, vicesimo anno perveniam.

Ut primum stomachum, quem scis cum mari nauseam effugere, collegi, ut corpus unctione recreavi; hoc cœpi mecum cogitare, quanta nos vitiorum nostrorum sequeretur oblivio; etiam corporalium, quæ subinde admonent sui; nedum illorum, quæ eo magis latent, quo majora sunt. Levis aliquem motiuncula decepit: sed quum crevit, et vera febris exarsit, etiam duro et perpessitio confessionem exprimit. Pedes dolent, articuli punctiunculas sentiunt: adhuc dissimulamus; et aut talum extorsisse dicimus, aut in exercitatione aliqua laborasse. Dubio et incipiente morbo, quæritur nomen; qui ubi jam talaria cœpit intendere, et utrosque pedes fecit dextros, necesse est podagram fateri. Contra evenit in iis morbis, quibus afficiuntur animi; quo qui pejus se

Qu'on tourne la proue vers la mer;

ou

Qu'on jette l'ancre du haut de la proue:

et ne me rappelant que mon ancien métier de nageur, je m'élance enveloppé de mon manteau dans la mer en homme qui ne craint pas l'eau froide. Imaginez ce que j'ai souffert à gravir les rochers, à chercher une route, à m'en faire une. J'ai senti dès-lors que les marins n'ont pas tort de craindre la terre. On aurait peine à croire tout ce que j'ai eu à soutenir, ne pouvant me soutenir moi-même. Car, sachez-le bien, Ulysse n'était pas tellement brouillé avec Neptune, qu'il fît naufrage partout; mais il était sujet au mal de mer. Aussi, moi, quelque navigation que j'entreprenne, j'y passerai vingt ans.

Aussitôt que j'eus remis mon estomac, qui, une fois hors de la mer, fut quitte des nausées, comme il arrive toujours; quand des frictions eurent ranimé mon corps, je me mis à songer combien nous sommes sujets à oublier nos infirmités, même celles du corps, qui cependant se font à chaque instant sentir, et à plus forte raison celles de l'âme, qui se cachent d'autant plus qu'elles sont plus graves. Un léger frisson, on n'y fait pas attention; mais lorsqu'il s'est développé et qu'une véritable fièvre s'est allumée, alors il n'est homme si dur et si accoutumé à souffrir qui ne fasse l'aveu de son mal. Les pieds font mal, les articulations éprouvent comme des piqûres : on dissimule, on parle d'une entorse au talon, d'une fatigue causée par quelque violent exercice. Tant que la maladie n'est pas décidée, on lui cherche un nom quelconque; mais quand elle a commencé à gonfler les

habet, minus sentit. Non est quod mireris, Lucili carissime. Nam qui leviter dormit, et species secundum quietem capit, aliquando dormire se dormiens cogitat : gravis sopor etiam somnia exstinguit, animumque altius mergit, quam ut uti ullo intellectu sinat. Quare vitia sua nemo confitetur? quia etiam nunc illis est! Somnium narrare, vigilantis est; et vitia sua confiteri, sanitatis indicium est. Expergiscamur ergo, ut errores nostros coarguere possimus : sola autem nos philosophia excitabit, sola somnum excutiet gravem. Illi te totum dedica! dignus illa es; illa digna te est. Ite in complexum alter alterius; omnibus aliis rebus te nega, fortiter, aperte! Non est quod precario philosopheris. Si æger esses, curam intermisisses rei familiaris, et forensia tibi negotia excidissent, nec quemquam tanti putares, cui advocatus in remissione descenderes; toto animo id ageres, ut quam primum morbo liberareris. Quid ergo? non et nunc idem facies? Omnia impedimenta dimitte, et vaca bonæ menti; nemo ad illam pervenit occupatus.

Exercet philosophia regnum suum; dat tempus, non accipit. Non est res subseciva : ordinaria est; domina est; adest et jubet. Alexander cuidam civitati, partem agrorum et dimidium rerum omnium promittenti : « Eo,

chevilles et à effacer toute différence entre les deux pieds, alors il faut bien convenir que c'est la goutte. Dans les maladies de l'âme c'est tout le contraire, on les sent d'autant moins qu'elles sont plus sérieuses. N'en soyez pas surpris, mon cher Lucilius. Quand on dort d'un demi-sommeil et qu'on perçoit encore vaguement les objets, il arrive parfois qu'en dormant on a le sentiment du sommeil; mais un sommeil profond anéantit jusqu'aux songes, et pèse tellement sur l'âme, qu'il lui ôte tout usage de son intelligence. Pourquoi ne voit-on personne convenir de ses vices? parce qu'on en est encore dominé. Il faut être éveillé pour raconter ses songes, et guéri pour avouer ses vices. Éveillons-nous donc afin de pouvoir condamner nos erreurs. C'est la philosophie seule qui nous réveillera, c'est elle seule qui dissipera notre sommeil léthargique. Consacrez-vous à son culte; vous êtes digne d'elle comme elle est digne de vous. Jetez-vous dans les bras l'un de l'autre; renoncez pour elle à toute autre chose, mais définitivement, ouvertement; car il ne faut pas une philosophie provisoire. Si vous étiez malade, vous cesseriez de vous occuper de vos propres affaires, vous oublieriez le barreau, et nul n'obtiendrait de vous de quitter le lit pour lui aller servir de conseil; tout votre soin serait de vous guérir au plus tôt. Quoi! ne sauriez-vous donc en faire autant à présent? sacrifiez tout pour arriver à la vertu; on n'y parvient pas, si l'esprit est ailleurs occupé.

La philosophie est jalouse de son empire; elle fixe l'heure et ne l'accepte pas. Ce n'est point un passe-temps, mais une occupation de tous les momens; c'est une maîtresse absolue qui ne paraît que pour commander. Les habitants d'une ville offraient à Alexandre une

inquit, proposito in Asiam veni, non ut id acciperem quod dedissetis, sed ut id haberetis, quod reliquissem. » Idem philosophia rebus omnibus : « Non sum hoc tempus acceptura, quod vobis superfuerit; sed id habebitis, quod ipsa erogavero. »

Totam huc converte mentem, huic asside, hanc cole; ingens intervallum inter te et ceteros fiat! Omnes mortales multo antecedes, non multo te dii antecedent. — Quid inter te et illos interfuturum sit, quæris? — Diutius erunt. At, mehercules, magni artificis est, clusisse totum in exiguo. Tantum sapienti sua, quantum Deo omnis ætas patet. Est aliquid, quo sapiens antecedat Deum : ille beneficio naturæ non timet, suo sapiens. Ecce res magna, habere imbecillitatem hominis, securitatem Dei! Incredibilis philosophiæ vis est ad omnem fortuitam vim retundendam. Nullum telum in corpore ejus sedet; munita est et solida : quædam defatigat, et velut levia tela laxo sinu eludit; quædam discutit, et in eum usque, qui miserat, respuit.

partie de leur territoire et la moitié de leurs biens : « Je ne suis pas venu, leur dit-il, pour recevoir ce que vous me donneriez, mais pour vous laisser ce dont je ne voudrais pas. » Ainsi parle la philosophie en toute circonstance : « Je ne suis pas faite pour recevoir le temps que vous aurez de reste ; vous vous contenterez de la part que je vous ferai. »

Tournez toute votre pensée du côté de la philosophie, embrassez-la, chérissez-la ; qu'un immense intervalle vous sépare du reste de l'humanité! Presque égal aux dieux, vous laisseriez bien loin derrière vous tous les mortels. —Vous me demandez quelle différence existera entre eux et vous. — Ils dureront plus long-temps. Mais quelle habileté ne faut-il pas pour renfermer tout dans un petit espace. Le sage trouve dans sa vie ce que Dieu trouve dans l'éternité. Il est même un rapport sous lequel le sage est supérieur à Dieu : celui-ci ne craint rien grâce à sa nature, le sage grâce à sa volonté. Quelle grandeur de pouvoir allier la faiblesse humaine avec la sécurité d'un Dieu! La philosophie possède une force incroyable contre les coups du sort. Inaccessible et impénétrable, les traits ne s'attachent point à son corps ; quelquefois elle les brave et les pare avec les seuls plis de son manteau, comme de légers dards. D'autres fois elle les repousse et les renvoie à l'ennemi même qui les a lancés.

LIV.

Se suspirio affectum esse, jamque morti esse propinquiorem eique omnino paratum.

Longum mihi commeatum dederat mala valetudo; repente me invasit. — Quo genere? inquis. — Prorsus merito interrogas: adeo nullum mihi ignotum est. Uni tamen morbo quasi assignatus sum, quem quare græco nomine appellem, nescio; satis enim apte dici *suspirium* potest. Brevis autem valde, et procellæ similis, est impetus; intra horam fere desinit. Quis enim diu exspirat? Omnia corporis aut incommoda, aut pericula, per me transierunt; nullum mihi videtur molestius. Quidni? aliud enim, quidquid est, ægrotare est; hoc, animam agere. Itaque medici hanc *meditationem mortis* vocant. Facit enim aliquando spiritus ille, quod sæpe conatus est.

Hilarem me putas hæc tibi scribere, quia effugi? Si hoc fine quasi bona valetudine delector, tam ridicule facio, quam ille, quisquis vicisse se putat, quum vadimonium distulit. Ego vero et in ipsa suffocatione non desii cogitationibus lætis ac fortibus acquiescere. Quid hoc, inquam, est? tam sæpe mors experitur me? faciat! At ego illam diu expertus sum. — Quando? inquis. — Antequam nascerer. Mors est, non esse; id quod ante fuit: sed, id quale sit, jam scio; hoc erit post me,

LIV.

L'auteur, attaqué d'un asthme violent, s'attache a prouver qu'il est préparé à la mort qui le menace.

Mon mal m'avait laissé une longue trève; tout à coup il m'a repris. — Lequel? me direz-vous. — Vous avez bien raison de me le demander, car il en est à peine un qui me soit inconnu. Il est cependant une maladie à laquelle je suis comme voué; je ne vois pas pourquoi je l'indiquerais par son nom grec, car notre mot *suspirium* la désigne suffisamment. Ses attaques, semblables à la tempête, ont fort peu de durée; elles cessent en moins d'une heure; peut-on en effet expirer longuement? J'ai passé par toute espèce d'incommodité et de crise; mais rien ne m'a jamais autant fait souffrir. Pourquoi? c'est que toutes les autres affections quelles qu'elles soient ne sont que des maladies; celle-ci est une véritable agonie : aussi les médecins l'appellent-ils *méditation de la mort;* car, à force de le tenter, ce mal finit souvent par vous tuer.

Vous me croyez tout joyeux d'en être réchappé. Si je prenais la cessation de mon mal pour la santé, je serais aussi ridicule qu'un plaideur qui, pour avoir obtenu un délai, croirait son procès gagné. Toutefois, au milieu même de mes suffocations, je n'ai pas cessé de me fortifier par des pensées rassurantes et courageuses. Eh bien! me disais-je, puisque la mort revient tant de fois à la charge, qu'elle se décide! je l'ai si long-temps éprouvée. — Quand cela? me direz-vous. — Avant de naître. La mort c'est le non être; c'est-à-dire ce qui a précédé l'existence : je sais ce que c'est; il en sera après moi

quod ante me fuit. Si quid in hac re tormenti est, necesse est et fuisse, antequam prodiremus in lucem : atqui nullam sensimus tunc vexationem. Rogo, non stultissimum dicas, si quis existimet lucernæ pejus esse, quum exstincta est, quam antequam accenditur? Nos quoque et accendimur, et exstinguimur ; medio illo tempore aliquid patimur : utrimque vero alta securitas est. In hoc enim, mi Lucili, nisi fallor, erramus, quod mortem judicamus sequi ; quum illa et præcesserit, et secutura sit. Quidquid ante nos fuit, mors est. Quid enim refert, utrum non incipias, an desinas? quum utriusque rei hic sit effectus, non esse.

His et hujusmodi exhortationibus (tacitis scilicet, nam verbis locus non erat), alloqui me non desii : deinde paulatim suspirium illud, quod esse jam anhelitus cœperat, intervalla majora fecit, et retardatum est, ac remansit. Nec adhuc, quamvis desierit, ex natura fluit spiritus : sentio hæsitationem quamdam ejus et moram. Quomodo volet! dummodo non ex animo suspirem. Hoc tibi de me recipe : non trepidabo ad extrema; jam præparatus sum ; nihil cogito de die toto. Illum lauda et imitare, quem non piget mori, quum juvet vivere. Quæ enim virtus est, quum ejiciaris, exire? Tamen est et hic virtus : ejicior quidem, sed tanquam exeam. Et ideo nunquam ejicitur sapiens : qui *ejici* est inde expelli,

ce qu'il en était avant. Si la mort est un état de souffrance, ainsi devait-il en être avant que nous eussions vu le jour : or, à cette époque, nous n'avons ressenti aucun mal. Dites-moi, je vous prie, ne regarderiez-vous pas comme un insensé celui qui trouverait une lampe plus malheureuse quand elle est éteinte que lorsqu'elle n'était pas allumée. Eh bien, nous aussi on nous allume et on nous éteint : dans l'intervalle il y a quelques souffrances; mais en deçà comme au delà se trouve une sécurité profonde. Si je ne m'abuse, mon cher Lucilius, notre erreur est de regarder la mort comme une suite de la vie, tandis qu'elle l'a précédée aussi bien qu'elle doit la suivre : tout le temps antérieur à la vie a été la mort pour nous. Quelle différence entre ne pas commencer et finir? puisque le résultat est toujours de n'être pas.

Voilà les exhortations que je ne cessais de m'adresser, mentalement s'entend, car j'étais hors d'état de parler. Peu à peu mon attaque, qui avait dégénéré en une simple oppression, me laissa de plus longs repos, puis de plus longs encore; et enfin cessa tout-à-fait. Cependant, quoique ce mal ait disparu, ma respiration n'est pas encore entièrement libre; j'éprouve toujours de la gêne et de l'embarras de ce côté. Que la maladie fasse ce qu'elle voudra, pourvu que ces soupirs ne partent pas de mon âme. En attendant, prenez acte de ma déclaration : je ne tremblerai pas à ma dernière heure, j'y suis tout préparé, ma pensée n'embrasse jamais un jour entier. Sans doute celui-là mérite plus d'éloges et est plus digne de servir d'exemple, qui ne craint pas la mort quand il aurait du plaisir à vivre. Quel mérite, en effet, de sortir quand on vous chasse? Cependant cette résigna-

unde invitus recedas. Nihil invitus facit sapiens : necessitatem effugit, quia vult quod coactura est.

LV.

De Vatiæ villa : de bono maloque otio.

A GESTATIONE quum maxime venio : non minus fatigatus sum, quam si tantum ambulassem, quantum sedi. Labor est enim et diu ferri; ac nescio an eo major, quia contra naturam est; quæ pedes dedit, ut per nos ambularemus : et oculos, ut per nos videremus. Debilitatem nobis indixere deliciæ; et, quod diu noluimus, posse desivimus. Mihi tamen necessarium erat concutere corpus; ut, sive bilis insederat faucibus, discuteretur; sive ipse ex aliqua causa spiritus densior erat, extenuaret illum jactatio ; quam profuisse mihi sensi. Ideo diutius vehi perseveravi, invitante ipso litore, quod inter Cumas et Servilii Vatiæ villam curvatur; et hinc mari, illinc lacu, velut angustum iter, cluditur. Erat enim a recenti tempestate maris spissum. Fluctus autem illud, ut scis, frequens et concitatus exæquat; longior tranquillitas solvit, quum arenis, quæ humore alligantur, succus abcessit. Ex consuetudine tamen mea circumspicere

tion a aussi son mérite; on me chasse, il est vrai, mais je m'en vais de bon gré. De là vient qu'on ne chasse point le sage; car être chassé, c'est être expulsé d'un lieu qu'on quitte malgré soi : or, le sage ne fait rien malgré lui; il se dérobe à la nécessité, parce qu'il voit d'avance ce à quoi elle le contraindrait.

LV.

Sur la maison de Vatia. Distinction du bon et du mauvais repos.

Je descends de litière aussi fatigué que si j'avais marché tout le temps que je suis resté assis. On se fatigue en effet d'être porté long-temps, et d'autant plus, il me semble, que c'est contraire à la nature, qui nous a donné des pieds pour marcher comme des yeux pour voir. Les raffinemens ont engendré chez nous la faiblesse : à force de ne pas vouloir, nous avons fini par ne plus pouvoir. Cependant j'ai besoin de me secouer, soit pour faire couler la bile, si c'est elle qui m'obstrue la respiration, soit pour raréfier par le mouvement l'air de mes poumons, si, par quelque cause, il est devenu trop dense. Je me suis bien trouvé de la voiture; c'est pourquoi j'ai voulu prolonger ma route, invité d'ailleurs que j'étais par le rivage qui se courbe entre Cumes et la maison de Servilius, et qui, resserré d'une part par la mer et de l'autre par le lac, forme comme un étroit sentier; avec cela, une tempête récente avait durci la grève. Car, vous le savez, les flots, à force de revenir et de battre violemment le sol, finissent par le niveler, tandis qu'un trop long calme le

cœpi, an aliquid illic invenirem, quod mihi posset bono esse; et direxi oculos in villam, quæ aliquando Vatiæ fuit. In hac ille prætorius dives, nulla alia re quam otio notus, consenuit, et ob hoc unum felix habebatur. Nam quoties aliquos amicitia Asinii Galli, quoties Sejani odium, deinde amor merserat (æque enim offendisse illum, quam amasse, periculosum fuit); exclamabant homines : « O Vatia, solus scis vivere ! » At ille latere sciebat, non vivere.

Multum autem interest, utrum vita tua otiosa sit, an ignava. Nunquam aliter hanc villam Vatia vivo præteribam, quam ut dicerem : « Vatia hic situs est. » Sed adeo, mi Lucili, philosophia sacrum quiddam est, et venerabile, ut etiam, si quid illi simile est, mendacio placeat. Otiosum enim hominem, seductum existimat vulgus, et securum, et se contentum, sibique viventem; quorum nihil ulli contingere, nisi sapienti, potest. Ille quidem, nulla re sollicitus, scit sibi vivere : ille enim, quod est primum, scit vivere. Nam qui res et homines fugit; quem cupiditatum suarum infelicitas relegavit; qui alios feliciores videre non potuit; qui, velut timidum atque iners animal, metu oblituit; ille sibi non vivit, sed, quod est turpissimum, ventri, somno, libidini. Non continuo sibi vivit, qui nemini. Adeo tamen magna res est constantia, et in proposito suo perseverantia, ut habeat auctoritatem inertia quoque pertinax.

dissout en privant le sable de l'humidité qui lui sert de lien. Cependant je me mis, suivant mon usage, à chercher autour de moi quelque spectacle qui pût m'être profitable, et mes yeux se portèrent sur la maison que posséda jadis Vatia. C'est là que vieillit ce riche personnage prétorien, célèbre seulement par son oisiveté, pour laquelle on l'estimait heureux. Car, toutes les fois que l'amitié d'Asinius Gallus, ou que la haine et plus tard l'affection de Séjan, homme dangereux comme ami non moins que comme ennemi, faisait quelque victime, la foule s'écriait : « O Vatia, toi seul possèdes l'art de vivre. » Mais lui, ce qu'il savait, c'était se cacher, et non pas vivre.

Car il y a une grande différence entre le repos et l'indolence. Pour moi, du vivant de Vatia, je ne passais jamais devant cette maison sans dire : « Ci-gît Vatia. » Mais la philosophie a quelque chose de si sacré et de si respectable, qu'on en chérit jusqu'au faux semblant. Le vulgaire voit-il un homme oisif, il le prend pour un philosophe retiré du monde, tranquille, content de lui-même et vivant pour lui seul; avantages qui n'appartiennent qu'au sage. Sans doute celui qui ne s'inquiète de rien sait vivre pour lui-même; car il sait vivre, et c'est le point essentiel. Mais celui qui a fui les hommes et les affaires, que des désirs trompés ont éloigné du monde, qui n'a pu supporter le spectacle d'un bonheur plus grand que le sien, qui, de même qu'un animal faible et timide, sans énergie, s'est caché par peur : celui-là ne vit pas pour lui-même, il vit de la vie la plus honteuse, pour son ventre, pour le sommeil, pour la débauche. Ne vivre pour personne, c'est ne pas vivre pour soi. Et pourtant la constance,

De ipsa villa nihil possum tibi certi scribere; frontem enim ejus tantum novi, et exposita, quæ ostendit etiam transeuntibus. Speluncæ sunt duæ magni operis, cuivis laxo atrio pares, manu factæ; quarum altera solem non recipit, altera usque in occidentem tenet. Platanona medius rivus, et a mari, et Acherusio lacu receptus, Euripi modo dividit; alendis piscibus, etiam si assiduo exhauriatur, sufficiens. Sed illi, quum mare patet, parcitur : quum tempestas piscatoribus dedit ferias, manus ad parata porrigitur. Hoc tamen est commodissimum in villa, quod Baias trans parietem habet : incommodis illarum caret, voluptatibus fruitur. Has laudes ejus ipse novi : esse illam totius anni credo. Occurrit enim Favonio, et illum adeo excipit, ut Baiis neget. Non stulte videtur elegisse hunc locum Vatia, in quem otium suum, pigrum jam et senile, conferret.

Sed non multum ad tranquillitatem locus confert: animus est, qui sibi omnia commendet. Vidi ego in villa hilari et amœna mœstos; vidi in media solitudine occupatis similes. Quare non est quod existimes, ideo parum bene compositum esse te, quod in Campania non es. Quare autem non es? Huc usque cogitationes tuas mitte! Conversari cum amicis absentibus licet; et quidem quo-

la persévérance à suivre un même but, sont choses si belles, que la paresse même impose quand elle est soutenue.

Quant à la maison même, je ne saurais vous en rien dire de positif; car je n'en connais que la façade et les dehors, ce que peuvent voir tous les passans. On aperçoit deux cavernes artificielles d'un travail immense et semblables à de vastes vestibules, l'une inaccessible au soleil, l'autre qui le reçoit jusqu'à son coucher. Au milieu d'un bois de platanes coule, à la manière de l'Euripe, un ruisseau qui, d'un côté, se perd dans la mer, de l'autre, dans le lac Achéruse; ruisseau poissonneux, bien qu'on y pêche souvent. Néanmoins on le ménage lorsque la mer est tenable; de sorte que, quand la tempête donne des loisirs aux pêcheurs, on n'a qu'à étendre la main pour prendre. Mais le plus grand mérite de cette maison, c'est le voisinage de Baies: elle en a les avantages sans les inconvéniens. Telles sont les qualités que je lui connais. De plus, il me semble qu'elle est de toutes les saisons; car, exposée au vent d'ouest, elle le reçoit à tel point, qu'elle en prive la ville de Baies. Au total, Vatia ne fut pas mal avisé, en choisissant cet endroit pour y passer ses jours d'indolence et de vieillesse.

Mais qu'est-ce que le lieu pour la tranquillité de l'homme? C'est l'âme qui donne du prix à tout. J'ai vu des gens tristes dans des campagnes riantes et pleines de délices; j'ai vu dans la solitude le trouble des affaires. Persuadez-vous-le donc bien, mon ami, le malaise que vous éprouvez ne vient pas de ce que vous n'êtes pas en Campanie. Pourquoi, d'ailleurs, n'y êtes-vous pas? envoyez vos pensées jusqu'en ces lieux. On peut s'entretenir

ties velis, quamdiu velis. Magis hac voluptate, quæ maxima est, fruimur, dum absumus. Præsentia enim nos delicatos facit; et, quia aliquando una loquimur, ambulamus, considemus, quum seducti sumus, nihil de his, quos modo vidimus, cogitamus. Et ideo æquo animo ferre debemus absentiam, quia nemo non multum etiam præsentibus abest. Pone hic primum noctes separatas; deinde occupationes utriusque diversas; deinde studia secreta, suburbanas profectiones : videbis non multum esse, quod nobis peregrinatio eripiat. Amicus animo possidendus est : hic autem nunquam abest; quemcumque vult, quotidie videt. Itaque mecum stude, mecum cœna, mecum ambula. In angusto viveremus, si quidquam esset cogitationibus clausum. Video te, mi Lucili : quum maxime audio : adeo tecum sum, ut dubitem, an incipiam non epistolas, sed codicillos tibi scribere.

avec ses amis quoique absens, et cela aussi souvent et aussi long-temps qu'on le veut. Et ce plaisir, le plus grand de tous, on le goûte bien mieux quand on est éloigné. Car la présence nous blase ; et, parce que nous avons causé quelques instans ensemble, assis ou en nous promenant, une fois séparés, nous ne pensons plus le moins du monde à celui que nous venons de voir. Ce qui doit donc nous faire supporter l'absence avec résignation, c'est que, pour être rapprochés, deux amis ne se voient guère plus. Comptez les nuits qu'on passe séparément, les occupations différentes de chacun, les études solitaires, les courses à la campagne, et vous verrez que c'est bien peu de chose que le temps enlevé par les voyages. C'est dans le cœur qu'il faut posséder son ami : là, jamais d'absence ; celui qu'on veut voir, on le peut voir tous les jours. Ainsi étudiez avec moi, soupez avec moi, promenez-vous avec moi. Nous vivrions trop à l'étroit, si des barrières étaient imposées à notre imagination. Je vous vois, mon cher Lucilius, je vous entends encore : je vous quitte si peu, que j'en suis à douter si c'est une lettre, et non un billet que je vous écris.

NOTES.*

LETTRE I. Page 1. *Sur l'emploi du temps.* Les manuscrits portent en tête de chaque lettre de Sénèque cette formule de politesse : *Seneca Lucilio suo salutem.* Nous avons cru devoir la supprimer, pour épargner dans notre édition ce retour d'alinéas qui aurait grossi sans utilité le volume. Le même motif nous a engagé à supprimer les argumens plus ou moins étendus dont Juste-Lipse a fait précéder chacune des lettres de Sénèque. Nous n'y relèverons, pour le faire entrer dans ces notes, que ce qui nous paraîtra intéressant.

Mon cher Lucilius. Personnage peu important dont le nom ira à la postérité à la faveur de celui de Sénèque, à peu près comme ceux de Renaudot, de Dangeau et de Valincour, ne périront pas parce que Boileau leur a adressé quelques-uns de ses vers. Au reste, Sénèque lui-même a prédit à Lucilius, dans sa XXIe lettre, cette immortalité d'emprunt. Né dans une condition médiocre, Lucilius s'éleva au rang de chevalier romain et devint intendant de Sicile. On voit, par différens passages des lettres de Sénèque, qu'il se livrait à la poésie aussi bien qu'aux études philosophiques : un des vers de Lucilius est cité dans la lettre XXIV.

Une partie de la vie se passe à mal faire. « Nous tombons en l'une de ces trois fautés, l'employer mal, l'employer à rien, l'employer en vain. » (CHARRON, *de la Sagesse*, liv. I, ch. 36.)

Où est l'homme qui mette quelque prix au temps? On dit qu'un homme qui sait ménager son argent est un homme prudent; qu'un autre qui sait ménager la faveur de son maître est un homme d'esprit; qu'un troisième qui sait ménager ses amis est un homme discret : mais personne ne donne d'épithète à celui qui sait ménager

---

* Toutes ces notes sont de M. Ch. Du Rozoir, éditeur.

le temps (*Pensées d'Oxenstiern. — Voyez* aussi *la Brièveté de la vie*, ch. 3, t. III de notre *Sénèque*).

Page 1. *Elle est derrière.* Voyez *Consol. à Marcia*, chap. 10, à cet endroit : *Nihil de hodierna die permittitur.... instat a tergo mors*, etc.

Recueillez tous vos momens.

..........Dum loquimur, fugerit invida
Ætas : carpe diem, quam minimum credula postero.
Horat., lib. I, od. XI, v. 7.

Les mêmes idées se trouvent dans l'*ode* 29 du liv. III, v. 32.

.........Quod adest memento
Componere æquus........

et dans l'*épode* XIII, v. 4.

..........Rapiamus, amici,
Occasionem de die.

Voyez enfin Sénèque, lettres XII et XLIX, page 296.

Maître du présent, vous dépendrez moins de l'avenir. — Voyez de *la Brièveté de la vie*, t. III, ch. 16, p. 251 de notre *Sénèque*.

Page 5. *Je tiens note de ma dépense.* Plusieurs philosophes modernes ont érigé en principe ce que recommande ici Sénèque, entre autres Verulam, Bacon, Francklin. De notre temps, un écrivain connu par son zèle pour le progrès de la civilisation, M. Julien de Paris, a érigé en pratique cette utile théorie dans ses écrits intitulés : *Essai sur l'emploi du temps,—Agenda,—Biomètre.*

On lit dans Oxenstiern ces pensées rimées :

Vivant, sans rendre compte, j'ai négligé le temps,
Je meurs, et ne saurais rendre compte du temps,
Puisque le temps perdu ne peut entrer en compte.

Comparez cette lettre sur le *Temps* avec ce que Sénèque en dit dans *la Brièveté de la vie* et dans *la Consolation à Marcia*, ch. 10.

LETTRE II. Page 7. *Un esprit malade.* Voyez *la Tranquillité de l'âme*, chap. 2 : *Quod proprium ægri est, nihil diu pati et mutationibus et remediis uti.*

Ce fou, que la tristesse en tous lieux accompagne,
Est malade à la ville ainsi qu'à la campagne.
Boileau.

Page 7. *A des auteurs choisis*. Quintilien donne des préceptes analogues (*Inst. orat.*, liv. x, ch. 1).

« On ne lit bien que lorsqu'on lit des choses solides, que lorsqu'on en fait la nourriture de son esprit et de son cœur. On ne lit bien, en un mot, que lorsque la lecture perfectionne le goût, réforme les mœurs et nous rend plus amateurs de la vérité. Le philosophe, loin de courir après tant de pièces fugitives, de journaux fameux qui font le sot amusement du public, ne puise le merveilleux que dans la vérité même, abandonnant le vraisemblable à ceux qui n'ont pas le courage d'aller directement au vrai. Il laisse aux ignorans l'honneur de lire un ouvrage dans le courant d'une heure, et d'apprendre par des dictionnaires et des journaux la manière de jargonner quelques mots de science et de littérature. » (CARACCIOLI, *de la Jouissance de soi-même*, ch. xxviii, *des Lectures*.)

Et pas un ami. — *Voyez* ci-après, les lettres xxviii et xciv.

Aussitôt rejetés que reçus. Allusion à l'usage méprisable des gourmands de Rome, qui, à chaque service, sortaient de table et se faisaient vomir pour manger de nouveau. *Voyez* lettre xlvii, page 279.

Rien de si utile qui puisse servir effleuré en passant. Montaigne s'empare ainsi de ce passage de Sénèque : « Qui est celuy qui n'aime mieulx n'estre pas leu, que de l'estre en dormant ou en fuyant ? *Nihil est tam utile quod in transitu prosit*. Si prendre des livres estoit les apprendre; et si les voir estoit les regarder; et les parcourir, les saisir : i'aurois tort de me faire du tout si ignorant que ie dis. » (Liv. iii, ch. 9, *de la Vanité*.)

Lire trop de livres distrait l'esprit. Sénèque dit ailleurs : *Onerat discentem turba, non instruit : multoque satius est paucis te auctoribus tradere, quam errare per multos* (de Tranquill. animi, cap. 9). *Voyez* aussi les lettres xlv et lxxxviii.

Ne fait que le corrompre. « Les intempérances de lecture sont d'autant plus à craindre, dit Caraccioli, qu'elles empêchent l'âme de digérer ses pensées, et que la méditation, qui doit être la première trituration, s'altère et se perd incessamment. » (*De la Jouissance de soi-même*, ch. xxviii, *des Lectures*.)

Page 9. *Mais comme éclaireur*. Cette même idée se trouve présentée sous un autre aspect dans le traité du *Repos du sage*, ch. 1.

Page 9. *La pauvreté est une chose honorable.* — *Voyez* les lettres xviii et xxi.

LETTRE III. Page 9. *Sur le choix des amis.* Sénèque traite le même sujet dans la lettre ix de l'*Amitié du sage.*

Nous donnons du seigneur.—*Du monsieur*, dit Malherbe dans sa traduction. Cet usage commença à s'introduire à Rome au siècle de César et d'Auguste. On lit dans Martial :

> Mane salutavi vero te nomine casu,
> Nec dixi dominum, Cæciliane, meum.

Et ailleurs :

> Quum te nossem dominum regemque vocabam.

Le précepte de Théophraste. Cette même citation de Théophraste se trouve dans Plutarque : Τοὺς μὲν γὰρ ἀλλοτρίους, ὡς ἔλεγε Θεόφραστος, οὐ φιλοῦντα δεῖ κρίνειν, ἀλλὰ κρίνοντα φιλεῖν.

Page 11. *La mesure de sa fidélité.* Plutarque, dans ses préceptes sur le mariage, présente la même pensée : Ποιεῖ γὰρ καὶ τὸ πιστεύειν δοκεῖν πιστεύεσθαι, καὶ τὸ φιλεῖν φιλεῖσθαι.

Par d'injustes soupçons. Cette confiance que Sénèque veut qu'on ait pour ses amis, Montaigne l'a prescrite à l'égard de ses domestiques; et il se prend pour exemple de cette douce et noble morale : « Qui a la garde de ma bourse en voyage, il l'a pure et sans contreroole; aussy bien me tromperoit-il en comptant; et si ce n'est un diable, ie l'oblige à bien faire par une si abandonnee confiance. *Multi fallere*, etc. » (Liv. iii, ch. 9, *de la Vanité.*)

L'un est plus sûr. Scaliger a dit : *Clarissima sententia confidere paucis : sed clarior est altera confidere nulli.* « Quelque amitié qu'on ait pour un autre, dit Oxenstiern, la prudence veut qu'en matière de confidence on agisse avec certaine réserve. »

Page 13. *Pomponius.* Pomponius Secundus, poète, né à Bologne, vécut sous Auguste et sous Tibère; on l'appelait le Pindare tragique. Pline le Jeune en parle, et raconte qu'un de ses amis ayant critiqué une de ses tirades, Pomponius s'écria : *J'en appelle au peuple.* Tacite, dans ses *Ann.*, liv. v, ch. 8, parle de Pomponius.

LETTRE IV. Page 15. Comparez cette lettre aux i, xii, xiii, xxiv, etc.

Aux défauts de l'enfance. — *Quorum pueriles adhuc animos senectus opprimit*, dit Sénèque dans le traité sur *la Brièveté de la vie* (*Voyez* ch. 9 et notre note 31).

> Qui n'a pas l'esprit de son âge,
> De son âge a tout le malheur.   VOLTAIRE.

On voit que la mort est un des sujets favoris de Sénèque; mais lui-même n'a-t-il pas dit de vingt manières, et les moralistes chrétiens après lui, que toute la science de la vie est dans la science de la mort? (*Voyez* ci-après, page 349.)

Page 15. *Ou vous dépasser.*

> De la mort à la vie il n'est pas de milieu.
>   RACINE le fils.

Un esclave qui se jette du haut d'un toit. — *Voyez* une idée semblable dans *la Constance du sage* (t. III, ch. 4, p. 15 de notre *Sénèque*).

De pouvoir compter un grand nombre de consuls. On sait que, de même que les Athéniens supputaient leurs années par leurs archontes, les Romains les comptaient par leurs consuls.

A quitter la vie sans regret. Tout le traité sur *la Brièveté de la vie* offre l'empreinte de cette pensée; car Sénèque revient sans cesse sur les mêmes idées sans se répéter jamais. *Voyez* aussi le traité *de la Vie heureuse* (t. III, ch. 19 et 20, p. 245 et 249 de notre *Sénèque*).

> Le sage qui la craint (la mort) la reçoit sans regret.
>   (VOLTAIRE, *L'Orphelin de la Chine*.)

Et ne savent pas mourir. Θαυμαστοὶ ἄνθρωποι, μήτε ζῆν θέλοντες, μήτε ἀποθνήσκειν. (ÉPICTÈTE.)

En cessant de vous en inquiéter. « Finalement, dit Charron, craindre la mort c'est estre ennemi de soy et de sa vie; car celuy-ci ne peut vivre à son ayse et content qui craint de mourir. Celuy-là vit vraiment libre qui ne craint point la mort.... C'est donc estre bien misérable, et ainsy le sont presque tous qui troublent la vie par le soucy et la crainte de la mort, et la mort par le soucy de la vie. » (*De la Sagesse*, liv. II, ch. II.)

Le jouet d'un eunuque. L'eunuque Photin. — *Et d'un enfant en tutelle.* Ptolémée XII (*Dionysios*), frère de Cléopâtre, sous le nom duquel régna Photin, trouva la mort dans une bataille contre César, peu de temps après l'assassinat de Pompée. Sénèque fait encore allusion à la mort de Pompée dans le traité *de la Colère*, liv. II, ch. 2.

Page 15. *Au tribun Dexter.* Il y a dissentiment entre les éditeurs. Est-ce le tribun Decimus ou le tribun Dexter ? Nous avons, avec l'édition de M. Lemaire, choisi cette dernière leçon conforme aux manuscrits. Dion Cassius, qui fait allusion à cet acte de cruauté de Caligula, ne nomme pas l'officier qui, dans cette occasion, fut chargé de tuer Lépide, parent de l'empereur, et mari de Drusilla, sœur de Caligula. Ces exemples, cités par Sénèque, d'hommes élevés tués par leurs inférieurs, rappelle cette belle pensée du traité *de la Clémence* (liv. I, ch. 5) : *Vita enim superiori eripitur, nunquam nisi inferiori datur.*

Sous le fer de Chéréa. Voyez de *la Constance du sage*, ch. 18, t. III, p. 52 à 55 de notre *Sénèque*.

Page 17. *Autant nous aurons à craindre.* Pensée développée dans le traité *de la Clémence* (*Voyez* surtout liv. I, ch. 12).

Qui méprise sa vie est maître de la vôtre. « Quiconque aura sa vie a mespris se rendra tousiours maistre de celle d'aultruy. » (MONTAIGNE, liv. I, ch. 23, *Divers évènemens du même conseil.*)

Là, sans doute, où déjà vous allez. Ce mot rappelle celui de Socrate entendant sa condamnation. Diderot tourne ainsi cette pensée : « Le tyran me fera conduire, où ?..... où je vais. »

Depuis l'heure de votre naissance. (*Voyez* ci-dessus, page 348.) Montaigne, au livre Ier de ses *Essais*, ch. XIX, *Que philosopher c'est apprendre à mourir*, a dit : « Le but de notre carrière c'est la mort....... Le premier jour de votre naissance vous achemine à mourir comme à vivre. » Puis il cite ces deux vers :

> Prima quæ vitam dedit, hora carpsit.
> (SENEC., *Hercules furens*, act. 3, v. 874.)

> Nascentes morimur, finisque ab origine pendet.
> (MANIL., *Astron.*, l. IV, v. 16.)

Charron, au liv. II, chap. 11 déjà cité ci-dessus, p. 348, copie textuellement Montaigne; enfin J.-B. Rousseau a dit encore :

> Le premier moment de la vie
> Est le premier pas vers la mort.
> (Ode XIII.)

Page 17. *Dans les jardins de l'ennemi..... d'Épicure.* Sénèque revient sur cette expression dans la lettre XXI.

La pauvreté réglée sur les lois de la nature. Sénèque a dit dans le traité *de la Vie heureuse*, ch. XIII : *Parum est autem luxuriæ, quod naturæ satis est.* — La maxime d'Épicure dont Sénèque enrichit la lettre XXI ci-après, rentre dans le même sens : *Non pecuniæ adjiciendum, sed cupiditate detrahendum est.*

Et J.-B. Rousseau se rapproche encore plus de la pensée de Sénèque.

> . . . . . Si d'une pauvreté dure
> Nous cherchons à nous affranchir,
> Rapprochons-nous de la nature,
> Qui seule peut nous enrichir.

D'essuyer leurs regards dédaigneux. « Frappez à cette porte (à la porte des grands), dit à propos de ce passage Diderot, mais n'y frappez pas pour vous. »

Page 19. *Qui s'arrange de la pauvreté est riche.*

> Qui sait vivre ici-bas n'a jamais pauvreté.
> (Math. Régnier, Sat. XIV.)

LETTRE V. Page 19. *N'affectez rien d'étrange dans votre extérieur.*

> Quid? si quis vultu torvo ferus, et pede nudo,
> Exiguæque togæ simulet textore Catonem,
> Virtutemne repræsentet moresque Catonis?
> (Hor., *Epist.*, lib. I, 19, v. 12.)

Montaigne, dans son chapitre *du Pédantisme* (liv. I, chap. 24), s'élève aussi contre cette originalité affectée des philosophes. — *Plusieurs d'entre nous*, observe Diderot, pourraient profiter des conseils que Sénèque adresse à Lucilius ; en effet, ce conseil est de tous les temps.

De chevelure en désordre. Une pensée analogue se trouve encore dans Horace :

> Nanciscetur enim pretium, nomenque poetæ,
> Si tribus Anticyris caput insanabile nunquam
> Tonsori Licino commiserit.   (*Ars poet.*, v. 299.)

Page 21. *Que de se singulariser.* Sénèque dit encore, lettre XIV : *Non conturbabit sapiens publicos mores.*

Et Molière, dans le *Misanthrope* :

> Il faut parmi le monde une vertu traitable,
> A force de sagesse on peut être blâmable.
> La parfaite raison fuit toute extrémité,
> Et veut que l'on soit sage avec sobriété.

« Tout mérite affiché doit nous faire entrer en défiance : sitôt qu'on voit un homme qui se donne pour philosophe, on peut conclure avec raison qu'il ne l'est pas. Les sages évitent avec soin tout ce qui a l'air d'ostentation, ils ne veulent que la conscience pour témoin de leur solitude et de leur habitation avec eux-mêmes. On ne les voit pas grossir le nombre des courtisans ni suivre le torrent des modes et des plaisirs. Ils ne se communiquent que par intervalle et sans heurter les usages reçus; ils savent effleurer poliment les corvées que le monde nous impose; ils sont, en un mot, tels qu'on vit le fameux Abbadie, sérieux dans leurs ouvrages, agréables à la société, sachant se mettre à la portée de tout le monde. » (CARACCIOLI.)

Page 21. *De prendre la nature pour guide.* La même idée se trouve développée dans le traité *de la Vie heureuse*, chap. III : *Beata est ergo vita, conveniens naturæ suæ* (page 303, et note 8, page 381, tome III de notre *Sénèque*), et dans le chap. VIII du même traité : *Natura enim duce utendum est.* — *Voyez* aussi les lettres XLI et XLV; enfin l'*Émile* de J.-J. Rousseau, liv. II.

Et des mœurs publiques. Qu'en pense Diogène (s'écrie Diderot par allusion à J.-J. Rousseau)? Il disait à son élève : « Que ta vie ne soit point un mélange bigarré de bonnes mœurs et de mœurs publiques. »

Faire naître l'admiration, jamais la surprise. Diderot traduit ainsi : « Il faut qu'on l'admire et qu'on s'y reconnaisse. » Puis il ajoute cette réflexion chagrine : « Il importe peu que des fous t'admirent; et si le peuple se reconnaît en toi, ce sera presque toujours tant pis pour toi. »

Comme de vases d'argent. On reprochait à Aristippe d'avoir acheté une perdrix cinquante drachmes. *Et vous*, répondit-il, *vous l'auriez bien achetée une obole.* — Sans doute. — *Eh bien, pour moi, cinquante drachmes sont une obole.*

De ne pouvoir supporter les richesses. Tout le traité *de la Vie heureuse* offre le développement de cette idée. Sénèque y montre en détail l'usage que le sage doit faire pour son bien-être de ces biens dont il n'est pas l'esclave.

Page 23. *Hécaton.* Philosophe stoïcien né à Rhodes, disciple de Panétius. Tous ses ouvrages sont perdus. Sénèque en fait encore mention dans la lettre VI.

Cessez d'espérer, et vous cesserez de craindre.

> Qui cesse d'espérer, il cesse aussi de craindre.
> (Malherbe, *Stances.*)

La même chaîne unit le soldat au prisonnier.

> Vinctorum dominus sociusque in parte catenæ :
> Interdum pœnis innoxia corpora servat.
> (*Manilius.*)

On égare ses pensées dans le lointain.

> Et loin dans le présent regarde l'avenir.
> (Boil., *Art poét.*, ch. III, v. 382.)

La prévoyance les fait venir avant le temps.

> Quand le mal est certain,
> La plainte ni la peur ne changent le destin,
> Et le moins prévoyant est toujours le plus sage.
> La Fontaine.

LETTRE VI. Page 23. *De la véritable amitié.* Sénèque revient souvent sur ce sujet : déjà il en a fait l'objet de la lettre III; il y reviendra lettres IX, XLVIII, etc.

Page 25. *Des amis et pas d'amitié!* La même idée se trouve au commencement de la lettre III, quand Sénèque se plaint que Lucilius ait donné le nom d'ami à un homme en qui il n'a pas confiance. Diderot se demande « si le contraire ne serait pas aussi vrai, et si l'on ne pourrait pas dire : Combien d'hommes ont plutôt manqué d'amis que d'amitié? »

Si je ne puis la communiquer. — *Impellimur natura ut prodesse velimus imprimisque docendo, rationibusque prudentiæ tradendis. Itaque non facile est invenire qui, quod sciat ipse, non tradat alteri.* (Cic., *de Finib.*, III.)

Je la refuserais à ce prix. Montaigne aussi s'est emparé de cette admirable idée : « Nul plaisir n'a saveur pour moy, sans communication : il ne me vient pas seulement une gaillarde pensée en l'âme, qu'il ne me fasche de l'avoir produite seule et n'ayant à qui l'offrir.... L'opinion d'Archytas m'agree, ajoute plus loin Montaigne : Qu'il feroit desplaisant au ciel mesme, et à se promener dans ces grands et divins corps célestes, sans l'assistance d'un compaignon. » (*De la Vanité*, liv. III, chap. 9.)

Diderot exprime ainsi cette doctrine touchante :

« La découverte la plus simple, dit-il, ne fût-elle que pour moi, me plairait encore. Ce n'est pas que je n'aime à répandre le peu que je sais. Si le hasard m'offre une belle page ignorée, j'en jouis doublement, et par l'admiration qu'elle me cause, et par l'espoir de l'indiquer à mes amis. »

Page 27. *A leurs yeux qu'à leurs oreilles.*

> Segnius irritant animos demissa per aurem,
> Quam quæ sunt oculis subjecta fidelibus, et quæ
> Ipse sibi tradit spectator........
> (Horat., *Ars poet.*, v. 180.)

C'est ainsi que, dans Hérodote, Candaules dit à Gygès : Ὦτα τυγχάνει ἀνθρώποισιν ἐόντα ἀπιστότερα ὀφθαλμῶν (liv. I, chap. 8). La même idée se trouve exprimée par Quintilien dans ses *Institut. oratoires* (liv. XI, chap. 2).

Celle des exemples est courte et facile. « Il résulte de cette maxime, applicable surtout à l'éducation des enfans, qu'il faut leur adresser rarement de ces préceptes dont la vérité ne peut être constatée que par une longue expérience; mais parlez seulement, agissez toujours bien devant eux. » (Diderot.)

> Il faut mettre le poids d'une vie exemplaire
> Dans les corrections qu'aux autres l'on veut faire.
> Molière.

Cléanthe. Successeur de Zénon à la tête de la secte stoïcienne, il avait d'abord été athlète : il quitta l'arène pour prendre les leçons de Cratès le Cynique; ensuite il se mit sous la conduite de Zénon. Il suivait pendant le jour ce maître; et la nuit, comme il était très-pauvre, il se louait à son jardinier pour tirer de l'eau, ou à une boulangère pour moudre son blé. Cléanthe ne voulut jamais sortir de l'indigence : il refusa dix mines que l'aréopage lui avait assignées sur le trésor public, et n'accepta d'autre bienfait des Athéniens qu'un habit complet, parce qu'il avait perdu le sien.

Page 27. *Métrodore.* Athénien, disciple d'Épicure.

Hermachus, de Mitylène, disciple d'Épicure.

Polyénus, fils d'Athénodore, naquit à Lampsaque, et fut disciple d'Épicure, avant lequel il mourut.

L'ami de tous les hommes. « Qui ne vit aulcunement à autruy, dit Montaigne, ne vit gueres à soy. »

« Il faut commencer par s'aimer soi-même comme il convient avant d'aimer les autres. Il n'y a rien de plus heureux que l'homme qui sait être son propre ami dans l'ordre moral. Il connaît tout le prix de sa dignité, et il ne s'allie qu'avec des êtres qui épurent son cœur et son esprit. » (CARACCIOLI, *De la Jouissance de soi-même*, chap. LVIII, des Amis.)

LETTRE VII. Page 27. *Les mœurs que j'y ai portées.* « Quel est celui d'entre nous assez sage ou assez corrompu qui n'en puisse dire autant ? » (DIDEROT.)

> Le grand monde est léger, inappliqué, volage,
> Sa voix trouble et séduit : est-on seul, on est sage.
>   VOLTAIRE.

Page 29. *L'âme relève d'une longue maladie.* Sénèque, qui affectionne cette comparaison, l'emploie de nouveau dans ses lettres VIII, XXVII, LXXV, etc.

Rien de si nuisible aux bonnes mœurs que l'oisiveté d'un spectacle. « Des spectacles de Rome? cela se peut, observe Diderot; des nôtres? je ne le crois pas. » On peut comparer avec ces pages de Sénèque la lettre de J.-J. Rousseau *sur les Spectacles*, et dans le livre excellent *de la Jouissance de soi-même*, par Caraccioli, le ch. LX sur le même sujet; enfin, au début du traité du *Repos du sage*, ces paroles de Sénèque lui-même : *Circi nos magno consensu vitia commendant*, etc. Si les hommes graves sont partagés sur le plus ou moins de danger attaché à la fréquentation de nos théâtres modernes, il suffit d'avoir un cœur d'homme pour être de l'avis de Sénèque au sujet des spectacles des Romains. C'étaient de sanglantes boucheries d'hommes, ou plutôt « des exécutions, » selon l'énergique expression de Diderot. Juste-Lipse observe que nulle bataille, nulle défaite ne fit jamais verser autant de sang humain que les plaisirs du peuple romain; mais, pour être juste, il faut bien remarquer que, dans les cinq premiers siècles de son existence, ce peuple ne fut point entaché de ces goûts féroces : les combats de gladiateurs ne furent introduits à Rome qu'en la quatre cent quatre-vingt-onzième année de sa fondation.

Page 29. *Les vices se glissent plus aisément à la suite du plaisir.* « Combien le théâtre, pernicieux aux comédiens dont il travestit les mœurs, devient ensuite nuisible aux spectateurs! C'est un commerce de poison de part et d'autre. » (CARACCIOLI.)

Aux combats de faveur. Le texte porte *postulatitiis*. Les empereurs entretenaient des gladiateurs pour leur propre amusement ou pour celui du peuple : on les appelait *fiscales*, parce qu'ils appartenaient au fisc impérial; et *postulatitii*, parce qu'on ne les faisait paraître qu'à la *demande* du peuple, et comme par une faveur particulière.

Page 31. *Cela fait toujours passer le temps.* Ce passage de Sénèque rappelle ce mot du juge Dandin, au sujet de la *question* :

Bah! cela fait toujours passer une heure ou deux.

Celui à qui tu l'enseignes. On a cru généralement que Sénèque parlait ici de Néron, qui n'avait sans doute pas encore déployé son naturel farouche; mais Sénèque, son instituteur, pouvait-il y être trompé comme le public?

Ne vous ressemblent pas. Montaigne a traduit ce passage : « La contagion est tres-dangereuse en la presse. Il fault ou imiter les vicieux ou les haïr : tous les deux sont dangereux, et de leur ressembler, parce qu'ils sont beaucoup, et d'en haïr beaucoup, parce qu'ils sont dissemblables. » (*De la Solitude*, liv. 1, chap. 38.)

Page 33. *Un ou deux auditeurs peut-être.*

Quis leget hæc............
—Vel duo, vel nemo.   (PERSII Sat. 1, v. 2.)

Et tous ne font qu'un. Comparez ce passage avec ce que Sénèque dit au traité *de la Colère* (liv. II, chap. 10). Symmaque, dans ses *Lettres* (liv. IX, lett. 105), attribue ce mot à Héraclite. Montaigne (*ibid.*) : « Que le peuple vous soit un, et un vous soit tout le peuple. »

Un seul, pas un. Encore un passage traduit par Montaigne (*ibid.*) : « Souvienne vous de celuy à qui, comme on demanda à quoy faire, il se peinoit si fort en un art qui ne pouvoit venir à la cognoissance de gueres de gents : l'en ay assez de peu, respondit-il ; i'en ay assez d'un ; i'en ay assez de pas un. »

Page 33. *Un assez grand théâtre.* « Il disoit vray, continue Montaigne, vous et un compaignon estes assez suffisant théâtre l'un à l'autre, ou vous à vous mesme. »

La Fontaine, dans *les deux Pigeons,* a dit, en parlant des amans :

Soyez-vous l'un à l'autre un monde toujours beau,
Toujours divers, toujours nouveau.

La foule vous loue, etc. « Quant à vostre science et suffisance, ne vous chaille, dit encore Montaigne : elle ne perdra pas son effest si vous en valez mieulx vous mesme. » (*Ibid.*)

LETTRE VIII. Page 35. *Je cherche à la servir par mes écrits.* Ces belles idées, que développe ici Sénèque, se retrouvent dans son traité du *Repos du sage* : *Quo animo ad otium sapiens secedit? ut sciat secum quoque ea acturum, per quæ posteris prosit,* etc. (chap. xxxii et note 15). Voyez aussi le traité *de la Tranquillité de l'âme* (chap. iii).

Et nous sommes pris. Sénèque a dit dans le traité de *la Vie heureuse,* en parlant des plaisirs, *captæ cepere*; et La Fontaine :

Que tel est pris qui croyait prendre.
(Le Rat et l'Huître.)

Il y a ici dans le texte *habere nos putamus, hæremus.* Plusieurs critiques proposent *habemus* à la place d'*hæremus,* pour faire antithèse, et ils citent à l'appui de leur opinion cette phrase de la lettre cxix : *Sic divitias habent, quomodo habere dicimus febrem, quum illa nos habeat;* et cet autre passage de *la Vie heureuse* (ch. xxii) : *Ad postremum divitiæ meæ sunt, tu divitiarum es;* ce qui rappelle encore ce trait de La Fontaine, en parlant de l'avarice :

Ne possédait pas l'or, mais l'or le possédait.

Page 37. *Il faut faire tête ou s'enfuir.* Ce passage a fort exercé les critiques : dans les anciennes éditions, à la place de ces mots *aut saltem ruere,* qui sont une heureuse conjecture d'Opsopéus, il y avait *aut temet fruere,* qui est vraiment inintelligible. Voilà au surplus la paraphrase latine de ce trait si concis : « Contingat mihi *aut saltem rectis* (velis) navigare, *aut semel ruere.* »

Page 39. *Publius.* Publius Syrus, poète comique qui vécut du temps de César et d'Auguste. Nous avons perdu ses pièces; mais il reste de lui un nombre considérable de sentences.

Que Fortune ait fait nôtre. La traduction de ce vers est tirée de Malherbe. On voit par le texte que, sur les trois vers cités ici, le premier est de Publius Syrus, et les deux autres de Lucilius.

LETTRE IX. Page 41. *Il lui faut un ami.*

Un ami, don du ciel, est le vrai bien du sage.

VOLTAIRE.

Qu'il ne lui manquât rien. Mécène, interprété par La Fontaine, a dit :

. . . . . . Qu'on me rende impotent,
Cul-de-jatte, goutteux, manchot, pourvu qu'en somme
Je vive, c'est assez, je suis plus que content.

Page 43. *Il a le moyen de réparer sur-le-champ leur perte. Phidias*, etc. « Dans la IX, où il caractérise l'amitié du sage, dit Diderot, il prétend qu'on refait aussi aisément un ami perdu, que Phidias une statue brisée; je n'en crois rien. Quoi! l'homme à qui je confierai mes pensées les plus secrètes; qui me soutiendra dans les pas glissans de la vie; qui me fortifiera par la sagesse de ses conseils et la continuité de son exemple; qui sera le dépositaire de ma fortune, de ma vie, de mon honneur; sur les mœurs duquel les hommes seraient autorisés à juger des miennes; je dis plus, l'homme que je pourrai interroger sans crainte; dont je ne redouterai point la confidence; dont, pour me servir de l'expression de génie du chancelier Bâcon, j'oserai éclairer le fond de la caverne, sans sentir vaciller le flambeau dans ma main; cet homme se refait en un jour, en un mois, en un an! Eh! malheureusement la durée de la vie y suffit à peine; et c'est un fait bien connu que les vieillards, qui aiment mieux rester seuls, que de s'occuper à retrouver un ami. »

Dans la lettre LXXXV, Sénèque parle encore de Phidias, mais comme sujet de comparaison avec le sage, capable de déployer sa vertu dans toutes les positions, comme Phidias de faire des statues avec tout métal.

Aimez, on vous aimera. Voilà une parole sortie du cœur; et l'on doit savoir gré à Sénèque de la citer après la fausse morale qu'il vient d'exposer. *Voyez* la note qui précède.

Des poètes ont appliqué à l'amour ce que Sénèque dit ici de l'amitié :

> Ut ameris amabilis esto.
> (Ovid., *de Arte amatoria*, lib. ii, v. 104.)

> Et pour se faire aimer il faut se rendre aimable.
> (Regnard, *Satire contre les maris*.)

Cela rappelle le fameux axiôme :

> . . . . . . Si vis me flere, dolendum est
> Primum ipsi tibi.
> (Horat., *Ars poet.*, v. 102)

Page 43. *Le philosophe Attale.* Sénèque le père en parle ainsi dans le second livre des *Suasor.* : Philosophe stoïcien qui, dégradé par Séjan, s'exila; homme d'une grande éloquence, et des philosophes de notre temps le plus subtil et le plus disert. Dans sa lettre cviii, Sénèque nous apprend qu'il fut un des disciples d'Attale.

Il est plus doux de former une liaison que d'en jouir. Diderot réfute d'une manière piquante la singulière doctrine d'Attale : « Un peintre célèbre court après un voleur, et lui offre un tableau fini pour l'ébauche que le voleur avait enlevée de dessus son chevalet. Il me déplaît qu'on en fasse autant en amitié. »

Page 45. *Ne se lier que pour soi est un mauvais calcul.* La Rochefoucault envisage l'amitié sous le même point de vue qu'Épicure : « Ce que les hommes ont nommé amitié, dit-il, n'est qu'une société, qu'un ménagement réciproque d'intérêts et qu'un échange de bons offices, etc. » — Oxenstiern, dans ses *Pensées*, paraît ne pas croire davantage à l'amitié : « Pour des amis à la mode, dit-il, j'en ai connu une infinité pendant ma vie. Je les ai trouvés semblables aux hirondelles, qui viennent au printemps, et s'en vont quand le froid commence. Je n'ai jamais vu un ami qui m'ait aimé pour moi-même, mais bien qui s'est aimé lui-même dans ma personne. » — Consolons-nous de ces tristes maximes en songeant qu'elles ont pour auteurs des hommes de cour.

Qui assiège l'homme opulent. Plaute a dit :

> Res amicos invenit. . . . .

Au moment de l'épreuve. Ennius a dit :

> Amicus certus in re incerta cernitur.

Lucrèce :

> Quo magis in dubiis homines spectare periclis
> Convenit, adversisque in rebus noscere qui sint.

Et Ovide :

> Donec eris felix multos numerabis amicos ;
> Tempora si fuerint nubila, solus eris.

Horace dit, en parlant de ces faux amis :

> Diffugiunt cadis cum fæce siccatis.

> Les malheureux n'ont point d'amis.   J.-B. Rousseau.

> Ut cuique homini res parata est, firmi amici sunt : si res lassa labat,
> Itidem amici collabascunt..........
>   (Plaut., *Sticus*, act. iv, sc. 1, v. 16.)

> Vous avez cent amis, et faites fond sur eux !
> Soyez un moment malheureux,
> Et vous m'en direz des nouvelles.   Piron.

Enfin Lucain : *Clausa fides miseris.*

Page 45. *Qui sauver aux dépens de mes jours.* Ici, en parlant de notre philosophe, Diderot s'écrie : « Il est grand, sublime, mais il a changé d'avis. » (*Voyez* le commencement de cette lettre.)

Mais trafic. Cicéron a dit : *Amicitiam si ad fructum nostrum referemus, non erit ista amicitia, sed mercatura quædam utilitatum suarum.* (*De Nat. deor.* lib. ii.)

L'amitié en démence. Diderot traduit ainsi cette expression : « L'amour est la folie de l'amitié. »

Page 47. *Le sage se suffit à lui-même.* — *Voyez* les traités de la *Constance du sage* et de la *Vie heureuse*, qui offrent le développement de cette pensée et de celles qui suivent.

Page 49. *Ainsi du sage.* Cette comparaison du sage avec Dieu, base de la morale stoïque, revient sans cesse dans Sénèque.

Il parlera comme Stilpon. Déjà Sénèque a cité et développé cet exemple dans *la Constance du sage* (*Voy.* les ch. v, vi, et la note 14 de ce traité, t. iii de notre *Sénèque*). Montaigne cite l'anecdote de Stilpon dans son chap. sur *la Solitude*, liv. i. Les poètes sont remplis de traits qui ont rapport avec ces pensées de Sénèque.

> ......Ta fuite, injuste fortune,
> N'enlève rien à la vertu ;

> Qu'elle abatte une âme commune,
> Le sage n'est point abattu.
>
> (Gresset, *Ode*.)

> Le bonheur peut avoir son terme;
> Mais la sagesse est toujours ferme,
> Et les destins toujours légers.
>
> J.-B. Rousseau.

Imitation évidente du *Justum ac tenacem* d'Horace. Et Voltaire, le poète philosophe par excellence :

> Quelquefois la sagesse a maîtrisé le sort :
> C'est le tyran du faible et l'esclave du fort.
> Nous faisons nos destins, quoi que l'on puisse dire.
>
> Voltaire.

> Chacun est artisan de sa propre fortune.
>
> Regnier.

Page 51. *Est pourtant malheureux.*

> Qui borne ses désirs est toujours assez riche.
>
> (Voltaire, *les Scythes*.)

> Être riche n'est rien, le tout est d'être heureux.
>
> *(Le même.)*

D'un auteur comique. Publius Syrus.

Page 53. *Le sage seul est content de son sort.*

> On vit heureux quand on est sage.
>
> Bernis.

Heureux sur sa parole.

> ....Le palais le plus pompeux
> Souvent renferme un misérable.
>
> Gresset.

LETTRE. X. Page 53. *Fuyez les assemblées.* Déjà, dans ses lettres VIII et IX, Sénèque a fait l'éloge de la solitude; et son traité sur *la Retraite du sage*, roule sur le même sujet : mais les trois ou quatre idées sublimes qui sont exposées dans la présente lettre, valent seules les plus gros traités de philosophie.

Cratès. Philosophe cynique né à Thèbes, disciple de Stilpon, et le premier maître de Zénon. Il florissait vers l'an 323 avant Jésus-Christ.

NOTES. 361

Page 53. *Leur rage s'exaspère.* Dans la lettre xxv, Sénèque dit : *Omnia mala nobis solitudo persuadet. Voyez* aussi la lettre civ.

Page 55. *Ne partent pas du bout des lèvres.* — *Voyez* sur cet accord des actions et des paroles chez le sage, la lettre xx.

Athénodore de Tarse. Philosophe stoïcien qui jouit de la faveur d'Auguste, dont il obtint une exemption d'impôts pour sa patrie.

LETTRE XI. Page 59. *Pas de figure plus impressionnable que celle de Pompée.* Salluste a dit de lui, qu'il n'y avait pas de figure plus honnête et de cœur plus pervers : *Oris probi, animo inverecundo.*

Fabianus. — *Voyez* sur ce philosophe, *la Brièveté de la vie,* chap. xiv; *Consol. à Marcia,* chap. xxiii.

Page 61. *Il faut choisir un homme de bien.* Précepte qui revient souvent chez les anciens philosophes depuis Platon. Sénèque avait développé des idées analogues dans ses lettres iii et vii.

LETTRE XII. Page 63. *Ces platanes me paraissent bien négligés.* Toute cette conversation, par sa vivacité et son naturel, rappelle la semonce que, dans la fable de l'*OEil du maître,* par La Fontaine, le maître adresse à ses valets.

Ma vieillesse. Sénèque revient avec complaisance sur l'éloge de la vieillesse, et il s'exprime toujours, à cet égard, avec un nouveau charme (*Voyez* lettres xv, xxvi, xlix, etc.). Il faut le comparer avec Cicéron, dans son admirable entretien sur le même sujet.

Page 59. *Espérer un jour encore?* La Fontaine fait dire à son vieillard, dans la fable, *le Vieillard et les Jeunes gens* :

J'en puis jouir demain et quelques jours encore.

Un de ces cercles comprend et embrasse tous les autres.

> Ce temps, hélas ! embrasse tous les temps;
> Qu'on le partage en jours, en heures, en momens,
> Il n'en est point qu'il ne comprenne
> Dans le fatal tribut : tous sont de son domaine.
> (La Fontaine, *La Mort et le Mourant.*)

Page 67. *Pacuvius, qui, par une sorte de prescription, s'appropria la Syrie.* Cela veut dire qu'il fut long-temps gouverneur de cette province par la volonté de Tibère, qui aimait à laisser vieillir dans les emplois ceux à qui il les avait accordés. Tacite (*Annal.*

liv. II, chap. 79) et Suétone (*Vie de Tibère*, chap. XLII) font mention de ce Pacuvius.

Page 67. *Après avoir célébré ses obsèques.* Cette fantaisie épicurienne de Pacuvius rappelle à certains égards la fantaisie plus sérieuse qu'eut Charles-Quint, de se faire faire de son vivant un service funèbre.

J'ai mon cours achevé. Ce vers est de Virgile (*Énéid.* liv. IV, v. 654), et la traduction de Malherbe.

Je ne vois pas la nécessité de vivre assujéti. Ici Sénèque révèle sa doctrine sur le suicide : c'était celle des philosophes de l'antiquité. J.-J. Rousseau l'a combattue par une de ces admirables déclamations qui ne prouvent rien, et qui persuadent encore moins; car, depuis la publication de son *Héloïse*, tout le monde a lu son chapitre sur le suicide; et le suicide est devenu plus commun que jamais. Nos poëtes tragiques qui ont précédé Corneille, sont remplis de l'éloge du suicide, et l'on peut dire qu'ils se sont inspirés de Sénèque.

>   Alors qu'on sait mourir, on sait tout éviter.
>
>   (CORNEILLE, *Sophonisbe.*)
>
> Et l'on ne doute point qu'un mal désespéré
> N'ait toujours en la mort un remède assuré.
>
>   (MAIRET, *Sophonisbe.*)
>
> . . . . Et pour dernier secours,
> La mort aux malheureux se présente toujours.
>
>   (BENSERADE, *Roxane.*)
>
> Celle qui sait mourir ne peut être forcée.
>
>   (ROTROU, *Crisante.*)

Nombreuses, courtes et faciles.

>   Tant de chemins divers conduisent au trépas,
>   Que qui n'en trouve point, veut bien n'en trouver pas.
>
>   (MAIRET, *Sophonisbe.*)
>
> La mort est toujours prête à qui ne veut plus vivre.
>
>   ROTROU.
>
> La terre a cent chemins qui mènent à la mort.
>
>   COLLETET.
>
> Tout le monde à chacun peut bien ôter la vie,
> Mais la mort ne nous peut jamais être ravie.
>
>   (LA PINELIÈRE, *Hippolyte.*)

Le chancelier Oxenstiern n'est point de l'avis de Sénèque ni de ses imitateurs. « Quand on fait réflexion, dit-il, sur les exemples d'une infinité de gens qui se sont donné pour finir leur vie autant de soin que les autres en prennent pour la conserver, et qui, pour ainsi dire, se sont jetés à corps perdu dans la gueule de la mort, laquelle cependant, insensible à leurs empressemens, les a dédaignés et rejetés avec mépris; d'autres, au contraire, qui, ayant employé toutes les précautions possibles contre cette ennemie du genre humain, en ont cependant été la proie, par des accidens imprévus et surprenans : on a alors, ce me semble, de la peine à soutenir qu'il soit au pouvoir de l'homme d'abréger sa vie à sa fantaisie. »

LETTRE XIII. Le sujet de cette lettre est conforme à celui du chap. XIII de *la Tranquillité de l'âme*, et du chap. 34, liv. IV *des Bienfaits*.

Page 71. *La vertu se fortifie par les attaques.* Des philosophes stoïciens « veulent, dit Montaigne, quester de la douleur, de la nécessité et du mespris, pour les combattre et pour tenir leur ame en haleine : *multum sibi adjicit virtus lacessita.* » (liv. II, chap. 11, *de la Cruauté.*)

> Plus l'obstacle est puissant, plus on reçoit de gloire,
> Et les difficultés dans un cas combattu
> Sont les dames d'atours qui parent la vertu.
> (MOLIÈRE, *L'Étourdi*.)

C'est de ne pas vous rendre malheureux par anticipation. « Que te sert-il, dit Montaigne, d'aller recueillant et prévenant ta male fortune, et de perdre le present dans la crainte du futur; et estre, dez cette heure, miserable, parce que tu le doibs estre avecque le temps. Ce sont ses mots (de Sénèque), » ajoute Montaigne. (Liv. III, chap. 12 de la *Physionomie.*)

Peut-être n'arriveront-ils jamais.

> Je ne veux point ici m'affliger par avance,
> L'évènement souvent confond la prévoyance.
> (REGNARD, *Le Joueur.*)

On exagère la douleur.

> . . . . La prévoyance humaine
> Soulage rarement, accroît toujours la peine.
> (BENSERADE, *Méléagre.*)

Page 75. *Quand il sera venu.* « Ils poiseront assez quand ils y seront, dit un des maistres, non de quelque tendre secte, mais de la plus dure (MONTAIGNE, *ibid.*). » Sénèque expose la même morale dans la lettre LXXIV, et surtout dans la XCVIII.

Et le condamné survivre à son bourreau. « J'ay veu cent lievres se sauver soubs les dents des levriers : *Aliquis carnifici suo superstes fuit.* » (MONTAIGNE, liv. II, ch. 3, *Coustume de l'isle de Cea.*)

Inconstante jusque dans ses rigueurs.

> Multa dies, variique labor mutabilis ævi
> Rettulit in melius : multos alterna revisens
> Lusit, et in solido rursus Fortuna locavit.
> (*Æneid.*, lib. XI, v. 425.)

Page 77. *En effet, une fois lancé on ne s'arrête plus.* Montaigne applique ainsi cette pensée de Sénèque : « C'est chose tendre que la vie, et aysee à troubler. Depuis que i'ai le visage tourné vers le chagrin : *Nemo enim resistit sibi, quum ceperit impelli,* pour sotte cause qui m'y ayt porté, i'irrite l'humeur de ce côté-là, qui se nourrit aprez et s'exaspere de son propre bransle, etc. » (*De la Vanité,* liv. III, chap. 9.)

La ciguë a fait la grandeur de Socrate; ôtez à Caton le glaive libérateur. Sénèque revient encore sur ces deux exemples dans la lettre XXIV, p. 155-157.

De toujours commencer à vivre. Sénèque développe cette pensée sous des formes diverses dans le traité de *la Brièveté de la vie,* entre autres chap. IV et V.

La vie sur de nouveaux fondemens. Dans la lettre XXIII, Sénèque, parlant de l'homme livré à cette instabilité, le compare à un objet emporté par l'onde : *Ex quibus alia lenior unda detinuit,* etc.

LETTRE XIV. Page 79. *Et n'en soit pas esclave.* Le début de cette lettre rappelle les réflexions de Salluste au commencement de la *Guerre de Catilina.* — *Animi imperio, corporis servitio magis utimur.*

Pour qui le corps en a trop. « Il faut bien jouir de soi-même pour n'accorder aux sens que ce qui leur appartient, » dit Caraccioli. Plus loin il ajoute : « Mais combien les sens ne nous apportent-ils pas de poisons dangereux?.... L'âme a beau réclamer ses droits de souveraine, on l'étouffe, et ses ministres deviennent ses maîtres et ses tyrans. » (*De la jouissance de soi-même*, chap. VIII, *des Sens.*)

Page 83. *Jamais le sage ne provoquera le courroux des grands.* « Maxime pusillanime ! s'écrie Diderot; c'est le condamner à taire la vérité. Si le philosophe ne croyait pas que la périlleuse vérité qu'il va dire, fructifierait dans l'avenir, il se tairait. Il parle en attendant un grand prince, un grand ministre qui exécute; il aime la vertu, il la pratique : il fait peu de cas de la vie, il méprise la mort. Un d'entre eux disait : « La nature, qui a fait le tyran ter-« rible, m'a fait sans peur. » S'il peut conserver la vie en attaquant le vice, il le fera; mais s'il est impossible de vivre et de dire la vérité, il fera son métier. »

L'avidité est plus commune que la haine. Sénèque emploie les mêmes expressions dans le traité *des Bienfaits :* —*Quotus quisque uxoris optimæ mortem timet et non computet?* (Liv. V, chap. 17.)

Trois choses, qu'un vieux précepte nous prescrit d'éviter, la haine, l'envie, le mépris. « Cela est plus digne, observe Diderot, du moine de Rabelais que du disciple de Zénon. C'est vous, Sénèque, qui m'avez appris à vous répondre : il y a des hommes dont il est glorieux d'être haï ; le tourment de l'envie est toujours un éloge; le mépris n'est souvent qu'une affectation..... « Craignons « l'admiration... » Et pourquoi ? faisons tout ce qui peut en mériter. »

Page 85. *Caton.* — D'Utique. Voyez *de la Constance du sage*, ch. 1 et suiv.

Page 87. *Le sage ne choquera pas les usages reçus.* — Voyez la lettre V sur *l'Ostentation philosophique.*

Page 89. *Qui sait le mieux s'en passer.* Voyez la lettre IX, et le traité de *la Vie heureuse*, chap. XX et XXI.

LETTRE XV. Page 89. *C'était des anciens un usage.* Pline le Jeune dit dans une de ses lettres : *Vel solum illud scribe unde priores incipere solebant :* « *Si vales, bene est ; ego valeo.* » (Liv. 1, lett. 2.)

Sans la sagesse, l'âme est malade. Ces comparaisons entre la sagesse et la santé de l'âme, entre l'âme soumise aux faiblesses humaines et le corps malade ou convalescent, sont fréquentes dans Sénèque. *Voyez* ci-dessus au commencement de la lettre VII.

Page 91. *La surabondance d'alimens émousse l'esprit.*

> . . . . Quin corpus onustum
> Hesternis vitiis animum quoque prægravat una,
> Atque affigit humo divinæ particulam auræ.
> (Horat., *Sat.* 2, lib. ii, v. 77.)

D'un malade épuisé. Il y a dans le texte *cardiaci*, nom tiré d'une maladie de l'estomac appelée, dans Celse, καρδιαλγία.

Et celui que l'on pourrait appeler Salien.—Les prêtres de Mars, nommés *Saliens*, formaient des danses en portant les *anciles*, ou boucliers sacrés. Ils étaient en outre renommés pour leur intempérance. Leur danse, composée de sauts alternatifs, donnait à ce qu'il paraît, par le mouvement et par la cadence, l'idée du battement d'un foulon.

Cultivez donc un fonds qui s'améliore en veillissant. Dans ses *Mémoires* sur M. Suard, M. Garat, après avoir rappelé que M. Necker, en écrivant son dernier ouvrage qu'il se sentait heureux de composer, s'écrie : *Le bel âge pour écrire que soixante-dix ans !* M. Garat ajoute : « Mot qui étonne, mais qui a été dit à peu près de la même manière par Solon, par Sénèque et par Voltaire. »

Page 93. *Soutenir votre voix.* — *Voyez* les préceptes qu'à cet égard donne Quintilien. (*Institut. orat.*, liv. i, chap. 10.)

Instruits par la faim à créer des sciences nouvelles.

> Græculus esuriens, in cœlum, jusseris, ibit.
> (Juven., *Sat.* iii, v. 72.)

Sénèque, dans ses *Questions Naturelles* (liv. vii, chap. 32), parle de ces arts frivoles devenus fort à la mode dans Rome depuis le temps d'Auguste ; mais déjà Horace n'avait-il pas dit :

> Motus doceri gaudet ionicos
> Matura virgo?

Ceci rappelle le marquis de Toutabas, professeur de trictrac dans le *Joueur* de Regnard.

Elle s'élance inquiète dans l'avenir. « Je la treuve (la vie), dit Montaigne, prisable et commode, voire en son dernier discours, où ie la tiens ; et nous l'a nature mise en main, garnie de telles circonstances et si favorables, que nous n'avons à nous plaindre qu'à nous, si elle nous presse et si elle nous eschappe inutilement ; *stulti vita ingrata*, etc. » (*De l'Expérience*, liv. iii, chap. 13.)

Page 93. *Baba et Ision.* Deux personnages ridicules sur lesquels nous n'avons d'autre document que ce passage de Sénèque.

A tous les avantages que vous possédez. Précepte admirable; mais encore plus celui-ci : *Cogita quot sequantur.* Manilius a dit :

Nec quod habet numerat, tantum quod non habet optat.

LETTRE XVI. Page 97. *A la perfection même.*

En faisant toujours bien ne songe qu'à mieux faire.
(Crébillon, *le Triumvirat.*)

Et non de mots. Lactance a dit : *Mendacium incongruum atque ineptum est, non in pectore sed in labiis habere bonitatem.*

Page 99. *Ne peuvent être révoqués.* Comparez ces réflexions avec ce passage de la lettre LXXVII : *Rata et fixa sunt,* etc.; et avec cet autre de la lettre LXXXVIII : *Quid refert providere, quod effugere non possis?* etc.

On ne peut éluder les arrêts du destin.
(Pradon, *Régulus.*)

Et qui peut des destins changer l'ordre éternel?
(Saurin, *Aménophis.*)

Le décret du destin ne peut être évité.
(Danchet, *Cyrus.*)

Point de précautions à prendre contre des évènemens fortuits.

La prudence mortelle et le pouvoir humain
Ne sauraient révoquer les arrêts du destin.
(La Grange Chancel, *Alceste.*)

Tout ce qu'un autre a dit de bon est de moi. Déjà Sénèque a dit dans une autre lettre : *Epicurus, inquis, dixit : quid tibi cum alieno? quod verum est, meum est.*

Vous ne serez jamais pauvre.

Qui vit content de peu possède toute chose.
Boileau.

Sur l'opinion? « Nostre opinion donne prix aux choses, » dit Montaigne dans son chapitre intitulé : *Que le goust des biens et des maulx despend en bonne partie de l'opinion que nous en avons.* (Liv. I, chap. v.) — « Otez la force, la santé, le bon témoignage de soi, dit Rousseau, tous les biens de notre vie sont dans l'opinion; ôtez les douleurs du corps et les remords de la conscience, tous nos maux sont imaginaires. (*Émile*, liv. II.)

Et ailleurs : « Nos maux moraux sont tous dans l'opinion, excepté le crime, etc. » (*Ibid.*)

Voyez encore, sur cette pensée que Sénèque se plaît à reproduire, les lettres IV et IX, et dans les notes correspondantes, des citations de Regnier, qui a tant imité les anciens, de J.-B. Rousseau, trop dédaigné aujourd'hui, et de Voltaire, qui a mis en vers tous les plus beaux préceptes de la philosophie, p. 358 et 360.

Page 101. *Qu'à en désirer de plus grands.*

> Le luxe, ami de l'oisive mollesse,
> ....
> Introduisit par ces divers canaux
> La pauvreté le plus dur de nos maux.
>
> J.-B. ROUSSEAU.

LETTRE XVII. Page 103. *Pour parler avec Cicéron.* L'ouvrage où Cicéron s'exprimait ainsi ne nous est pas parvenu.

La faim est peu coûteuse. Je lis dans les Mémoires de M. Garat, sur la vie de M. Suard, une sorte d'allusion à ce passage :

« Un poète qui mettait quelquefois la plus sublime morale en vers sublimes, a dit que le genre humain vit de peu : *Paucis vivit humanum genus.* Pas de si peu, que Lucain, sur la foi de Sénèque, a pu le croire. Il aurait été mieux informé s'il avait pu interroger toutes les espèces vivantes qui servent à sa nourriture. » (Tome II, page 51.)

Vivitur parvo bene, a dit Horace.

Ma fortune ne suffit pas encore à mes besoins. — *Voyez* l'Épode II d'Horace et la Satire IV de Boileau.

Page 105. *De s'affranchir de la violence des passions.*

> Ut jugulent homines, surgunt de nocte latrones;
> Ut te ipsum serves, non expergisceris?.....
>
> HORACE.

Page 107. *Dans certains siècles vous seriez trop riche.* Voyez *Consolation à Helvia*, chap. XII.

Est un changement de misères. « Epicurus dict que « l'estre riche « n'est pas soulagement, mais changement d'affaires. » De vray, ce n'est pas la disette, c'est plustôt l'abondance qui produict l'avarice. » (Liv. 1, chap. 40.)

> Or et argent dont tous plaisirs procèdent,
> Causent douleurs qui tous plaisirs excèdent.
> Marot.

Page 107. *Ou sur un lit d'or.*

> Non domus et fundus, non æris acervus et auri
> Ægroto domini deduxit corpore febres.
> (Horace, lib. 1, epist. 11, v. 48.)

Il emmène son mal avec lui. « Où veux-tu fuir, s'écrie Rousseau dans *Héloïse?* le fantôme est dans ton cœur. » Ici revient encore ce fameux passage d'Horace :

> Scandit æratas vitiosa rates
> Cura, nec turmas equitum relinquit.

LETTRE XVIII. Page 109. *La dissolution publique.* — *Luxuriæ publicæ.* D'autres éditions, celle de M. Lemaire entre autres, portent *publicæ.*

Page 111. *A ces repas modestes.* Les manuscrits portent *Temoveas cœnas*, d'où Turnèbe a fait *Timoneas*, expression proverbiale pour dire *des repas à la Timon, des repas de misanthrope.* Juste-Lipse et l'édition de M. Lemaire ont adopté cette version. Notre savant traducteur en a suivi une autre, *modicas cœnas;* c'est celle de Muret et de Ruhkopf. Des critiques ont proposé *medicas cœnas,* enfin *mundas cœnas,* expression imitée d'Horace. (*Voyez* la note ci-après.)

Déguisemens sous lesquels la sensualité. C'est ainsi qu'Horace dit à Mécène :

> Plerumque gratæ divitibus vices,
> Mundæque parvo sub lare pauperum
> Cœnæ, sine aulæis et ostro
> Sollicitam explicuere frontem.

Montaigne, dans son chapitre *de l'Expérience* (liv. III, chap. 15), cite ce trait de Sénèque : *per quod luxuria divitiarum tædio ludit.* « Il en est, dit-il, qui font les laborieux et les patients pour regretter le bœuf et le cambry parmi les perdris : c'est la délicatesse des délicats, c'est le goust d'une molle fortune, qui s'affadit aux choses ordinaires et accoustumées, *per quæ luxuria,* etc.

Page 111. *Un sayon.* Expression dont s'est servi La Fontaine dans le *Paysan du Danube.*

Portant sayon de poil de chèvre.

Page 113. *A Polyen.* — *Voyez* ci-dessus dans les notes de la lettre VI, p. 354.

Sous la magistrature de Charinus. C'était vraisemblablement un archonte d'Athènes.

Page 115. *Osez mépriser l'or.* Vers de Virgile (*Énéide*, liv. VIII, v. 364.)

La colère poussée à l'excès engendre la folie. — *Ira furor brevis est,* a dit Horace (*Epist.*, lib. 1, epist. 2, v. 62). *Voyez* le traité *de la Colère,* liv. 1, chap. 1, où il fait allusion au mot d'Épicure cité dans cette lettre.

LETTRE XIX. Page 117. *A en rassembler les débris.* On pourrait aussi, dans la traduction, ne pas faire rapporter ce dernier membre de phrase, *incipiamus in senectute vasa colligere*, à celui qui précède, et prendre l'expression dans son sens absolument proverbial, *plier bagage*, par allusion à un soldat qui, après avoir campé dans un endroit, rassemble les vases qui ont servi à son usage.

Un moyen de célébrité. « La plus contraire humeur à la retraite, dit Montaigne, c'est l'ambition : la gloire et le repos sont choses qui ne peuvent loger en mesme giste. »

« La solitude, qui devient l'appui de la mauvaise humeur ou de la vanité, n'est qu'une retraite bien méprisable. C'est par cette raison qu'on se rit de la solitude des païens, et qu'on admire au contraire celle des anachorètes. Ceux-ci ne fuyaient le monde que pour jouir entièrement d'eux-mêmes et de Dieu; et ceux-là ne cherchaient qu'à plaire au monde en paraissant l'éviter. Il est sans doute bien étonnant de voir des hommes martyrs de l'amour-propre au point d'aller s'ensevelir dans les déserts, pour lui donner plus de relief et plus d'éclat. » (CARACCIOLI, de la *Jouissance de soi-même,* ch. LXVIII, *de la Solitude.*)

Caraccioli, qui se rencontre ici avec Sénèque, aurait bien dû se montrer un peu plus charitable pour la philosophie païenne, qui a suggéré à ses adhérens des choses si belles, que les philosophes chrétiens n'ont eu, comme lui, rien de mieux à faire, que de s'en emparer.

Page 119. *C'est une spéculation.* — *V*oyez ci-dessus, la lettre IX, p. 45 et suiv.

De vieillir dans la situation modeste.

> Heureux qui satisfait de son humble fortune,
> Libre du joug superbe où je suis attaché,
> Vit dans l'état obscur où les dieux l'ont caché.
> (Racine, *Iphigénie*.)

Un désir assouvi fait place à un autre désir. — *Spes spem excitat*, a dit ailleurs Sénèque (*Brièveté de la vie*, chap. XVII, et note 79). « Il est bien plus aisé d'éteindre un premier désir, que de satisfaire tous ceux qui suivent. » (La Rochefoucault.)

> L'ambition déplaît quand elle est assouvie,
> D'une contraire ardeur son ardeur est suivie;
> Et comme notre esprit, jusqu'au dernier soupir,
> Toujours vers quelqu'objet pousse quelque désir,
> Il se ramène en soi, n'ayant plus où se prendre,
> Et monté sur le faîte, il aspire à descendre.
> (Corneille, *Cinna*.)

Page 121. *Votre fortune ne le veut pas.*

> Le sommeil sur ses yeux commence à s'épancher.
> Debout, dit l'avarice; il est temps de marcher.
> — Eh! laisse-moi! — Debout. — Un moment. — Tu répliques?
> — A peine le soleil fait ouvrir les boutiques.
> — N'importe, lève-toi. . . . .
> Boileau.

Un mot de Mécène. Sénèque revient souvent sur le style de Mécène, qui y portait une affectation analogue à la corruption de ses mœurs. (*V*oyez les lettres XCII et CXIV; enfin la *Providence*, liv. III, ch. 9.)

La hauteur même nous foudroie.

> Sæpius ventis agitatur ingens
> Pinus, et celsæ graviore casu
> Decidunt turres, feriuntque summos
> Fulmina montes.   Horace.

Page 123. *Dévorer des viandes.* — *Visceratio.* Sénèque, dans sa lettre LXXIII, se sert de cette même expression.

De les éprouver dans un festin. Regnard a dit plaisamment:

> Rien ne fait les amis comme la bonne chère.

24.

Page 123. *A proportion que l'on reçoit.* — *Voyez* le traité des *Bienfaits*, liv. vi, ch. 34.

LETTRE XX. Page 125. *A l'appui des promesses.* — *Voyez* la lettre x. On trouve, dans le *Manuel d'Épictète*, de très-belles choses sur cet accord des paroles vertueuses avec les actes.

Mais il suivra le même chemin. En accordant, comme il le fait souvent, que le sage peut faillir, et s'éloigner de la perfection, Sénèque s'écarte de la définition du sage donnée par l'école de Zénon. Remarque à faire une fois pour toutes.

Dans les erreurs qu'il avait fuies et condamnées.

Quod petiit spernit, repetit quod nuper omisit.
Horace.

Ce qu'un jour il adore, un autre il le déteste.
Boileau.

. . . . Il va du blanc au noir;
Il condamne au matin ses sentimens du soir;
Il change à tout moment d'esprit comme de mode :
. . . .
Il tourne au moindre vent, il tombe au moindre choc,
Aujourd'hui dans un casque, et demain dans un froc.
(*Le même.*)

Page 127. *La persévérance dans les désirs et les aversions.* Ici les mots qu'emploie Sénèque, *idem velle atque idem nolle*, rappellent ceux dont Salluste se sert dans un sens différent pour exprimer les sentimens de l'amitié : *idem velle atque idem nolle, ea demum vera amicitia est.*

« En toute l'antiquité, dit Montaigne, il est malaysé de choisir une douzaine d'hommes qui ayent dressé leur vie à un certain et asseuré train, qui est le principal but de la sagesse : car, pour la comprendre toute en un mot, dict un ancien, et pour embrasser en une toutes les règles de nostre vie, « c'est vouloir, et ne vouloir « pas, tousiours mesme chose : ie ne daignerois, dict-il, adiouster, « pourveu que la volonté soit iuste : car, si elle n'est iuste, il est « impossible qu'elle soit tousiours une. » (Liv. ii, ch. 1er *de l'Inconstance de nos actions.*)

Où l'on ne mentira plus en votre honneur. Diderot admire cette pensée qui s'adresse aux gens en place : « Mot simple, mais qu'ils devraient avoir sans cesse à la bouche, s'ils sentaient vivement les inconvéniens de leur élévation. »

Page 127. *Plus à notre portée.* Ici nombre d'éditions portent : *propior Deo.* Conjecture introduite par Muret, et justement blâmée par Schweighauser.

Page 129. *Les paroles de notre Demetrius.* Philosophe qui eut le courage de faire de vives réprimandes à Néron. Vespasien l'envoya en exil, Titus le rappela, et Domitien l'exila de nouveau. Sénèque fait un grand éloge de Demetrius dans la *Vie heureuse*, ch. XVIII. (*Voyez* cet endroit et notre note 28, tome III de notre *Sénèque.*)

Qui eût fait honte à de la litière. Il y a dans le texte *stramentis*: Lipse propose *tomentis*, expression qui se retrouve dans le traité de la *Vie heureuse* (ch. XXX), où Sénèque reproduit d'ailleurs les mêmes idées que dans la présente lettre.

A rester pauvre au milieu des richesses. Cette belle moralité se trouve développée dans le traité de la *Vie heureuse.* — Comparez encore la présente lettre à la XVIe.

Et moi, je dis avec Épicure. Mot à mot : *Et moi, émule d'Épicure, je ne sais si ce pauvre,* etc. On pourrait encore entendre ainsi : *Et moi je ne sais si, émule d'Épicure, ce pauvre,* etc. Croirait-on que, d'après la conjecture bizarre de Muret, la plupart des éditeurs ont ainsi conçu ce passage : *Nec scio ego, Epicuri angelus an pauper,* etc., version au reste conforme à la première édition de Venise?

Page 131. *Par une pauvreté simulée.* Ici Sénèque tient le même langage qu'au commencement de la lettre XVIII. « Je vois, dit à ce sujet Diderot, que dans l'opulence, il s'exerçait à la pauvreté; au milieu des richesses, il se rit de la peine inutile que la fortune s'est donnée. »

LETTRE XXI. Page 131. *Vous vous entendez mieux à louer la vertu qu'à la pratiquer.*

. . . . Video meliora proboque,
   Deteriora sequor. . . . .
HORACE.

Ami de la vertu plutôt que vertueux.
BOILEAU.

A la sécurité qui va être votre partage. Sénèque entend par là une vie exempte de l'embarras des richesses. (*Voyez* la lettre xx.)

Page 131. *Il n'y a qu'à monter.* — *Voyez* la préface du premier livre des *Questions naturelles.*

Page 133. *Il écrivait à Idoménée.* Né à Lampsaque. Il avait composé un livre sur les hommes illustres, souvent cité par Plutarque. Strabon fait aussi mention des écrits d'Idoménée, qui avait pour femme Batis, sœur d'Épicure. — Montaigne, liv. 1er, ch. 38, fait allusion à ce passage de Sénèque.

J'aurai quelque crédit auprès de la postérité. Qui n'applaudit à cette noble assurance dans un homme de génie? Il y a ici de l'enthousiasme, et Sénèque s'élève à la hauteur de la poésie. C'est ainsi qu'Horace s'écrie : *Exegi monumentum!* Ce sentiment, cet espoir de vivre dans la postérité se trouve déjà exprimé dans la lettre VIII de Sénèque : *Posterorum negotium ago*, etc.

La durée qui attend le mien. Ce passage excite avec raison la verve de Diderot : «Qu'on doit être heureux par cette pensée! s'écrie-t-il. En effet, quoi de plus doux que de croire qu'on enrichira sa nation d'un grand nom de plus? Ne se félicite-t-on pas d'avoir pris naissance dans une contrée célèbre par les hommes rares qu'elle a produits? Est-il de plus flatteuse espérance que de laisser à ses parens, à ses amis, à ses descendans, aux étrangers, aux siens, à l'univers, un sujet d'admiration, d'entretien et de regrets?» (*Voyez* notre première note sur les *Lettres de Sénèque*, page 344 de ce volume.)

Virgile a promis une gloire immortelle.

Dignum laude virum Musa vetat mori.
HORACE.

Par les Muses seulement
L'homme est exempt de la parque.
MALHERBE.

Et combien de grands noms couverts d'ombres funèbres,
Sans les écrits divins qui les rendent célèbres,
Dans l'éternel oubli languiraient inconnus!
J.-B. ROUSSEAU.

Page 135. *On donnera des larmes.* Vers tirés de l'*Énéide* (liv. IX, v. 446). La traduction que nous avons adoptée est de Delille, sauf les deux derniers vers, dont le deuxième est pour la rime. Des deux vers j'en ai fait un seul. Malherbe ne les a point traduits.

Page 135. *L'admiration qu'inspire le génie s'accroît avec le temps.*

> Brisant des potentats la couronne éphémère,
> Trois mille ans ont passé sur la cendre d'Homère,
> Et depuis trois mille ans Homère respecté,
> Est jeune encor de gloire et d'immortalité.
> Luce de Lancival.

Pythoclès. Ami et disciple d'Épicure.

Otez à ses désirs. Comparez la lettre IV, *à la fin*.

Page 137. *Et j'y adhère.* Sénèque parle dans le même sens au chap. III de la *Vie heureuse*, et dans la lettre XLV ci-après.

Dans l'espoir criminel d'en faire un manteau à leurs vices. Comparez avec ce passage de Sénèque ce qu'il dit encore chap. XII et XIII du traité de la *Vie heureuse*, puis ce que Cicéron exprime d'analogue dans l'Invective contre Pison, ch. XXVIII. (*Voyez* ce discours, tome XV, page 148 de notre *Cicéron.*) — On aime à voir Sénèque rendre une si éclatante justice à cet Épicure si mal connu et tant calomnié. On lit dans un auteur moderne (Batteux, *Morale d'Épicure*) : « On oppose Sénèque comme un bouclier impénétrable à tous les traits qu'on peut lancer contre Épicure. »

De l'eau en abondance. — *Voyez* ci-dessus la lettre VIII.

Au sein desquelles j'ai vieilli. Encore un passage qui me rappelle les Mémoires de M. Garat sur Suard. A propos des réunions qui avaient lieu à table chez les Suard, les Saint-Lambert, les Morellet, les Watelet, l'auteur observe que « ce mot de La Fontaine,

> Que le bon soit toujours camarade du beau,

était devenu, au XVIIIe siècle, la maxime et la pratique familières aux grands et aux petits ménages. Une autre influence de ce précepte, à la fois de poétique, de morale et de bonheur, c'est d'avoir fait de la sobriété une condition aussi nécessaire à la bonne chère qu'à la santé, aux délicats qu'aux sages. Tout était égal à Franklin, à Jean-Jacques, à l'abbé Morellet, à M. Suard, pourvu que tout fût parfait, et qu'on mangeât *de peu et peu*. On ne connaît, dans l'antiquité même, que deux hommes aussi sobres que les philosophes du XVIIIe siècle : le premier, c'est le maître du monde romain, Auguste, dont le pourvoyeur cherchait les dîners et les soupers dans tout l'univers, et qui était si petit mangeur, *minimi cibi*; le second, c'est Sénèque, qui possédait des millions sans en être possédé, et qui, sujet à des accès de friandise, se mettait alors avec délice au pain et à l'eau : il semble que ce soit là le régime de la pensée et du génie; celui de Newton du moins n'en différait pas beaucoup; celui de Montesquieu et de Voltaire s'en rapprochait également; et aucun de ces phénomènes de sobriété n'a senti défaillir son génie, même après avoir franchi l'âge avant lequel il est ordinaire aux autres de sentir défaillir jusqu'à la mémoire. »

Page 137. *Le ventre est sourd à la raison.* Aulu-Gelle cite ce mot de Caton : *Arduum ad ventrem verba facere, qui careat auribus.* C'était l'exorde d'un discours adressé au peuple sur la loi agraire. *Ventre affamé n'a point d'oreilles,* dit le proverbe français, dont Rabelais et La Fontaine se sont emparés.

LETTRE XXII. Page 139. *Que de rester toujours suspendu.* Dans Homère, Ajax s'exprime ainsi :

Βέλτερον ἢ ἀπολέσθαι ἕνα χρόνον, ἠὲ βιῶναι,
Ἢ δηθὰ στρεύγεσθαι ἐν αἰνῇ δηϊοτῆτι.

Montaigne (liv. II, chap. 32, *De fuir les voluptés au prix de la vie*) donne la substance des conseils que Sénèque adresse ici à Lucilius; et il traduit ainsi cette phrase, *Nemo tam timidus est,* etc. : « Il n'y a homme si couard, qui n'ayme mieulx tumber une fois, que de demourer tousiours en branle. »

Page 141. *Et de ne pas seconder son impulsion.* Cette expression métaphorique, *instare fortunæ ferenti,* se retrouve dans ces hémistiches de Stace :

. . . . Quantumque ferentem
Fortunam virtute domas. . . . . . .

Page 143. *D'autres motifs que les affaires elles-mêmes.* « Voyez, dit Montaigne, les gents apprins à se laisser emporter et saisir, ils le font partout, aux petites comme aux grandes, à ce qui ne les touche point, comme à ce qui les touche : ils s'ingèrent indifféremment où il y a de la besongne et de l'obligation, et sont sans vie, quand ils sont sans agitation tumultueuse : *In negotiis suis, negotia causa.* » (Liv. III, chap. 10, *de Mesnager sa volonté.*)

Comme un amant se plaint de sa maîtresse. « Croit-on que cette pensée déparât celles de Larochefoucault ? » (DIDEROT.)

NOTES. 377

Page 143. *Qui tiennent à l'esclavage.* « La subjection, dit Montaigne, ne regarde, d'entre nous, que ceulx qui s'y conviennent et qui aiment à s'honorer et enrichir par tel service : car, qui se veult tapir en son foyer, et sçait conduire sa maison sans querelle et sans procès, il est aussi libre que le duc de Venise : *Paucos servitus, plures,* etc. » (Liv. I, chap. 42, *de l'Inéqualité qui est entre nous.*)

Page 145. *Ils accordent... de brillantes calamités.* Cette réflexion de Sénèque est assez peu respectueuse envers les dieux. Elle a rappelé à un commentateur la fable de Jupiter cédant aux vœux des grenouilles, et leur accordant pour roi une grue.

Des dépouilles étrangères. — *Alienas sarcinas.* Pourquoi, dans la traduction, ne pas avoir mis simplement *d'autrui* pour *alienas?* Parce que, selon nous, Sénèque, en qualifiant toujours de cette épithète les emprunts qu'il fait à Épicure, veut qu'on sache bien qu'il a l'esprit assez libéral pour aller puiser à une école *étrangère* au Portique. — Comparez la lettre XVI, où le même mot a son sens ordinaire : *Adhuc de alieno liberalis sum.* (Page 98.)

Également ignorant de la vie. Comparez, avec ce que dit ici Sénèque, les chap. III et IV de la *Briéveté de la Vie.*

LETTRE XXIII. Page 147. *La base de la sagesse, quelle est-elle?... De ne pas avoir de joies frivoles.* — Comparez avec cette définition de la sagesse celle que Sénèque en a déjà donnée dans la lettre XX : *Quid est sapientia?* (Page 127.)

Page 149. *Je veux que votre joie soit intérieure.* — *Voyez*, sur la joie du sage, la *Vie heureuse*, ch. III et IV.

J.-J. Rousseau, qui a tant imité Sénèque, présente, dans son *Émile*, des réflexions sur la joie, qui s'adaptent ici merveilleusement : « Le vrai contentement n'est ni gai, ni folâtre : jaloux d'un sentiment si doux, en le goûtant on y pense, on le savoure, on craint de l'évaporer. Un homme vraiment heureux ne parle guère, et ne rit guère; il resserre pour ainsi dire le bonheur dans son cœur, etc. » (*Voyez* en outre ce qui précède et ce qui suit, liv. IV, *Troisième maxime.*)

Page 153. *Que celle qui commence toujours.* Comparez avec la lettre XIII et le traité de la *Briéveté de la vie*, passim.

LETTRE XXIV. Page 153. *Anticiper sur ses misères.* — *Voyez* ci-dessus lettre xiii et les notes correspondantes; puis ci-après les lettres lxxiv et lxxviii. La Fontaine a dit :

> . . . . Quand le mal est certain,
> La plainte ni la peur ne changent le destin,
> Et le moins prévoyant est toujours le plus sage.

Page 155. *Ou de peu d'importance.* — *Omnem fortunæ licentiam, in oculis habere : tanquam, quidquid potest facere, factura sit : quidquid exspectatum est diu, lenius accidit* (let. lxxviii). — Puis Épicure : *Levis est, si ferre possum; brevis est, si ferre non possum;* enfin Eschyle :

Θάρσει, πόνον γὰρ ἄκρον οὐκ ἔχει χρόνον.

Rutilius. — *Voyez* sur ce vertueux Romain, contemporain de Marius et de Sylla, le traité de la *Providence* (liv. iii, chap. 5), *Consolation à Marcia* (liv. xxii).

Metellus. Le Numidique, victime de la haine de Marius.

Rutilius refusa le sien à Sylla. Dans l'endroit déjà cité du traité de la *Providence*, Sénèque dit : *Rutilius Sullæ dictatori solus aliquid negavit*, etc.

> Et grave magnanimi robur mirare Rutili,
> Non usi reditus conditione dati.   Ovide.

Un homme étranger à toute instruction. — *Non eruditum.* Cette expression ne laisse pas que de présenter quelque difficulté pour la bien rendre. — *Grossier, mal appris*, qu'ont mis les autres traducteurs, en dit trop. Mucius, jeune patricien, pour s'introduire dans le camp de Porsenna à la faveur de la connaissance de la langue étrusque, n'était sans doute pas un homme grossier pour son temps : mais, assurément, il n'était pas comme les Rutilius, les Metellus et les Socrate, initié aux études littéraires et philosophiques.

Page 157. *De n'avoir pu tuer Porsenna.* Il est curieux de lire cet éloge du régicide par un courtisan de Néron. Le cœur des philosophes du Portique était un sanctuaire, où, sous la tyrannie des empereurs, s'étaient réfugiés les sentimens républicains. Que d'âme et de poésie, j'ose le dire, dans ce passage de Sénèque ! ne croit-on pas voir le poignard dont s'arma un poète de la famille des Annæus, Lucain, noble complice d'une conjuration contre Néron ? « Si tu crains d'être un poète *exsangue*, s'écrie Diderot, un diseur de puérilités sonores; si tu veux connaître les vices, les vertus, les passions, les devoirs de l'homme dans toutes les conditions et les circonstances, lis Sénèque. »

Page 157. *Vous nous citerez Caton.* — *Voyez*, sur la mort de Caton d'Utique, Plutarque (*Vie de Caton* et *Vie de César*). — *Voyez* aussi le dithyrambe de Delille sur l'*Immortalité de l'âme*, qui offre une imitation admirable de ce beau passage de Sénèque :

> Ainsi quand tout fléchit dans l'empire du monde,
> Hors la grande âme de Caton,
> Immobile, il entend la tempête qui gronde,
> Et tient, en méditant l'éternité profonde,
> Un poignard d'une main, et de l'autre Platon.
> Par eux bravant les fers, les tyrans et l'envie,
> Il reste seul arbitre de son sort;
> A ses vœux, l'un promet la mort,
> Et l'autre, une éternelle vie!
> Que tout tombe aux genoux de l'oppresseur du Tibre!
> Sa grande âme affranchie a son refuge au ciel.
> Il dit au tyran : Je suis libre!
> Au trépas : Je suis immortel, etc.

Lisons enfin Rousseau, lorsque dans sa fameuse lettre sur le suicide, si faiblement réputée par lui-même, il s'écrie avec cette ironie amère qui donne tant de puissance à ses paroles : « O Rome! conquérante du monde, quelle troupe de poltrons te donna l'empire!... Et toi qui partageais avec les dieux les respects de la terre étonnée, grand et divin Caton... tes fiers admirateurs ne pensaient pas qu'un jour, dans le coin poudreux d'un collège, de vils rhéteurs prouveraient que tu ne fus qu'un lâche pour avoir refusé au crime heureux l'hommage de la vertu dans les fers. » (*Nouvelle Héloïse*, IIIe partie, lettre XXII.)

Page 159. *Le général est en sûreté.* — *Voyez*, sur ce Metellus Scipion, qui ne fut grand que par sa mort, Dion Cassius; les *Commentaires* d'Hirtius sur la guerre d'Afrique; Appien, *Guerres civiles*; enfin Florus (liv. IV, chap. 2), qui, pour raconter les deux morts de Caton et de Metellus Scipion, se sert à peu près des mêmes termes que Sénèque. Peut-être, au reste, Florus n'a-t-il fait que se copier lui-même, car qui nous dit qu'il n'est pas le même que Sénèque?

C'est un bienfait qui nous affranchit de toute crainte. Ici nous retrouvons encore Sénèque faisant l'apologie du suicide (*voyez* ci-dessus lettre XII et les notes correspondantes); et combien ses argumens empruntent de force à la mort même de ce philosophe! Il est assez remarquable que Rousseau se soit tué comme Sénèque, après avoir écrit sa lettre contre le suicide. Mais en la comparant à celle à laquelle elle sert de réponse, il est facile de voir que l'auteur d'*Héloïse* était plus profondément inspiré en traitant affirmativement cette question, qui restera toujours indécise; car, bien que volontaire, la mort ne se dessaisit point de ceux qui, en se la donnant, pourraient fournir sur ce sujet de nouvelles lumières. Nos vieux poètes tragiques sont remplis de l'éloge du suicide.

> Sitôt que le destin nous comble de sa haine,
> La mort est un bienfait et non pas une peine.
>
> (MORAND, *Mégare*.)

Page 161. *C'est encore aux choses qu'il faut ôter le masque.* — *Voyez* ci-dessus les lettres IV et VIII.

Tu es la mort. — *Mors es.* Des éditions portent *mors est*; mais le *quid* TU *rursus mihi flagella et equuleos*, apostrophe qui s'adresse à la mort, nous a engagés à préférer cette version, *mors es.* Pourquoi, peut-on objecter, ne pas mettre ensuite *dolor es?* — Parce que le NEMPE *dolor est* est une forme de raisonnement par voie de conséquence, qui exclut toute idée d'apostrophe vive et à effet, comme *mors es!*

Ces instrumens à disséquer un homme en détail.

> Souvent........ la mort qu'on se propose
> Ne semble qu'un ébat, qu'un souffle, qu'une rose;
> Mais quand un spectre affreux, sous un front inhumain,
> Les tenailles, les faux, les haches à la main,
> Commence à nous paraître et faire ses approches,
> Pour ne s'effrayer pas, il faut être des roches.
>
> (ROTROU, *Genest*.)

Pour cette expression, *circa te frementem*, comparez la lettre XX. Si les sentimens exprimés par La Fontaine, dans la citation suivante, diffèrent beaucoup de ceux de Sénèque, les expressions ont quelque chose d'analogue:

> La Mort frappe à sa porte, elle entre, elle se montre.
> Que vois-je? cria-t-il, ôtez-moi cet objet;
> Qu'il est hideux! que sa rencontre

Me cause d'horreur et d'effroi!
N'approche pas, ô Mort! ô Mort, retire-toi!

Il est curieux après cela de lire les pensées de Larochefoucault sur la mort. Il ne voit que forfanterie dans le langage stoïque de Sénèque et des philosophes; selon lui, c'est précisément la raison, « qui, au lieu de nous inspirer le mépris de la mort, sert à nous découvrir ce qu'elle a d'affreux, de terrible. Tout ce qu'elle peut faire pour nous, est de nous conseiller d'en détourner les yeux pour les arrêter sur d'autres objets. Caton et Brutus en choisirent d'illustres. Un laquais se contenta, il y a quelque temps, de danser sur l'échafaud où il allait être roué. » C'est ainsi que Sénèque vient de dire : *Quam nuper servus meus, quam ancilla contempsit.*

Page 161. *Courte, si je ne le puis.* Comparez avec ces mots de la lettre xxx : *Nullum enim dolorem longum esse*, etc. — C'est tout ce passage de Sénèque qui fait dire à Diderot : « Homme pusillanime, si les deux grands fantômes, la douleur et la mort, t'effraient, lis Sénèque. »

Page 163. *Suis-je donc libre à présent?* — *Voyez* de la *Tranquillité de l'âme* (chap. x).

La crainte des enfers est une crainte chimérique. On peut voir dans les discours de Cicéron, *pour Roscius d'Amérie* (chap. xxiv), *pour Cluentius* (chap. lxi), que les philosophes de son temps professaient déjà la même doctrine que Sénèque. On lit dans Sénèque le Tragique, qui, selon nous, n'est autre que le philosophe:

Post mortem nihil est, ipsaque mors nihil.

Page 165. *Nous mourons chaque jour.* Massillon me paraît avoir eu en mémoire ces pensées dans ce morceau : « Le premier pas que l'homme fait dans la vie, est aussi le premier qui l'approche du tombeau; dès que ses yeux s'ouvrent à la lumière, l'arrêt de mort lui est prononcé. » (*Voyez* encore les lettres i et iv.)

Allons donc visiter leur funèbre demeure,
L'homme, hélas! s'en approche, y descend à toute heure.
FONTANES.

Mais le dernier emporte. Nous avons adopté pour ce vers la traduction de Malherbe.

Page 167. *La crainte de mourir les pousse vers la mort.* — Voyez la lettre LXX.

>Hostem dum fugit, se Fannius ipse peremit.
>Hic rogo, non furor est, ne moriare, mori?
>   MARTIAL.

Se jeter dans la mort en furieux. Pline le Jeune a dit dans une de ses lettres (liv. Ier, lettre XXII) : « *Impetu quodam et instinctu currere ad mortem, commune cum multis : deliberare vero et causas ejus expendere, utque suaserit ratio, vitæ mortisque consilium suscipere vel ponere, ingentis est animi.* » Comparez la XXXe et la LVe lettres de Sénèque.

Eh quoi! toujours la même chose!

>Quod placeat nihil est : eadem sunt omnia semper.
>   LUCRÈCE.

Comparez la *Tranquillité de l'âme* (chap. II).

LETTRE XXV. Page 169. *On ne façonne que ce qui est tendre.*

>Fingit equum tenera docilem cervice magister.
>   HORACE.

Ils dorment, mais ne sont pas détruits. « Tel homme se croit sage, tandis que sa folie sommeille. » (DIDEROT.)

Page 171. *Du pain et de l'eau, tel est le vœu de la nature.* — Voyez les lettres XVIII et XXI.

La solitude est conseillère de tout mal. (*Voyez* lettre x.) Diderot (on le reconnaît évidemment) a appliqué en ces termes ce passage à Rousseau : « Si l'homme se retire dans la forêt par vanité ou par misanthropie; s'il y porte une âme pleine de fiel, il ne tardera pas à y devenir une bête féroce : celui dont il prendra conseil, est un méchant qui achèvera de le pervertir. » Un philosophe, s'armant ainsi de textes philosophiques pour accabler un autre philosophe, rappelle les injures que se décochent, l'Évangile à la main, les adhérens des différentes sectes chrétiennes. Pour beaucoup trop d'hommes lettrés, peut-être même pour Sénèque tout le premier, religion, philosophie ne seraient-elles qu'une *poésie sophistiquée*, selon l'expression de Montaigne?

Je vous abandonnerai à votre conduite. « Retirez-vous en vous, dit Montaigne; mais préparez-vous premièrement de vous y recevoir : ce seroit folie de vous fier à vous-mesme, si vous ne vous sçavez gouverner. Il y a moyen de faillir en la solitude comme en compagnie. » (Liv. 1er, chap. 38, *de la Solitude.*)

Page 173. *Vous étes trop près du méchant.* Sénèque a dit (lettre x) : *Mecum loquor. — Cave, inquit Crates, ne cum homine malo loquaris.*

LETTRE XXVI, page 173. *Je vous disais dernièrement.* Dans la lettre XII, *sur les Avantages de la vieillesse et de la mort volontaire,* avec laquelle la XXVIe offre une frappante conformité.

Ne se font pas sentir en moi à l'âme comme au corps.

> A l'aspect de son corps qui se courbe et s'affaisse,
> Mais où demeure ferme et résiste sans cesse
> Un esprit que cent ans ont à peine abattu,
> Je crois voir un vieux temple où siège la vertu.
>
> (*Anonyme.*)

Je n'ai de vieilli que les vices et leurs organes.

> Le sang chez les vieillards moins brûlant dans sa course,
> Et par de froids canaux coulant avec lenteur,
> Des passions en eux amortit la fureur. (*Anonyme.*)

Voyez, dans Cicéron, *de Senectute* (chap. VII), un bel éloge de la vieillesse.

Page 175. *Par une dissolution naturelle.*

> Et, pareil au fruit mûr, il tombe sans effort. (*Anonyme.*)

Cette expression de Sénèque, *subduci,* se trouve paraphrasée de la manière la plus heureuse dans sa XXXe lettre : *Ut illum senectus leniter emittit,* etc.

N'étaient dans ma bouche que le rôle d'un comédien. — *Voyez* la lettre LXXVI et la lettre LXXX où Sénèque se sert de la même expression : *Hic humanæ vitæ mimus.* Les commentateurs ont, avec vraisemblance, vu, dans ces différens passages, une allusion à l'empereur Auguste, qui, au moment de mourir, dit à ceux qui entouraient son lit : *Mes amis, la farce est jouée.*

Page 177. *Pensez à la mort, c'est-à dire, pensez à la liberté.* Encore un suffrage en faveur du suicide. (*Voyez* les notes de la lettre XXIV.)

C'est désapprendre la servitude. Arrien, dans son *Commentaire* sur Épictète, dit que « la crainte de la mort est une anse par laquelle l'homme peut être saisi et contraint d'obéir au plus fort. »

Page 177. *J'ai toujours une porte ouverte.* Ἤνοικται ἡ θύρα, a dit Épictète; et Sénèque, dans le traité de la *Providence* (chap. xvi): *Patet exitus : si pugnare non vultis, licet fugere.*

LETTRE XXVII. Page 179. *Dans la même infirmerie.* Sénèque emploie encore cette expression, *valetudinarium*, dans le traité de la *Colère* (liv. 1er, chap. 16). Au reste, il affectionne ces rapprochemens : car ne lisons-nous pas, dans sa viiie lettre : « Mes plaies..., sans être entièrement guéries..., ont cessé de s'étendre ? »

Je me fais des reproches. — Exigo. Ce mot a le même sens que dans le 1er chapitre de la *Brièveté de la vie,* où les mots, *cum rerum natura exigenti*, sont rendus ainsi : « Prenez à partie la nature. »

Les projets de ton enfance. — Voyez la note 37 de la *Brièveté de la vie*, page 275 du tome iii de notre *Sénèque*.

Un bonheur perpétuel et inaltérable. — Voyez, sur le contentement du sage, les mêmes idées développées dans la lettre xxiii.

Page 181. *Le riche Calvisius Sabinus.* Les commentateurs ont conjecturé, avec vraisemblance, qu'il ne peut être le même que le Calvisius Sabinus dont Tacite parle dans ses *Annales* (liv. vi, ch. 7), et qui, prévenu du crime de lèse-majesté sous Tibère, l'an de Rome 785, eut le bonheur d'échapper à cette accusation. Il fut nommé gouverneur de la Pannonie; et à son retour, sous Caligula, accusé une seconde fois avec son épouse. Tous deux prévinrent leur condamnation par une mort volontaire. Ruhkopf n'hésite pas à dire que le Calvisius, dont parle Sénèque, est un autre personnage, et s'appuie surtout de ces mots qui suivent : *Et patrimonium habebat libertini et ingenium.* — Montaigne, dans son chapitre du *Pédantisme* (liv. 1er, chap. 24), rappelle en substance ce passage de Sénèque.

Jamais vieux nomenclateur. C'était un esclave chargé de dire les noms de ceux qui se présentaient chez les grands, à peu près comme chez nous les huissiers des ministères.

A neuf esclaves. Nombre égal à celui des neuf poètes lyriques grecs : Alcman, Alcée, Stésichore, Anacréon, Sappho, Simonide de Cos, Ibycus, Bacchylides, Pindare.

Page 183. *Réglée sur la nature.* Déjà Sénèque a cité cet apophthegme dans la lettre iv.

Heureuse pauvreté ! je n'ai pas les moyens
D'altérer la nature et de gâter ses biens.   Delille.

LETTRE XXVIII. Page 183. *Et calmer vos ennuis.* Le sujet de cette lettre et les idées qu'y développe Sénèque sont les mêmes que dans la lettre II. Il y reviendra encore dans la lettre CIV.

C'est d'âme qu'il faut changer, et non de climat. Horace avait dit :

> Cœlum, non animum mutant, qui trans mare currunt.

Comme dit Virgile. — *Énéide* (liv. III, v. 71). Nous avons emprunté la traduction de Gaston.

Les vices vous suivront. Cette idée, reproduite dans les lettres II et XVII, nous a donné lieu de citer, à cette occasion, Horace. (*Voyez* ci-dessus, page 369.) Il a dit encore :

> . . . . . Timor et minæ
> Scandunt eodem quo dominus; neque
> Decedit ærata triremi, et
> Post equitem sedet atra cura ;

et Boileau :

> Ce fou, que la tristesse en tous lieux accompagne,
> Est malade à la ville ainsi qu'à la campagne ;
> En vain monte à cheval pour tromper son ennui,
> Le chagrin monte en croupe et galope avec lui.

Page 185. *La prêtresse de Virgile.* — *Énéide* (liv. VI, v. 78). *Tout vous sera séjour hospitalier.* Gresset a dit :

> . . . . Que le bonheur véritable
> Ne dépendait jamais des lieux ;
> Que le palais le plus pompeux
> Souvent renferme un misérable,
> Et qu'un désert peut être aimable
> Pour quiconque sait être heureux.

Ma patrie, c'est le monde entier. Cette idée se présente fréquemment dans Sénèque, et l'on peut consulter à cet égard la note 9 sur le chap. 31 du *Repos du Sage* : *Embrassons par la pensée deux républiques*, etc. (tome III de notre *Sénèque*, p. 403 et 420). Ainsi le philosophe du XVIIIe siècle, qui employa cette expression, *citoyen du monde*, n'aurait eu qu'une réminiscence.

Page 187. *Le bonheur se trouve partout.* Horace a dit :

> . . . . Navibus atque
> Quadrigis petimus bene vivere ; quod petis, hic est ;

et Voltaire :

> Le malheur est partout; mais le bonheur aussi.

L'axiôme que présente ici Sénèque est d'une parfaite vérité; mais ce n'est pas une raison pour approuver la manière dont il considère les voyages : « Quoi qu'en dise Sénèque, observe le sénateur Vernier, il est des maladies de l'âme, telles que l'amour et autres, qui peuvent être guéries ou atténuées par les voyages, soit en nous séparant de ce qui les fait naître, soit à raison du mouvement, de la nouveauté, de la variété des objets et du changement d'atmosphère. » (*Voyez*, sur la lettre CIV, la suite de ces observations.)

Page 187. *Je n'approuve pas ces hommes.* La même idée se trouve dans la lettre VIII, où Sénèque prévient son élève contre les amorces de la prospérité.

LETTRE XXIX. Page 191. *Voyez Ariston.* Contemporain de Sénèque, qui attaque ici son ostentation. Il ne faut pas le confondre avec Ariston de Chios, disciple de Zénon, dont Sénèque parle avec estime dans la lettre XXXVI.

Scaurus. Mamercus Scaurus, vertueux sénateur, prévint, par une mort volontaire, le supplice que lui destinait Caligula. *Voyez* la note qui suit.

Julius Grécinus. Père d'Agricola. C'était un sénateur estimable et instruit, qui, ayant reçu de Caligula l'ordre d'accuser Mam. Scaurus, refusa d'obéir, et reçut la mort.

D'un cocher. Mot à mot, « un gladiateur combattant sur un char. »

Tous ces charlatans. — *Circulatores.* Il y avait alors des sophistes ambulans qui allaient de ville en ville débiter leur philosophie, à peu près comme chez nous ces missionnaires, dont le fanatisme, l'avidité et les sacrilèges bouffonneries ont, sous la restauration, dégradé la dignité du catholicisme, et fait gémir les bons prêtres. Sénèque, dans sa lettre XL, parle d'un de ces sophistes missionnaires, appelé Sérapion. « On voit dans cette lettre, dit Diderot, qu'il y avait aussi à Rome des hommes pervers qu'on se plaisait à associer aux philosophes en général, dans le dessein cruel de souiller la pureté des uns par la turpitude des autres. »

Une folie gaie. Sénèque emploie encore cette expression dans la *Vie heureuse*, ch. XII : *Hilarem insaniam insanire.*

Page 191. *Plus il aura de mérite réel.* Sénèque aime à revenir sur cette pensée. — *Voyez* la lettre VII à la fin : *Satis mihi pauci*, etc.; puis la lettre XXXVI : *Non est quod tibi isti persuadeant, eum esse felicem qui a multis obsidetur*, etc.

Page 193. *Jamais je n'ai voulu plaire au peuple*, etc. — *Voyez* cette même idée développée dans la lettre VII et dans les notes correspondantes.

LETTRE XXX. Page 195. *Bassus Aufidius.* Il vivait sous Auguste et sous Tibère, et avait écrit l'*Histoire des Guerres civiles de Rome* et des *Guerres de Germanie*. L'un et l'autre ouvrages sont perdus. Sénèque le rhéteur cite un fragment de cet historien sur la mort de Cicéron. Quintilien fait l'éloge de son talent.

Page 197. *L'incendie s'éteint.* Sénèque dit la même chose (lettre XIII) : *Incendium ad fugam patuit. Quosdam molliter ruina deposuit.*

Page 199. *Le gladiateur le plus lâche pendant le combat.* — *Voyez* de la *Colère*, liv. 1er, chap. 2.

Page 201. *La mort est la condition de la vie.* Comparez avec les lettres VI et LVII.

Et le retire peu à peu de la vie. — *Voyez* la même idée et les mêmes expressions (lettre XXVI); consultez aussi les notes correspondantes.

Page 203. *Un homme allait immoler son ennemi : une indigestion a prévenu le coup.* On peut encore rendre ainsi : *Le vainqueur allait immoler son ennemi, une indigestion l'a prévenu.* Sénèque ne voudrait-il pas exprimer ici cette ivresse de la victoire, de la conquête; ivresse brutale qui, au sortir du champ de bataille, vient expirer dans un festin ? n'est-ce pas Attila rendant sa vilaine âme, gorgé de sang et de vin, au moment où il menace encore les deux empires ?

Je pourrais multiplier les notes sur cette lettre; mais je me contenterai de dire comme Diderot : « Lisez-la, et vous me direz ensuite ce qu'il y a de nouveau sur ce sujet dans les écrivains modernes. » Puis je renverrai le lecteur à Massillon, Larochefoucault, J.-J. Rousseau, etc. D'ailleurs nos notes sur les lettres XIII, XXVI et XXXI, mettront le lecteur sur la voie d'une foule d'imitations.

LETTRE XXXI. Page 209. *On est l'égal des dieux.* Sénèque

aime à reproduire cette idée qu'il a déjà présentée dans la lettre xviii : il y reviendra encore à la fin de la présente lettre; puis, avec de longs et sublimes développemens, dans la xli. Pour un esprit cultivé, chez les payens, cette idée de s'égaler aux dieux par le savoir et par la sagesse, pouvait être un mobile aussi puissant que l'humilité chrétienne pour les populations à demi barbares du moyen âge.

Point d'Alpes grecques ou pennines. Cette partie de la chaîne des Alpes formait, sous les empereurs, une des dix-sept provinces de la Gaule. *Alpes graiæ,* petit Saint-Bernard; *Alpes penninæ,* grand Saint-Bernard.

Point de désert de Candavie. C'était la partie montueuse et déserte de la Macédonie. (Pline, Hist. nat. liv. iii, chap. 23; Strabon, liv. vii, page 463 de l'édit. de Lipse.) — *Point de Syrtes.* Deux golfes sur la côte septentrionale d'Afrique. Salluste les a soigneusement décrits (Voyez *Guerre de Jugurtha*, tome 1er de notre *Salluste*).

Dieu est inconnu.

> Oui, c'est un dieu caché que le Dieu qu'il faut croire.
> (Racine le fils, *Poëme de la Rel.*, ch. 1.)

Page 211. *Dieu, le plus grand... de tous les êtres.* Ici, Sénèque adhère à l'opinion des stoïciens, qui regardaient Dieu comme l'âme et le modérateur du monde. (*Voyez* les *Questions natur.* liv. ii, chap. 45 de notre *Sénèque;* Cicéron, *de la Nature des dieux*, liv. ii, chap. 30.)

Des noms créés par l'ambition. Ce sont là de ces sentimens de justice éternelle qu'on ne trouve que dans la morale de l'Évangile et des Apôtres : c'est du républicanisme dans toute sa pureté. « Quoi de plus sensé ! s'écrie Diderot à propos de ce passage. Qu'est-ce que ces noms d'empereur, de sénateur, de questeur, de chevalier, d'affranchi, d'esclave? ou, en style moderne, de rois, de grands, de nobles, de roturiers, de paysans? Ce que c'est? répond-il; des titres inventés pour enorgueillir les uns et dégrader les autres. N'avons-nous pas tous le ciel au dessus de nos têtes ? » On sent qu'ici Diderot a dédaigné le sens grammatical de son auteur, pour donner un tour plus vif encore à sa pensée.

Et Caraccioli : « L'ambition des hommes ayant changé l'état de berger en celui de conquérant, on imagina des naissances plus distinguées que les autres... Un homme, en conséquence, eut honte de voir un autre homme; et, comme si le limon dont tous les corps sont formés, était or chez les grands, et fumier chez le peuple, l'univers fut étonné de se voir rempli tout à coup de nobles et de roturiers, de seigneurs et d'esclaves. (*La Jouissance de soi-même*, chap. XLIV, *de la Naissance*.)

On ne peut trop admirer la fin de cette lettre : c'est là une de ces pages dont, avec raison, l'un des héros du *Candide* de Voltaire, le sénateur Pococurante, a pu dire : *Pour ces recueils de sermons, qui, tous ensemble, ne valent pas une page de Sénèque*, etc.

Page 211. *Marchez l'égal des dieux*. Sénèque a déjà cité ce vers dans sa lettre XVIII.

Les dieux étaient d'argile. Cette belle pensée rappelle ces paroles sublimes d'un orateur de l'Assemblée Constituante : *C'est une croix de bois qui a sauvé le monde*. Le paganisme expirant, parce qu'il n'était plus en harmonie avec les progrès des idées, n'était pas, au temps de Sénèque, plus puissant et plus efficace que ne peuvent l'être aujourd'hui de vieilles superstitions en lutte avec le sentiment religieux qui a dicté l'Évangile et inspiré les premiers Apôtres.

LETTRE XXXII. Page 211. *De votre province*. De la Sicile. *Voyez* la lettre qui précède.

Page 213. *Vivez donc comme si je savais toutes vos actions*. — *Voyez* la lettre XXV.

Et notre inconstance l'abrège encore. — *Voyez* les lettres XXII et XXIII.

Comptant sur soi-même. — *Inniti sibi*. Cette expression a été, par Gronovius, substituée à ces mots *nihil sibi*, qui se trouvaient dans tous les manuscrits, et qui ne présentent aucun sens. Cette substitution paraît d'autant plus vraisemblable, que, dans la lettre suivante, on lit : *Sibi jam innitatur*; et, dans la lettre XCII, *ne ulli quidem nisi sibi est innixus*.

Oh! quand viendra le jour. Sénèque développe admirablement cette idée dans sa préface des *Questions naturelles*.

Nul n'a su jouir de lui-même. Érasme, dans ses adages n° 4681, pense que Sénèque a eu en vue cette maxime de Platon, qui se trouve dans sa 19e lettre à Archytas de Tarente, et qu'a citée Cicéron dans ses *Offices*, liv. 1er, ch. 7 : *Neminem sibi soli nasci*.

C'est assez mal à propos que des commentateurs rapprochent ce passage de Sénèque de ces vers d'Horace, au début de sa première satire.

> Qui fit, Mæcenas, ut nemo, quam sibi sortem
> Seu ratio dederit, seu fors objecerit, illa
> Contentus vivat?. . . . .

LETTRE XXXIII. Page 215. *Ces philosophes s'embarrassaient peu des fleurs de l'éloquence.* Montaigne (liv. III, chap. 5, *des vers de Virgile*) s'est emparé de ce passage de Sénèque : « Il n'y a rien d'efforcé, rien de traisnant, tout y marche d'une pareille teneur : *Contextus totus*, etc. »

« Sénèque vous dira, lettre XXXIII, que, dans un ouvrage de l'art, il faut que, la beauté de l'ensemble fixant le premier coup d'œil, on n'aperçoive pas les détails; et que, dans un ouvrage de philosophie ou de littérature, les beaux vers, les sentences, sont les dernières choses à louer. » (DIDEROT.)

Et La Bruyère : « L'orateur et l'écrivain... devraient rougir d'eux-mêmes, s'ils n'avaient cherché, par leurs discours ou par leurs écrits, que des éloges : outre que l'approbation la plus sûre et la moins équivoque, est le changement des mœurs et la réformation de ceux qui les lisent ou qui les écoutent, on ne doit parler, on ne doit écrire que pour l'instruction; et s'il arrive que l'on plaise, il ne faut pas néanmoins s'en repentir, si cela sert à insinuer et à faire recevoir les vérités qui doivent instruire. » (Au début de son ouvrage.)

Page 217. *Sous les habits d'une femme.* Mot à mot, *vêtu d'une robe à manches.* Chez les Romains, les femmes seules avaient les bras couverts. La toge des hommes leur laissait les bras nus. Voyez de la *Vie heureuse*, ch. XIII; AULU-GELLE, *Nuits Att.*, liv. VII, chap. 12.

Des peuples les plus aguerris. Mot à mot, *les peuples les plus haut retroussés*, comme l'étaient les soldats romains, pour être plus propres aux exercices de la guerre.

A Chrysippe? Chrysippe de Tarse, célèbre stoïcien, avait composé trois cent onze dissertations, dont il reste quelques fragmens. C'est de lui que parle Horace dans une de ses épîtres :

> Qui, quid sit pulchrum, quid turpe, quid utile, quid non,
> Plenius ac melius Chrysippo et Crantore dicit?
>
> (Lib. I, epist. 2.)

Page 217. *A Panétius?* Né à Rhodes, l'an 138 avant Jésus-Christ; vint à Rome où il eut pour disciples Lélius et Scipion. Il avait composé un traité des Devoirs. Cicéron fait très-souvent l'éloge de ce philosophe.

A Posidonius? Disciple de Panétius, Posidonius fut après lui, dans Rhodes, le chef de l'école stoïcienne. Il fut un des maîtres de Cicéron, pendant le séjour de ce Romain dans cette ville.

Nous n'avons point de maître. Montaigne (liv. I, chap. XXV, *de l'Institution des enfants*), s'élevant avec force contre cette manie de ne penser que par autrui, s'exprime ainsi : « Qui suyt un aultre, il ne suyt rien, il ne treuve rien, voire il ne cherche rien : *Non sumus*, etc. Qu'il sache ce qu'il sçait, au moins. »

Hermarque. — *Voyez* ci-dessus, page 254, aux notes.

Métrodore. — *Voyez* ci-dessus, page 254, aux notes.

Son troupeau. Vers tirés d'Ovide, *Métam.*, liv. XIII, vers 824. Malherbe l'a rendu ainsi :

> C'est au pauvre homme à compter son troupeau.

Page 219. *Que les Grecs appellent* CHRIES. Le mot s'écrit en grec χρείας. Voici la définition qu'en donne Aphthonius : Ἀπομνημόνευμα σύντομον, εὐστόχως ἐπί τι πρόσωπον ἀναφερόμενον.

Toujours cachés à l'ombre d'autrui. Montaigne traduit ainsi ce passage : « Qui se tapissent soubs l'ombre estrangière... » A la marge même de son exemplaire de *ses propres Essais*, il avait ajouté la traduction de ce que Sénèque disait auparavant : « *Numquam auctores, semper interpretes,* iamais aucteurs, tousiours traducteurs. » (Liv. III, chap. 8, *de l'Art de conférer.*) Plus loin (chap. 12, *de la Physionomie*), Montaigne s'exprime encore ainsi : « Certes, nous nous investissons des facultés d'aultruy, et laissons chomer les nostres... Certes, j'ai donné à l'opinion publicque que ces paremens empruntez m'accompaignent; mais je n'entends pas qu'ils me couvrent... Sans crainte et sans suffisance, ayant mille volumes de livres autour de moi en ce lieu où i'escris, i'empronterois présentement, s'il me plaist, d'une douzaine de tels ravaudeurs, gents que ie ne feuillete gueres, de quoy esmailler le traicté de *la Physionomie* : il ne fault que l'epistre liminaire d'un Allemand pour me farcir d'allégations. Et nous allons quester par là une friande gloire à piper le sot monde! Ces pratissages des lieux communs, de quoy tant de gents mesnagent leur estude, ne servent gueres qu'à subjets communs, et servent à nous monstrer, non à nous conduire. »

Page 221. *A leur propre tutelle.* « Nostre âme, dit Montaigne, *ibid.*, ne bransle qu'à crédit, liée et contrainte à l'appetit des fantasies d'aultruy, serve et captive soubs l'auctorité de leur leçon : on nous a tant assubiectis aux chordes, que nous n'avons plus de franches allures; nostre vigueur et liberté est esteincte. *Numquam tutelæ suæ fiunt.* »

Ne trouve, je dis plus, ne cherche rien. Ce passage a été traduit par Montaigne. (*Voyez* l'une des précédentes notes sur cette lettre, ci-dessus, page 391.)

LETTRE XXXIV. Page 223. *C'est en avoir fait la moitié.* — *Voyez* la lettre xcv de Sénèque. Horace, dans sa première épode, vers 40, a dit :

  Dimidium facti, qui cœpit, habet : sapere aude.

et Salluste : *Tantum incepto opus est,* etc.

LETTRE XXXV. Page 223. *Je veux un ami.* L'observation que Diderot fait sur cette lettre de Sénèque est peu exacte. Selon lui, Sénèque prouve « qu'il ne peut y avoir d'amitié qu'entre les gens de bien. La mort d'un ami ravit à l'homme vertueux un témoin de ses vertus; au méchant, un complice peut-être indiscret de ses crimes. » Sénèque ne prouve rien de tout cela, mais cette lettre n'en présente pas moins, sur l'amitié, quelques pensées belles et touchantes.

Page 225. *Donnez-vous à moi.* Ceci rappelle le trait d'Eschine, qui se donna en présent à Socrate, trait que Sénèque rapporte dans le traité des *Bienfaits* (liv. 1er, chap. VIII).

LETTRE XXXVI. Page 227. *Engagez votre ami.* On ne sait quel est ce jeune homme de grande espérance, dont Lucilius guidait ainsi l'éducation morale. — Cette lettre a quelque rapport avec la LXVIIIe.

Il a pris le parti le plus sage. « Pour lui, peut-être; mais pour la société? demande Diderot. Il y a dans le stoïcisme un esprit monacal qui me déplaît; c'est cependant une philosophie à porter à la cour, près des grands, dans l'exercice des fonctions publiques, ou c'est une voix perdue qui crie dans le désert. J'aime le sage en évidence comme l'athlète sur l'arène : l'homme fort ne se reconnaît que dans l'occasion où il y a de la force à montrer. Ce célèbre danseur, qui déployait ses membres sur la scène avec tant de légèreté, de noblesse et de grâce, n'était, dans la rue, qu'un homme dont vous n'auriez jamais deviné le rare talent. »

Page 227. *On le disait heureux.* Juste-Lipse croit qu'il s'agit ici de Sylla, et renvoie au chap. XII de la *Consolation à Marcia*, où il est parlé plus en détail du bonheur de ce Romain, qui fut surnommé l'*Heureux*. Si l'on admettait cette interprétation, il faudrait traduire ainsi, pour ne pas déranger la suite des idées : « *Il fut un homme qu'on appelait l'Heureux*, etc.

Ariston. Célèbre disciple de Zénon de Clitium; il fut le maître d'Ératosthène. (*Voyez* ci-dessus, page 386, dans les notes.)

Et ennemi de ses intérêts. — *Queruntur et de consiliis et de processibus suis*, etc., dit Sénèque, lettre CXVI (vers la fin).

Page 229. *A se pénétrer d'études libérales.* On retrouve dans Horace cette expression pittoresque :

> . . . . Nunc *adbibe* puro
> Pectore verba puer. . . . .

Une légère teinture. — *Voyez* la lettre LXXXVIII, au commencement.

Un vieillard écolier. Montaigne a dit *Un vieillard abécédaire*. Et Charron, dans un passage qui semble inspiré par celui de Sénèque : « ... Le ieune doibt faire ses appresls : le vieil en iouir, disent les sages.... on peult continuer à tout temps l'estude, non pas l'escholage : la sotte chose qu'un vieillard abécédaire... S'il faut estudier, estudions une estude sortable à notre condition. (Liv. II, chap. 28, *Toutes choses ont leur saison.*)

Page 231. *La mort ne fait aucun mal.* Comparez avec ce passage de Sénèque ce que dit Cicéron dans ses *Tusculanes*, liv. I, ch. 5. — *Pour le souffrir, il faudrait vivre encore.* « La mort est moins à craindre que rien, dit Montaigne, s'il y avoit quelque chose de moins que rien; elle ne vous concerne ni mort ni vif : vif, parce que vous estes; mort, parce que vous n'estes plus. »

Au sein de la nature. Comparez ce passage avec la fin du chapitre 8 du traité des *Bienfaits* (liv. III) : *Rerum natura nihil dicitur*, etc.

Page 231. *Qui nous rendra à la lumière.* « La mort est origine d'une aultre vie. » (MONTAIGNE, *Ess.* liv. 1, chap. 29.)

Ne fait que changer de forme. — *Vita mutatur, non tollitur,* est-il dit dans la préface de la messe des morts.

Page 233. *Une partie descend.* Il existe, sur ces changemens si bien réglés de la nature, un passage célèbre d'Ovide :

> Quattuor æternus genitalia corpora mundus
> Continet. . . . .
> (*Metam.*, lib. xv, v. 259 sqq.)

Ni les nouveau-nés, ni les enfans, ni les insensés. Il y a trois substantifs dans le texte, et notre langue ne peut guère traduire heureusement *infantes* et *pueros*. Charron a dit : « Les enfans, les bestes ne craignent point la mort, veoire la souffrent gayement : ce n'est donc pas nature qui nous apprend à la craindre, plustost nous apprend-elle à l'attendre et recepvoir comme envoyée par elle. » (*De la Sagesse*, liv. 11, chap. 11.)

LETTRE XXXVII. Page 233. (*Comparez* cette lettre avec les ive et v{e}.)

Par le plus solennel des engagemens. Dans la lettre précédente, Sénèque avait dit : *Denique nihil illi jam liberi est : spopondit! minus autem turpe est creditori, quem spei bonæ, decoquere.* Quintilien, liv. xii, chap. 2 : *Sed hæc inter ipsos qui velut sacramento rogati.*

Que celui du gladiateur. Sénèque affectionne cette comparaison du gladiateur (*voyez* lettres vii, xxx et lxxi).

Par le fer ou par le feu. Horace a dit :

> Quid refert uri, virgis ferroque necari
> Auctoratus eas. . . . .

et Pétrone : *In verba Eumolpi sacramentum juravimus, uri, vinciri, verberari, ferroque necari, tanquam legitimi gladiatores.*

Page 235. *Où l'on ne connaît pas de congé.* « Le but de nostre carrière, c'est la mort; c'est l'obiect nécessaire de notre vie... Votre mort est une pièce de la vie du monde... c'est la condition de vostre création. » (MONTAIGNE, liv. 1, ch. 19, *Que philosopher, c'est apprendre à mourir.*)

LETTRE XXXVIII. Page 237. *Par pensées détachées.* « Je suis de son avis, observe Diderot, ces pensées sont autant de clous d'airain qui s'enfoncent dans l'âme, et qu'on n'en arrache point. »

Page 237. *Il ne les faut pas longs.* Horace a dit :

Quidquid præcipies, esto brevis.

LETTRE XXXIX. Page 239. *Alors que nous parlions latin.* On peut s'étonner que le mot *breviarium* qui se trouve dans Suétone ne soit pas aussi latin que *summarium*. Cette réflexion chagrine de Sénèque prouve que, dès son temps, on ne se dissimulait pas la prompte décadence de la belle langue de Cicéron.

On donne un répondant quand on est inconnu. Sénèque dit dans sa Satire sur la mort de Claude : *Si quis a me notorem petisset, te fui nominaturus, qui me optime nosti.* Ailleurs, *Mihi credere et fidere debebis; alium notorem sive cognitorem, ut loquitur Cicero, non dabo.*

L'âme est d'autant plus remuante. Ces réflexions sur la mobilité de l'âme se trouvent dans la *Consolation à Helvia,* chap. vi : *Mobilis enim et inquieta mens homini data est,* etc.

Page 241. *La nature a ses limites; les désirs, fils de la frivolité, du caprice, n'en ont pas.* J.-J. Rousseau, dans son *Émile,* exprime cette idée, et la développe de plusieurs façons.

Quand les vices sont les mœurs du temps. Montaigne cite cet adage de Sénèque dans le passage suivant : « Dieume gard, d'estre homme de bien selon la description que je veois faire touts les iours, par honneur à chacun de soy. » (Liv. III, chap. 2, *du Repentir.*)

LETTRE XL. Page 243. *Qu'aussitôt nous ne soyons ensemble.* Schweigauser remarque, à propos de ce membre de phrase *ut non protinus una simus,* que Sénèque affectionne cette locution *ut non* pour *quin.* (*Voyez* lettre xciv.)

Le philosophe Sérapion. D'Hiérapolis; il était de la secte stoïque, si l'on en croit Étienne de Byzance, au mot ἱεράπολις.

A l'orateur. Homère donne à Ulysse Ἔπεα νιφάδεσσι ἐοικότα χειμερίῃσιν.

Des lèvres du vieillard. Nestor.

Page 245. *Doit être simple et sans apprêt.* Montaigne cite ce passage dans son admirable chapitre *De l'Institution des enfants* (liv. I, chap. 25); et cette simplicité d'élocution que Sénèque prescrit au philosophe, l'auteur des *Essais* la prescrit à l'homme bien élevé, au gentilhomme.

Page 245. *Elle ne se laisse pas guider, elle s'emporte.* Ne pourrait-on pas rapporter à *turbam*, ces mots : *Tractandam se non præbet; aufertur*, et traduire ainsi : « Elle ne se laisse pas guider, il la faut enlever? »

Page 247. *Suivant la portée de son auditoire.* Comparez avec ce passage ce que, dans le traité de la *Colère*, Sénèque dit au sujet de la véhémence permise à l'orateur. (Liv. II, chap. 17.)

Vinicius. C'était, ainsi qu'Asellius et Geminus Varius, un déclamateur de profession. On peut consulter, sur eux, les écrits de Sénèque le père.

L. Haterius. — *Voyez*, sur ce personnage, les *Annales* de Tacite, liv. IV, chap. 6.

Page 249. *Cicéron avait une marche réglée.* Malherbe traduit : *N'alloit jamais qu'au pas*; Chalvet : *Alloit à l'amble et parloit doulcement.*

Fabianus. Sénèque fait souvent l'éloge de ce philosophe. Voyez *Consolation à Marcia*, chap. XXIII, et Sénèque le père, dans la préface du liv. II de ses *Controverses*; enfin ci-dessus, page 361, aux notes.

LETTRE XLI. Page 251. Lettre admirable, dans laquelle quelques critiques ont reconnu des imitations des *Actes des Apôtres* (ch. 17, versets 27 et 28), de l'*Epître aux Romains* (ch. 8, verset 13), de l'*Épître* I *aux Corinthiens* (ch. 8, verset 13).

Habite un Dieu. Traduction d'un vers de Virgile (*Énéide*, liv. VIII, v. 352). Diderot observe ici que « Sénèque pouvait ajouter : Et dans le sein du méchant, j'ignore quel démon; mais il habite un démon. »

S'il s'offre à vos regards. Ce passage a excité à juste titre l'enthousiasme de Diderot, qui, après l'avoir transcrit tout entier, s'écrie, dans son indignation contre ceux qui dénigrent Sénèque sans l'avoir lu : « Telles sont les pointes de Sénèque, lorsqu'il parle de Dieu, de la vertu et d'homme vertueux. »

Après avoir analysé ce même passage, le sénateur Vernier ajoute : « On voit que notre philosophe allait plus loin sur ce sujet que tous ceux qui l'avaient précédé, et qui accordaient pour surveillant à chaque individu un génie particulier ou des dieux du second ordre. C'est de là qu'est venue cette exclamation si familière, lorsque, dans les occasions difficiles, on a pris le parti que suggérait la prudence : C'est mon bon génie qui m'a inspiré... » La même critique regarde *comme la plus sublime peut-être que l'on puisse employer*, cette comparaison de l'âme du sage avec les rayons du soleil.

Malheureusement cette haute conviction que Sénèque annonce ici sur l'essence divine de l'âme humaine, se trouvera contrariée dans la lettre LVII, où il la représente comme matérielle en quelque sorte.

Page 253. *Qui ne se repose que sur ses propres biens.* Ici se retrouve une expression qu'affectionne Sénèque : *Nullo nisi suo bono nititur*, déjà employée dans la lettre XXXII. (*Voyez* ci-dessus, page 389, aux notes.)

LETTRE XLII. Page 257. *De la seconde classe.* Cette même distinction se trouve dans la lettre LII : « *Nos ex illa prima nota non sumus; bene nobiscum agitur, si in secundam recipimur.*

Il faut du temps. Sénèque a dit encore, en parlant du sage : *Raro forsitan, magnisque ætatum intervallis invenitur*, etc. (*De la Constance du sage*, ch. VII, tome III, pag. 23 de notre *Sénèque*.)

Page 261. *La perte, on ne la sent pas, on la pense.* Quintilien a dit : *Minus afficit sensus fatigatio, quam cogitatio.* (*Instit. orat.*, lib. I, cap. 12.)

LETTRE XLIII. Page 261. *Est grand là où il domine.* C'est la contre-partie de cette pensée, qui se trouve lettre XXXIII : *Non est admirationi una arbor ubi in eamdem altitudinem tota silva surrexit.* — On peut comparer ces réflexions, que Sénèque adresse à Lucilius, à celles qu'il adresse à Néron dans le traité de la *Clémence*.

Page 263. *Tout est connu.* Ce que Sénèque exprime ici au sujet d'un procurateur romain, Montaigne le dit des rois : « Mais revenons à Hiéron, dit Montaigne, il récite aussi combien il sent d'incommodités à sa royauté, pour ne pouvoir aller et voyager en liberté, estant comme prisonnier dans les limites de son pays; et, qu'en toustes ses actions, il se trouve enveloppé d'une fascheuse presse. De vray, à veoir les nostres touts seuls à table, assiégés de tant de parleurs et regardants incogneus, j'en ai eu souvent plus de pitié que d'envie. » (Liv. 1, chap. 44, *de l'Inéqualité qui est entre nous.*)

Page 263. *Qui voulût vivre les portes ouvertes.* « C'est une vie exquise que celle qui se maintient en ordre iusques en son privé. Chascun peult avoir part au bastelage et représenter un honneste personnage en l'eschafaud; mais au dedans et en sa poictrine, où tout nous est loisible, où tout est caché, d'y estre réglé c'est le poinct. Le voisin degré c'est de l'estre en sa maison, en ses actions ordinaires, desquelles nous n'avons à rendre raison à personne, où il n'y a point d'estude, point d'artifice..... et feut une digne parole de Julius Drusus* aux ouvriers qui lui offroient pour trois mille escus, mettre sa maison en tel poinct, que ses voisins n'y auroient plus la vue qu'ils y avoient. Ie vous en donneray, dit-il, six mille, et faictes que chascun y veoye de toutes parts. »

Les portiers sont une invention de la honte. « De la manière dont on vivait chez les Romains, observe Diderot, entrer dans une maison sans se faire annoncer, c'était prendre le maître ou la maîtresse en flagrant délit. »

LETTRE XLIV. Page 265. *Les quatorze gradins ne sont-ils pas interdits.* Allusion à une disposition de la loi rendue par le tribun L. Roscius Othon, l'an de Rome 687, en vertu de laquelle quatorze rangs de gradins étaient accordés au théâtre à l'ordre équestre, qui, jusqu'alors, y avait assisté confondu avec le peuple.

Si vous êtes digne d'eux. Diderot paraphrase ainsi cette idée : « Sachez vivre et mourir comme eux, vous aurez recueilli leur héritage, et vous serez compté parmi leurs descendans. »

Confondu les générations.

>Et comment savez-vous si quelque audacieux
>N'a point interrompu le cours de vos aïeux,
>Et si leur sang, tout pur, ainsi que leur noblesse,
>Est passé jusqu'à vous de Lucrèce en Lucrèce ?
>   (BOILEAU, *Épit. à Dangeau.*)

« La naissance est hors de notre pouvoir, nous n'en déterminons

---

* C'est Livius Drusus. Ici Montaigne a copié une méprise de Plutarque dans son traité intitulé : *Instruction pour ceux qui manient les affaires de l'état.* Il l'aurait évitée, s'il avait consulté Paterculus sur cette anecdote.

ni le moment, ni l'illustration. Une intrigue bien ménagée, un amour souvent désordonné, une cupidité extrême, voilà l'occasion de la plupart des mariages; autrement ceux qui naissent seigneurs naîtraient laboureurs : *Il nascere grande e caso, e no virtù* (CARACCIOLI, *la Jouissance de soi-même*, ch. XLIV, *de la Naissance*). »

« Tout homme, dit Oxenstiern, qui l'acquiert (la noblesse) par un vrai mérite, me paraît toujours préférable à celui qui, par la vertu, ne soutient pas celle qu'il a héritée de ses ancêtres. » Enfin Montaigne, grand partisan d'ailleurs de la noblesse, avoue cependant que, « d'autant que c'est une qualité despendant d'aultruy, et qui peult tomber en un homme vicieux et de néant, elle est en estimation bien loing au dessoubs de la vertu. » (Liv. III, ch. 5, *des vers de Virgile*.)

Page 265. *Celui que la nature a formé pour la vertu*. Boileau a dit encore, dans son épître à Dangeau :

<blockquote>La vertu d'un cœur noble est la marque certaine.</blockquote>

Ce passage a également été imité par Charron. Selon lui la noblesse *personnelle* et *acquise* « est plus ancienne et plus rare que la naturelle; car c'est par elle que la naturelle a commencé, et, en un mot, c'est la vraye qui consiste en bons et utiles effets, non en songe et imagination vaine et inutile, et provient de l'esprit et non du sang qui n'est point aultre aux nobles qu'aux aultres. » Puis il cite le passage de Sénèque : *Quis est generosus, etc.* (Liv. I, ch. 55, *de la Noblesse*.)

« Plus la noblesse que l'on tire de ses aïeux seulement est ancienne, moins elle est bonne, plus elle est suspecte et incertaine. Le fils d'un maréchal de France qui a obtenu cette charge par son grand mérite, doit être plus noble que ses descendans. Cette source de noblesse est encore toute vive dans les veines du fils, et soutenue par l'exemple du père : elle s'affaiblit et s'altère en s'éloignant. » (LA ROCHEFOUCAULT.)

Un vestibule rempli de portraits enfumés. Les grandes familles de Rome étaient dans l'usage de conserver les images de leurs ancêtres. Ces images étaient en cire et revêtues du costume qu'avait porté de son vivant celui qu'elles représentaient. Ce passage de Sénèque rappelle ce bel endroit du discours de Marius dans Salluste : « Non possum imagines, neque triumphos, ac consulatus majorum meorum ostentare. » (Voy. *Guerre de Jugurtha*, ch. 85, t. 1, p. 187 du *Salluste* de notre collection, traduit par M. Ch. Du Rozoir.)

Page 265. *Ce qui fut avant nous n'est pas à nous.* « La noblesse naturelle, dit Charron, est une qualité d'aultruy et non sienné :

> . . . . . Genus, et proavos, et quæ non fecimus ipsi,
> Vix ea nostra puto. . . . .

Nemo... vixit... nostrum est. Et qu'y a-t-il de plus inepte que de se glorifier de ce qui n'est pas sien ? » (Liv. 1, ch. LV, *Noblesse*.)

Supposez que vous ne soyez pas chevalier romain, mais affranchi. — Voyez ce que dit Sénèque sur ces dénominations vers la fin de la lettre XXXII.

Page 267. *Dans un labyrinthe.* Montaigne a cité et imité ces expressions, *ipsa se velocitas implicat :* « La hastiveté se donne elle-même la iambe, s'entrave et s'arreste. » (Liv. III, ch. X, *De Mesnager sa volonté*.)

LETTRE XLV. *La variété n'est qu'amusante.* Sénèque a déjà adressé le même avis à Lucilius dans la seconde lettre. *Voyez* ci-dessus page 7.

Page 269. *Je ne me couvre d'aucun nom.* — « Je ne porte la livrée de personne. » (DIDEROT.)

> Quelques imitateurs, sot bétail, je l'avoue,
> Suivent en vrais moutons le pasteur de Mantoue;
> J'en use d'autre sorte, et me laissant guider,
> Souvent à marcher seul j'ose me hasarder.
> On me verra toujours pratiquer cet usage,
> Mon imitation n'est point un esclavage.
>
> (LA FONTAINE, *Épître à M. Huet.*)

Sénèque a dit, dans *la Vie heureuse*, ch. III, *non alligo me ad unum aliquem ex stoicis proceribus ;* et lettre XXI (*voyez* ci-dessus, page 137), il manifeste, en d'autres termes, cette liberté, cet éclectisme d'opinion qui constitue la vraie philosophie.

En chicanes de mots. « Même cause, même effet en tout temps et partout, dit Diderot. Celui qui connaîtra l'esprit du stoïcisme, ne sera point étonné qu'un amalgame de philosophie et de théologie ait fait, des disciples de Zénon, des *moulins à sophismes* et des *bluteurs* de mots. »

Page 271. *Sens partout évident, hormis dans nos disputes.* — *Perspicuitas argumentatione elevatur*, a dit ailleurs Sénèque.

Vient à moi comme ami. « La flatterie, dit Charron, est malaisée à découvrir : car elle est si bien fardée et couverte du visage d'amitié, qu'il est malaisé de la discerner. Elle en usurpe les offices, en a la voix, en porte le nom, et la contrefait si artificiellement, que vous diriez que c'est elle. Elle estudie d'agréer et complaire, elle honore et loue; elle s'embesongne fort, et se remue pour le bien et service, s'accommode aux volontés et humeurs : quoy plus; elle entreprend mesme le plus hault et le plus propre poinct d'amitié, qui est de monstrer et reprendre librement. » (De la *Sagesse*, liv. III, chap. 10; de la *Flatterie, menterie et dissimulation.*)

S'il a des cornes. — *Voyez*, dans la lettre XLIX ci-après, la déduction de cet absurde sophisme.

Assez sot pour se tâter le front. C'est cependant ce que fit en plaisantant Diogène le Cynique, pour répondre à celui qui lui adressait une si singulière assertion.

Page 273. *Mais renverser, jamais.* Comparez ce beau portrait du sage avec ce que Sénèque en dit encore avec plus de développement, dans le traité sur la *Constance du Sage*, et particulièrement chap. V et VI.

Sur cet argument que vous-même appelez le MENTEUR. « Ce sophisme est l'un des plus renommés et des plus absurdes qu'Eubulide, successeur d'Euclide de Mégare, ait inventés. Il consistait en certains termes qui semblent se détruire eux-mêmes. Par exemple, on supposait un homme qui disait *je mens*, et puis on argumentait de telle manière que, de ce qu'il disait vrai, on concluait qu'il mentait; et de ce qu'il mentait, on concluait qu'il disait vrai. » *Si dicis te mentiri, verumque dicis, mentiris : dicis autem te mentiri, verumque dicis; mentiris igitur.* (CICÉRON, *Academ.*, lib. II, ch. 30.)

Il appelle nécessaires des choses en grande partie superflues. Voltaire a dit dans *le Mondain* :

Le superflu, chose très-nécessaire.

Et que leur vie se passe à chercher les moyens de vivre ? « Si l'homme était assez sage pour compter le superflu pour rien, il aurait toujours le nécessaire, parce qu'il n'aurait jamais rien de trop....... C'est à force de nous tourmenter pour augmenter notre bonheur que nous le changeons en misère. » (ROUSSEAU, *Émile*.)

LETTRE XLVI. Cette lettre a paru si belle au sénateur Vernier, que, dans son examen des œuvres de Sénèque, il l'a reproduite en entier. « Ce chapitre, dit-il ensuite, honore l'humanité de Sénèque, et les devoirs qu'il impose deviennent encore plus rigoureux à notre égard, qu'ils ne l'étaient pour les Romains, vu que ceux-ci avaient sur leurs esclaves des droits plus étendus que nous n'en avons sur nos domestiques. » Le respectable commentateur termine ses réflexions par celle-ci : « Soyons bons et humains ; si nous voulons être obéis, obéissons nous-mêmes à la raison, en bannissant les fantaisies et les caprices. »

LETTRE XLVII. Page 277. *Ils sont esclaves! mais ils sont hommes!* Tout ce passage, depuis *servi sunt*, jusqu'à *licere fortunæ*, est reproduit par Macrobe, dans le liv. 1er des *Saturnales*, chap. 11.

Page 179. *Il avale avec peine, pour rejeter avec plus de peine encore.* Déjà Sénèque, dans sa lettre 2e, a fait allusion à cet usage méprisable des gourmands de Rome : *Cibus.... qui statim sumptus emittitur*, etc.; dans la *Consolation à Helvia* (chap. IX) : *Vomunt ut edant, edunt ut vomant.* Enfin Cicéron, dans son plaidoyer pour Dejotarus, parle de cet usage comme d'une chose toute simple : *Quum, inquit, vomere te post cænam velle dixisses*, etc. (chap. VII, tome XVI de notre *Cicéron*).

Ses malheureux esclaves ne peuvent ouvrir la bouche. Sénèque signale encore la dureté des maîtres envers leurs esclaves dans le traité de la *Colère* (liv. III, chap. 24 et chap. 35).

Ils parlaient à table, mais ils se taisaient à la torture. Encore un passage copié par Macrobe (*ibid.*), depuis ces mots, *servis movere labra*, etc., jusqu'à ceux-ci, *in tormentis tacebant.*

Autant d'esclaves, autant d'ennemis. — *Voyez* toujours Macrobe (*ibid.*). Ce mot est de Caton l'Ancien. — *Quot servi, tot hostes*, dit Festus (*de Verborum significatione*, lib. XIX). Ἐχθροὶ πάντες ἀνδρὸς, οἱ ἐν τῷ οἴκῳ αὐτοῦ, *hostes omnes hominis, quicumque in domo ejus* (*Osée*, chap. VII). Enfin on lit dans saint Matthieu : Καὶ ἐχθροὶ ἀνθρώπου οἱ οἰκιακοὶ αὐτοῦ, *et hostes hominis domestici ejus* (chap. X, vers. 36). — « Les domestiques qu'on a à son service , dit Oxenstiern, sont autant d'ennemis secrets, d'espions, de sangsues qu'on a à ses gages. »

Notre ennemi, c'est notre maître,

a dit La Fontaine, prenant la contrepartie de la pensée de Sénèque.

Page 179. *Nos ennemis! ils ne le sont pas*, etc. — *Non habemus... sed facimus.* — Encore copié par Macrobe, qui ne cite pas une seule fois Sénèque, des dépouilles duquel il se pare si abondamment. C'est ce qui a induit en erreur Antoine Augustin et Dacier, dans leur *Commentaire* sur Festus, au mot *quot servi*; car ils citent à ce propos, comme de Macrobe, les passages les plus saillans de cette lettre de notre philosophe.

L'un essuie les crachats. Sénèque présente les mêmes détails dans la *Brièveté de la vie* (chap. XII) : *Quam curiose infelices pueri ebriorum sputa detergeant.*

Un troisième découpe les oiseaux les plus rares. — *Quanta arte scindantur aves in frusta non enormia* (*de Brevit. vitæ*, ibid).

Page 281. *Cet autre, chargé de la censure du repas.* Dans la CXXIV^e lettre, Sénèque nous montre en action, non pas un esclave chargé d'un pareil ministère, mais un chevalier romain nommé Varus.

A la porte de Calliste. C'était un affranchi de l'empereur Claude, et qui jouissait d'un grand crédit. Tacite en fait mention dans ses *Annales* (liv. XI, chap. 29; XII, chap. 1, etc.). Il paraît qu'il ne dédaigna pas de s'intéresser auprès de l'empereur pour son ancien maître; mais ce n'était pas sans affecter, avec ce dernier, des airs de protection. — On voit, d'après cette réflexion de Sénèque, que la valetaille n'était pas, chez les Romains d'alors, en possession d'une moindre influence que celle dont elle n'a cessé de jouir dans nos vieilles monarchies.

Rejeté par son maître dans la première série par où prélude le crieur.

Inspexit molles pueros oculoque comedit,
Non hos quos primæ prostituere casæ.
MARTIAL.

Page 283. *Est né de la même semence que vous.* Copié par Macrobe. — Epictète a dit : « Ne te souvient-il plus qui tu es et à qui tu commandes? N'est-ce pas à des parens? Ne sommes-nous pas nés tous frères? Ne sommes-nous pas tous issus de Jupiter? »

Page 283. *Ne savez-vous donc plus à quel âge Hécube, Crésus, la mère de Darius,* etc. Copié par Macrobe.

Admettez-les à votre conversation, à votre confidence, à votre intimité. Copié par Macrobe. — La morale professée par Oxenstiern est bien différente : « Il est vrai, dit-il, que Sénèque conseille de vivre familièrement, avec condescendance et douceur avec les serviteurs; mais on ne saurait nier cependant que la familiarité à leur égard n'engendre bientôt le mépris; la condescendance, le manque de respect; et la douceur, la négligence dans le service. » — Cette triste morale dessèche l'âme. Combien j'aime mieux ces pensées de Caraccioli, qui sont tout-à-fait conformes à celles de Sénèque : « Ce qu'on ne peut comprendre, c'est de voir des hommes réglés, sobres, et même affables, se rendre les tyrans de leurs domestiques, ou du moins les traiter comme des êtres d'une autre espèce. Le vrai philosophe agit bien différemment. Il n'est pas à son aise quand il sait que ses serviteurs ont raison de murmurer et de s'impatienter, et il n'est jamais heureux que quand il allège leur joug, et qu'il contribue à les rendre heureux. Il leur parle avec bonté...; il les regarde comme une portion de sa famille; et, sans imiter Molière qui lisait ses ouvrages à sa servante, il prend plaisir à les interroger quelquefois, et à s'entretenir avec eux... Le cardinal Cibo, mort à Rome en 1742, nous a laissé un bel exemple de la charité qu'on doit avoir pour les domestiques. Il vécut avec les siens dans une cordialité admirable; il écrivit de sa propre main la vie d'un d'entre eux, qui était un garçon plein de piété, et la fit imprimer... Il voulut être enterré au milieu d'eux... » (*De la Jouissance de soi-même*, chap. LXIX, *des Serviteurs*.)

Baisant la main des esclaves d'autrui. « Tu te crois libre, s'écrie Diderot, et tu baises furtivement la main d'une jeune esclave. »

Le maître, ils l'ont appelé père de famille. Copié par Macrobe. — Tertullien a dit : *Gratius est nomen pietatis, quam potestatis: etiam magis familiæ patres quam domini vocantur.*

Page 285. *Une fête même fut par eux instituée.* Les Saturnales. — *Voyez* à cet égard la lettre XVIII de Sénèque.

Page 285. *N'en regarde que la housse et le frein.* Copié par Macrobe. — Horace a dit :

> Regibus hic mos est, ubi equos mercantur, apertos
> Inspiciunt : ne, si facies ut sæpe decora
> Molli fulta pede est, emptorem inducat hiantem.

Sénèque retourne sa propre pensée dans sa lettre LXXX : *Equum empturus, solvi jubes stratum,* etc. Déjà, dans la lettre XLI, il avait dit : *Non faciunt meliorem equum aurei fræni.*

Eh! qui ne l'est pas? esclave de la débauche, esclave de l'avarice, etc. ?

> L'ambition, l'amour, l'avarice, la haine,
> Tiennent, comme un forçat, notre esprit à la chaîne.
> BOILEAU.

Des jeunes gens de la première qualité à des comédiennes. On sait qu'à Rome les comédiens étaient de condition servile. — « Cest un jeune noble subjugué par des filles de théâtre, » dit, dans sa traduction libre, Diderot qui a si heureusement adapté, aux mœurs modernes, la morale de Sénèque.

Il n'est pas de servitude plus honteuse que la servitude volontaire.

> Lorsque la servitude a pris l'homme au collet,
> J'estime que le prince est moins que son valet.
> REGNIER.

Page 287. *D'arborer pour les esclaves le bonnet de la liberté.* Copié par Macrobe.

Nous devenons autant de petits rois. Sénèque a dit, dans le traité de la *Colère* : *Regis quisque intra se animum habet, ut licentiam sibi dari velit, in se nolit* (liv. II, chap. 31).

On peut comparer, avec cette admirable lettre de Sénèque, celle de *la Nouvelle Héloïse*, où Saint-Preux décrit avec tant de charme l'ordre qui règne dans la maison de l'époux de Julie, et la manière dont les domestiques y sont traités (lettre X, 4ᵉ partie).

LETTRE XLVIII. Page 289. *Voilà que je parle encore en Épicurien.* C'est-à-dire en homme qui voit dans l'amitié une affaire d'intérêt. (*Voyez* la lettre IX.)

L'amitié rend tout commun entre nous. Aristote a défini l'amitié: Μία ψυχὴ δυὸ σώμασιν ἐνοικοῦσα, une âme habitant deux corps.

Page 289. *Et établit des droits communs à tout le genre humain.* Sénèque, dans la *Vie heureuse* (chap. xx) : *Ego sic vivam, quasi sciam me aliis natum : et naturæ rerum hoc nomine gratias agam. Quo enim genere negotium meum agere potuit ? Unum me donavit omnibus, uni mihi omnes.*

Page 291. *Tel prend un ami pour soi, tel autre se donne à son ami.* Ainsi Sénèque a dit (lettre ix) : « Quel est mon but en prenant un ami ? C'est d'avoir pour qui mourir, etc. »

Mais on torture les mots. — *Tu mihi verba distorques.* M. Royer-Collard, dans un de ses discours parlementaires, s'est servi d'une expression analogue : «Torturer les mots, pour leur arracher des mensonges. »

Supposez que je ne puisse débrouiller ce sophisme. Ici Sénèque revient sur l'abus de la dialectique contre lequel il s'est déjà élevé dans la lettre xlv.

Page 293. *Homme éloquent, qui que tu sois.* La Fontaine a dit plaisamment dans le même sens :

> Hé ! mon ami, tire-moi du danger,
> Tu feras après ta harangue.

A qui s'en rapporte plus à l'opinion qu'à la nature. Sénèque revient sans cesse sur cette idée. *Voyez,* entre autres, la lettre xxxix.

Sinon de le forcer à sortir de la formule. La Grange nous semble avoir fait un contre-sens, en traduisant ces mots, *quam ut formula cecidisse videatur,* par *de les perdre par la forme.* Pour entendre ce passage, il faut y chercher une allusion aux usages de la jurisprudence romaine. Dans les procès, le demandeur et le défendeur devaient répondre exactement, catégoriquement, à la question du juge, ou plutôt à la formule qu'il lui posait. Ceux qui veulent approfondir un sujet qui ne doit être ici que la matière d'une simple observation, peuvent consulter les *Institutes* de M. Du Caurroy, et l'*Histoire romaine* de M. Michelet : on y verra combien étaient dramatiques les formes de la procédure romaine. Pour revenir à la question de sens, celui qu'a adopté M. Charpentier me paraît d'autant plus exact, que Sénèque ajoute ensuite: « Mais, comme un prêtre équitable, la philosophie le rétablit dans son droit. » Au reste, un homme qui, en matière de droit, comme en bien d'autres choses, doit faire autorité, M. de Vatimesnil, dans sa traduction du traité de la *Clémence*, a entendu de même cette expression : *Formula excedat* : « Que la cause ne pèche par le vice de la formule. » Puis, dans une note à laquelle je renvoie, il dit : « J'ai conservé le mot *formule*, parce qu'il est caractéristique. » (*Voyez* tome III, page 190 de notre *Sénèque*.)

Page 295. *La clarté, la simplicité sont les ornemens du bon.* Ici Gronovius, au lieu de *bonitatem*, propose *veritatem*.

LETTRE XLIX. Page 297. *A l'aspect de son esclave, de sa maison, de l'habit qu'il portait.* Avec quel charme Sénèque exprime les sentimens de l'amitié! Il y a dans ce passage quelque chose qui rappelle la brûlante lettre de Saint-Preux, s'enivrant du plaisir de contempler, dans le cabinet de Julie, tout ce qui lui appartient, tout ce qui sert à sa parure.

Dévorant vos larmes. — *Lacrymas combibentem.* Des éditions portent *cohibentem*. Libre à La Grange d'adopter cette leçon, qui influe très-peu sur le sens; mais il a tort de présenter l'autre leçon comme absurde, dans une note, dont le défaut, d'ailleurs, est d'être fort prétentieuse.

Sotion. Philosophe pythagoricien, qui florissait sur la fin du règne d'Auguste, et de qui Sénèque avait pris des leçons. Sénèque en parle plus au long dans la lettre CVIII. (*Voyez* la lettre CVIII et la *Chronique* d'Eusèbe.)

Il faut regarder en arrière. — *Voyez* la lettre 1re, à ce passage : Quidquid ætatis retro est, mors tenet.

Soit que je voie le but plus voisin. Horace a dit :

. . . . . . .Mors ultima linea rerum est.

Page 299. *Dût-on lui doubler le nombre de ses années.* Nous n'avons pas le traité où se trouvaient ces paroles de Cicéron.

Le fer aigu briller de toutes parts. Virgile (*Énéide*, liv. VIII, v. 383). La traduction est de Malherbe.

Page 301. *Mais dans l'usage qu'on en fait.* — *Voyez* Cicéron (*de la Vieillesse*, chap. XIX); et Sénèque (lettre XCIII) : *Non ut diu vivamus curandum est*, etc.

Tu peux ne plus te réveiller.

. . . . Est-il aucun moment
Qui vous puisse assurer d'un second seulement?

LA FONTAINE.

Page 303. *Un tragique.* Euripide, dans *les Phéniciennes :*

Ἁπλοῦς ὁ μῦθος τῆς ἀληθείας ἔφυ.

LETTRE L. Page 303. *Nous avons beau nous déplacer, ils nous suivent.* Sénèque revient souvent sur cette idée. (*Voy.* lettre xxviii.)

Vous savez que j'ai gardé chez moi,... Harpaste, la folle de ma femme. Montaigne, dans son chapitre intitulé : *Ne pas contrefaire le malade* (liv. ii, chap. 25), rapporte et traduit ce passage de Sénèque que Diderot appelle *une anecdote domestique*.

Page 307. *Il n'est rien dont ne puissent triompher la persévérance.... les soins soutenus.* Horace présente la même morale.

> Invidus, iracundus, iners, vinosus, amator,
> Nemo adeo ferus est, ut non mitescere possit,
> Si modo culturæ patientem commodet aurem.

Les bois les plus durs. Sénèque emploie encore cette comparaison dans la *Colère* (liv. 1er, chap. 5) : *Quemadmodum quædam hastilia detorta, ut corrigamus, adurimus,* etc.

Combien l'âme reçoit plus facilement les impressions! Voici comment Diderot interprète ce passage : « A en croire Sénèque, dit-il, les bois tortus peuvent être redressés ; les poutres courbées s'amollissent à la chaleur humide. Pourquoi donc l'âme, même endurcie dans le vice, ne se corrigerait-elle pas? Je parlerais contre l'expérience, observe ensuite Diderot, si je niais la possibilité de ce prodige; mais, mon respectable philosophe, les raisons que vous empruntez de la flexibilité et de la mollesse de la substance spirituelle sont bien frivoles. N'êtes-vous pas en contradiction avec vous-même, lorsque vous assurez ailleurs que la vertu, une fois acquise, l'est pour toujours; que la vertu ne se désapprend pas? Hélas! c'est alors qu'on serait tenté de convenir avec vous que la substance spirituelle est bien flexible, bien molle; mais si elle est telle pour revenir du mal au bien, telle elle doit être aussi pour retourner du bien au mal. »

Le vice est dans l'âme une plante étrangère. Ici Diderot contredit encore Sénèque : « Cela est-il bien vrai? dit-il après avoir cité le passage. Pourquoi donc tant de vicieux, et si peu de vertueux au milieu de tant de prédicateurs de vertu? Pourquoi tant de soins, et si peu de succès dans l'éducation de la jeunesse? tant de conseils, et si peu de fruit dans l'adolescence et dans l'âge viril? tant de fous dans la vieillesse? tant d'indocilité dans l'esprit au milieu de la ruine des sens? La passion parle toujours la première, et la raison se tait, et ne parle que tard ou à voix basse. Sénèque ne se contredit-il pas, lorsqu'il reproche à Apicius d'inviter à la débauche une jeunesse portée au mal, même sans exemple? » J.-J. Rousseau est loin de partager l'opinion de Diderot; et dans vingt endroits de ses écrits, il sympathise avec les idées de Sénèque. Dans *Émile* (liv. iv), à propos des dieux abominables du paganisme, qui n'offraient, pour tableau du bonheur suprême, que des forfaits à commettre et des passions à contenter, il dit : « Mais le vice, armé d'une autorité sacrée, descendait en vain du séjour éternel; l'instinct moral le repoussait du cœur des humains. La sainte voix de la nature, plus forte que celle des dieux, se faisait respecter sur la terre....... Il est donc au fond des âmes un principe inné de justice et de vertu, etc. »

LETTRE LI. Page 309. *Messala.* M. Valerius Messala Corvinus, historien et orateur, d'une des plus illustres familles de Rome, naquit l'an 59 avant J.-C., la même année que Tite-Live, et mourut l'an 4 après J.-C. Dans les guerres civiles de César et de Pompée, il suivit le parti républicain; puis il s'attacha à Auguste avec lequel il fut consul l'an de Rome 723, l'année même où fut livrée la bataille d'Actium. En 724, il fit une campagne contre les Aquitains. Nommé préfet de la ville en 723, il se démit, au bout de quelques jours, d'une charge peu convenable à un homme qui avait manifesté des principes de liberté. Il avait composé un ouvrage sur les familles romaines. Tibulle, qui le suivit à la guerre d'Aquitaine, a chanté ses louanges. Ayant perdu la mémoire, et souffrant de maux physiques, Valerius se donna la mort à soixante-trois ans.

Valgius. T. Valgius Rufus, célèbre poète épique, à qui Horace adresse une de ses odes pour le consoler de la perte de son fils Mystès (liv. ii, ode ix). Horace nomme ailleurs Valgius parmi ceux dont il ambitionne le suffrage pour ses écrits.

> Plotius, et Varius, Mæcenas, Virgiliusque,
> Valgius, et probet hæc Octavius. . . . .
> (*Sat.*, lib. i, 10, v. 81.)

L'Etna, cette montagne......, nommée l'unique. Que signifie cette épithète? Serait-ce à cause que l'Etna était le seul volcan de la Sicile, et même de l'Italie; car la première éruption connue du Vésuve n'eut lieu que sous le règne de Titus?

Page 309. *Baies*. Ville de Campanie, célèbre par ses eaux thermales. Tous les débauchés de Rome s'y réunissaient. Ce lieu avait, dès le temps de Cicéron, bien mauvaise réputation; car, dans son plaidoyer pour M. Célius Rufus, nous voyons qu'avoir été à Baies, *Baias fuisse*, était au nombre des griefs qu'alléguaient les accusateurs de ce jeune Romain. (*Voyez* encore Sénèque, lettre LV.)

Canope. Ville d'Égypte, à douze milles d'Alexandrie, à l'embouchure *Canopique* du Nil, sur l'emplacement où est maintenant Aboukir. Elle était fameuse par un temple de Sérapis, et par les monstrueuses débauches de ses habitans; d'où les mots κανωβισμός et κανωβίζειν, pour exprimer certains excès de luxure.

Page 311. *Un seul hiver suffit pour amollir Annibal*. Depuis Montesquieu, la critique a fait justice de ce préjugé historique. Il n'est pas vrai, qu'après la bataille de Cannes, ce fut le séjour de Capoue qui perdit ces soldats mercenaires qui avaient vieilli au service de Carthage. « Il faut chercher, dit Lévesque, d'autres causes aux malheurs qu'ils éprouvèrent dans la suite pendant treize ans qu'ils passèrent encore en Italie, tantôt vaincus, tantôt victorieux; mais toujours vaillans, toujours durs aux fatigues, toujours soumis aux ordres de leur général, qui jamais ne leur épargna la peine, ils ne donnèrent aucune marque de cette prétendue mollesse qu'on leur attribue. (*Histoire critique de la République romaine*, tome II, p. 127.) Mais qu'importait ici à Sénèque la vérité historique? il lui suffisait d'un fait admis par les historiens, et il n'en faut pas demander davantage au philosophe qui cherche des exemples à l'appui de ses préceptes.

Qu'ai-je besoin..... de ces étuves pleines d'une vapeur sèche qui épuise le corps? Sénèque revient encore sur ces recherches de la mollesse dans les bains (lettres LXXXVI et CVIII).

Pages 311 et 313. *Je suis en guerre avec la fortune.......; je ne reçois pas son joug......; la liberté est mon but.* Les mêmes idées se retrouvent à la fin de la lettre LXX.

Quand la mort est à ma disposition? Encore un témoignage en faveur du suicide.

La force de l'homme se ressent des localités. — *Voyez* à ce propos Salluste (*Catilin.*, chap. xi) : *Loca amœna voluptuaria, facile in otio feroces militum animos molliverunt;* le *Voyage du jeune Anacharsis* (tome iv); *Émile* (liv. 1ᵉʳ); en un mot, presque tous les moralistes qui ont parlé de l'influence du climat.

Page 313. *Les meilleurs soldats viennent des pays de montagnes.* Observation d'une éternelle vérité, et qui, dans Hérodote (liv. ix, chap. 22), fait le sujet d'une leçon que Cyrus adresse aux Perses pour les détourner de s'amollir en quittant le sol montueux de leur patrie pour habiter dans les plaines. Les habitans du Samnium, les Gaulois-Cisalpins, les Cantabres, les Dardaniens, tous peuples montagnards, furent, pour les Romains, les plus difficiles à dompter.

Est dépourvu de toute énergie. — *Verna* veut dire proprement un esclave né d'une esclave dans la maison, et, par conséquent, élevé mollement pour servir aux plaisirs du maître. — *Voyez* dans Sénèque (de la *Providence*, chap. 1ᵉʳ) cette expression : *Vernularum licentia.*

La main qui a quitté la charrue pour les armes, etc.

    Non his juventus orta parentibus
    Infecit æquor sanguine punico,
      Pyrrhumque et ingentem cecidit
        Antiochum, Annibalemque dirum :
    Sed rusticorum mascula militum
    Proles, sabellis docta ligonibus
      Versare glebas, etc.
        (HORAT., *Od.* iii, 6, v. 33.)

Literne était pour Scipion un exil plus convenable que Baies. Literne, petite ville de la Campanie, aujourd'hui *Torre di Patria*, où se retira Scipion, vainqueur d'Annibal. — *Voyez* Tite-Live, liv. xxxviii, chap. 53 et 54.

Page 315. *Mais ils eurent soin de les placer sur la cime des montagnes.* Plutarque note cette particularité dans la *Vie de Marius*; et Pline le Naturaliste en fait l'objet d'une remarque au 7ᵉ chapitre de son viiiᵉ livre.

Pensez-vous que Caton se fût jamais établi dans le Mica. Ce mot *Mica* a fort exercé les commentateurs : c'était sans doute le nom d'une maison de plaisir ouverte au public. La Grange s'est réuni à l'avis peu plausible de ceux qui veulent qu'il y ait ici *Utica.*

Page 315. *Semblables à ces voleurs que les Égyptiens appellent* PHILÈTES. « Les sages, dit Montaigne, nous apprennent assez à nous garder de la trahison de nos appétits, et à discerner les vrays plaisirs et entiers, des plaisirs meslez et bigarrez de plus de peine : car la pluspart des plaisirs, disent-ils, nous chatouillent et embrassent pour nous estrangler, comme faisoient les larrons que les Égyptiens appeloient *Philistas*. » (Liv. 1er, ch. 38.) Ici Montaigne ou ses imprimeurs ont mal-à-propos changé *Philetas* en *Philistas*.

LETTRE LII. Page 317. *Nous détourne de ce que nous cherchons, et nous pousse vers ce que nous fuyons.*

Quod petiit, spernit; repetit, quod nuper omisit.
(HORAT., *Epist.* 1, lib. 1, v. 98.)

Nous flottons entre mille projets divers. Montaigne traduit ainsi ce passage : « Nous flottons entre divers advis ; nous ne voulons rien librement, rien absolument, rien constamment. » (Liv. II, ch. 1, de l'*Inconstance de nos actions*.)

Épicure..... se cite entre autres comme s'étant lui-même frayé la voie. — Cicéron, dans son traité *sur la Nature des dieux* (liv. 1er, chap. 26), dit de ce philosophe : *Gloriabatur, ut videmus in scriptis, se magistrum habuisse nullum.*

Métrodore. Sénèque en parle dans les lettres VI et XXIII.

On nous traiterait avec faveur en nous admettant dans la seconde. — *Voyez* la lettre XLII et la note page 397.

Page 319. *Hermarchus*. — *Voyez* les lettres VI et XXIII.

Page 321. *Attachez-vous à ceux dont la vie est un enseignement.* Ici Sénèque reproduit les mêmes idées que dans la lettre VI déjà citée. — *Voyez* cette lettre et les notes correspondantes.

Quoi de plus misérable, en effet, que la philosophie cherchant des acclamations?... « Qu'on ne vous trouve éloquent que lorsque vous vous serez tû, dit Diderot ; c'est à la force et à la durée des impressions que vous aurez faites, à ramener des réflexions sur votre talent. » — Cette morale n'est pas nouvelle ; on la retrouve dans Plutarque, dans Épictète, dans Aulu-Gelle. « Si vous m'applaudissez tandis que je vous prêche la morale, disait Musonius Rufus, mon but est manqué. »

Page 321. *Fabianus.* — *Voyez* ci-dessus lettre xi et la note, page 361 ci-dessus.

Page 323. *Un doigt porté à la tête.* Pour rétablir sans doute l'édifice coquet de sa coiffure. (Juv., sat. ix, v. 133.)

Car, bien qu'en se prostituant la philosophie se soit fait tort. — *Voyez* ci-dessus lettre xl.

LETTRE LIII. Page 325. *Nesida.* Ile sur la côte de la Campanie, entre le mont Pausilippe et Pouzzoles.

J'étais trop malade pour songer au danger. Passage cité par Montaigne (liv. iii, chap. 6, *des Coches*).

Page 327. *Qu'on tourne la proue vers la mer.* Virgile (*Énéide*, liv. vi, v. 3).

Qu'on jette l'ancre. Virgile (*Énéide*, liv. vi, v. 902).

En homme qui ne craint pas l'eau froide. Ψυχρολούτης, qui se lave à l'eau froide. — *Voyez* la lettre lxxxiii.

Les pieds font mal. « Les maulx du corps, dit Montaigne, s'éclaircissent en augmentant : nous trouvons que c'est goutte, ce que nous nommions rheume ou fouleure. » (Liv. iii, chap. 5 *sur des vers de Virgile.*)

Page 329. *On les sent d'autant moins qu'elles sont plus sérieuses......* « Les maulx de l'âme, continue Montaigne, s'obscurcissent en leur force; le plus malade les sent le moins, etc. » (*ibid.*)

Il faut être éveillé pour raconter ses songes. Ce passage, depuis *quare vitia* jusqu'à *vigilantis est*, est transcrit par Montaigne à l'endroit cité dans les deux notes qui précèdent.

Mais une occupation de tous les momens. On peut encore rendre *res ordinaria* par ces mots : c'est une occupation *de première ligne, principale;* et ici ce mot, ainsi que l'a observé Juste-Lipse, aurait le même sens qu'à *ordinarius consul,* par opposition aux consuls substitués.

Les habitans d'une ville offraient à Alexandre. — *Voyez* Quinte-Curce (liv. iv, chap. 5), où c'est à Darius lui-même qu'Alexandre adresse la réponse citée par Sénèque.

Page 331. *Allier la faiblesse humaine avec la sécurité d'un Dieu.* Encore un trait dont s'empare Montaigne : « Le sage a la fortitude pareille à Dieu, mais en l'humaine faiblesse, par où il le surmonte. » Puis il blâme cette pensée comme *un trait de témérité et d'orgueil.*

Page 331. *Et les pare avec les seuls plis de son manteau.*

> Quare nos tela ista tua evitamus amictu,
> At fixus nostris tu dabis supplicium.
>
> Catulle.

LETTRE LIV. Page 333. *Avant de naître.* On lit dans l'une des tragédies de Sénèque :

> Quæris quo jacias post obitum loco ?
> Quo non nata jacent. . . . . .

Page 335. *Ma pensée n'embrasse jamais un jour entier.* Comparez cette lettre aux I, IV, XLIX, etc., où Sénèque parle de la mort avec non moins de force et de profondeur.

Page 337. *Mais je m'en vais de bon gré.*

> La mort ne surprend pas le sage,
> Il est toujours prêt à partir.
>
> La Fontaine.

LETTRE LV. *Et la maison de Servilius.* Il s'agit ici du Servilius Vatia qui vécut sous Tibère.

Page 339. *Asinius Gallus.* Personnage vertueux, il fut l'objet de la haine de Tibère, qui le fit tuer après l'avoir tenu long-temps en prison. — *Voyez* Tacite, *Annales*, liv. VI, chap. 23.

C'était se cacher, et non pas vivre. Ovide a dit : *Bene qui latuit, bene vixit.*

Ne vivre pour personne, c'est ne pas vivre pour soi. Maxime admirable que Sénèque reproduit souvent en d'autres termes. Comparez d'ailleurs tout ce passage avec le traité du *Repos du sage.*

Page 343. *On le goûte bien mieux quand on est éloigné.* Voilà un paradoxe : triste chose dans les affaires de sentiment ! Quelque ingénieuse, quelque délicate que soit la diction d'un auteur, ces idées alambiquées donnent lieu de penser que, chez lui, tout est dans la tête, et rien dans le cœur.

FIN DU TOME CINQUIÈME.

TABLE

DES MATIÈRES DU TOME CINQUIÈME.

Lettres.		Pages.
I.	Sur l'emploi du temps........................	3
II.	Des voyages et de la lecture..................	5
III.	Du choix des amis............................	9
IV.	Du mépris de la mort.........................	13
V.	De l'ostentation philosophique et de la vraie philosophie.	19
VI.	De la véritable amitié........................	23
VII.	S'éloigner de la foule........................	27
VIII.	A quoi le sage doit-il employer ses soins?..........	35
IX.	De l'amitié du sage..........................	41
X.	Utilité de la retraite.........................	53
XI.	Ce que peut la sagesse pour corriger les défauts.....	57
XII.	Des avantages de la vieillesse, et de la mort volontaire.	61
XIII.	De la force d'âme qui doit distinguer le sage. Ne pas s'inquiéter de l'avenir........................	69
XIV.	Jusqu'à quel point il faut soigner le corps..........	79
XV.	Des exercices du corps.......................	89
XVI.	Utilité de la philosophie......................	95
XVII.	Tout quitter pour la philosophie. Avantages de la pauvreté..	101
XVIII.	Amusemens du sage..........................	109
XIX.	Avantages du repos..........................	117
XX.	De l'inconstance des hommes..................	123
XXI.	De la véritable gloire de la philosophie...........	131
XXII.	Des conseils. Abandonner les affaires............	139
XXIII.	La philosophie, source des véritables jouissances.....	147
XXIV.	Des craintes de l'avenir et de la mort............	153
XXV.	Dangers de la solitude. Avantages de la pauvreté.....	169
XXVI.	Éloge de la vieillesse.........................	173
XXVII.	La vertu seule procure un bonheur véritable........	179
XXVIII.	Inutilité des voyages pour guérir l'esprit...........	183
XXIX.	Indiscrétion dans les avis.....................	189
XXX.	Attendre la mort avec calme et fermeté, à l'exemple de Bassus..................................	195

Lettres.	Pages.
XXXI. Mépriser l'opinion du vulgaire....................	205
XXXII. Exhortation à la philosophie....................	211
XXXIII. Sur les maximes des philosophes.................	215
XXXIV. Sénèque félicite Lucilius et l'encourage à persévérer jusqu'à la fin...............................	221
XXXV. Il n'y a d'amitié qu'entre les gens de bien...........	223
XXXVI. Avantages du repos. Dédaigner les vœux du vulgaire. Mépriser la mort......	227
XXXVII. Du courage que donne la philosophie...............	233
XXXVIII. Éloge des préceptes brièvement présentés............	237
XXXIX. Inconvéniens de la prospérité....................	239
XL. De l'éloquence qui convient au philosophe...........	243
XLI. Dieu réside dans l'homme de bien................	251
XLII. Rareté des gens de bien.........................	257
XLIII. Le sage doit toujours vivre comme en public.........	261
XLIV. La vraie noblesse est dans la philosophie............	263
XLV. Des vaines subtilités de la dialectique...............	267
XLVI. Jugement et éloge d'un ouvrage de Lucilius, sur la philosophie, à ce que l'on croit.....................	275
XLVII. Traiter avec bonté ses esclaves...................	277
XLVIII. De l'amitié; futilité des discussions sophistiques......	289
XLIX. La vie est courte; ne point la dépenser en futilités....	295
L. Le plus grand nombre ne connaît pas ses défauts : tant qu'on s'en aperçoit, il est encore du remède.........	303
LI. Le sage doit choisir un endroit conforme à ses goûts...	309
LII. Tous les hommes qui se piquent de sagesse manquent de guide. Il faut s'en choisir un bon................	317
LIII. La plupart des hommes ignorent leurs vices; la philosophie les leur découvre et leur apprend à les guérir..	325
LIV. L'auteur, attaqué d'un asthme violent, s'attache à prouver qu'il est préparé à la mort qui le menace........	333
LV. Sur la maison de Vatia. Distinction du bon et du mauvais repos.......................................	337
Notes...	344

www.ingramcontent.com/pod-product-compliance
Lightning Source LLC
Chambersburg PA
CBHW051832230426
43671CB00008B/927